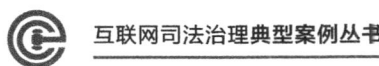

互联网司法治理典型案例丛书

互联网典型案件

裁判思维与规则治理

○知识产权卷○

北京互联网法院○编　　赵长新○主编

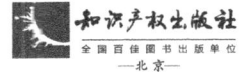

知识产权出版社
全国百佳图书出版单位
——北京——

图书在版编目（CIP）数据

互联网典型案件裁判思维与规则治理. 知识产权卷/北京互联网法院编；赵长新主编. —北京：知识产权出版社，2023.8（2024.3 重印）
（互联网司法治理典型案例丛书）
ISBN 978 - 7 - 5130 - 8840 - 4

I. ①互…　Ⅱ. ①北…　②赵…　Ⅲ. ①互联网络—知识产权法—案例—中国　Ⅳ. ①D923.05

中国国家版本馆 CIP 数据核字（2023）第 138746 号

责任编辑：程足芬　　　　　　　　　责任校对：王　岩
封面设计：研美设计　　　　　　　　责任印制：刘译文

互联网典型案件裁判思维与规则治理·知识产权卷

北京互联网法院　编

赵长新　主编

出版发行：知识产权出版社有限责任公司	网　　址：http://www.ipph.cn
社　　址：北京市海淀区气象路 50 号院	邮　　编：100081
责编电话：010 - 82000860 转 8390	责编邮箱：chengzufen@ qq.com
发行电话：010 - 82000860 转 8101/8102	发行传真：010 - 82000893/82005070/82000270
印　　刷：北京中献拓方科技发展有限公司	经　　销：新华书店、各大网上书店及相关专业书店
开　　本：720mm×1000mm　1/16	印　　张：19.25
版　　次：2023 年 8 月第 1 版	印　　次：2024 年 3 月第 2 次印刷
字　　数：323 千字	定　　价：96.00 元
ISBN 978 -7 -5130 -8840 -4	

序

当前，随着经济全球化不断加速，知识经济被视为全球经济结构调整的最新发展阶段。习近平总书记深刻指出，创新是引领发展的第一动力，保护知识产权就是保护创新。2021年9月，中共中央、国务院印发《知识产权强国建设纲要（2021—2035年）》，从国家战略层面为统筹推进知识产权强国建设，全面提升知识产权创造、运用、保护、管理和服务水平提供了重要指引。但是，在我国知识产权保护工作取得显著成效的同时，产业转型升级与新技术、新产业、新业态、新模式的出现也带来了一系列知识产权新问题、新情况。

北京互联网法院于2018年9月9日正式挂牌成立，即带着党和人民群众对统筹发展与安全、公正与效率，平衡个人权利与公共利益，激励知识产权产业创新发展的期许。作为一家集中管辖北京市辖区内涉网著作权纠纷的法院，北京互联网法院自成立时起便将积极回应数字时代知识产权保护新挑战、新需求作为自身重要使命，积极发挥知识产权审判职能，审理了包括全球首例"人工智能著作权案"、全国首例"图解电影案"等一系列典型案件在内的13万余件涉网知识产权纠纷，约占案件总量的70%。作为知识产权虔诚的"守护者"，透过北京互联网法院这个窗口，我非常欣喜地看到司法在保护各类主体的知识产权，完善互联网知识产权裁判规则体系，营造市场化、法治化、国际化营商环境上越来越有为，成为我国知识产权保护的中坚力量，躬逢其盛，与有荣焉。

本书是北京互联网法院"互联网司法治理典型案例"丛书之一，精选了北京互联网法院成立五年以来知识产权审判实践中的32个具有典型性、代表性的案例，充分展现出了北京互联网法院在知识产权保护领域凝结的司法智慧。如"抖音短视频案",作为北京互联网法院首案,明确了体现独创性智力劳动成果的短视频应予以保护,澄清了短视频著作权保护的标准;"计算机软件智能生成内容不构成作品案",是在人工智能生成物等新兴业态的可版权性和合理使用标准引发众多争议的背景下,全国首例对计算机软件智能生成内容性质及权益属性进行界定的案件,明确了计算机软件智能生成内容不构成作品;全国首例"图解电影案",厘清了合理使用的具体裁判方法和认定标准,精准划定了影视市场商业化开发和二次创作的边界,等等。

简言之,本书不仅展示了北京互联网法院成立五年来的知识产权典型案例,还结合典型案例对知识产权相关法律法规进行深度解读,对知识产权实务前沿热点问题进行深入探讨,展现了较高的理论研究和审判业务水平。相信读者通过阅读本书,既能领悟知识产权相关法律新精神、新理念,学习知识产权相关裁判新规则,又能沉入场景,通过鲜活的案例掌握知识产权理论研究前沿动态。

知识和信息是数字经济中的关键生产要素,将知识产权创新能动转化为产业竞争优势是数字经济环境下的重要命题。我相信,作为顺应数字时代发展潮流设立的法院,北京互联网法院会深入贯彻落实党的二十大精神,通过依法公正裁判为数字经济发展和知识产权创新明晰规则,引导新技术、新业态、新模式在法治轨道上健康有序发展。

王迁

二○二三年八月十四日

目　录

第二编　侵权的认定

· 第三编　权利的限制 ·

· 第四编　责任承担 ·

第五编　不正当竞争

第六编　其他典型案例

第一编

作品的认定和权利的归属

短视频构成作品的认定规则

——北京某科技有限公司与某网络技术（北京）有限公司、某网讯科技有限公司侵害作品信息网络传播权纠纷案❶

朱　阁*　陈之杞**

[典型意义]

　　本案明确了体现互联网特色的短视频构成作品的认定条件，对短视频行业的健康长远发展起到了正本清源的作用，本案入选 2018 年中国法院 10 大知识产权案件、全国法院系统 2019 年度优秀案例，被评为 2018 年度中国十大传媒法事例，本案裁判文书在"北京法院优秀裁判文书网上互评活动"和第四届全国知识产权优秀裁判文书评选中均获得一等奖，随案发送的司法建议获得北京市法院司法建议一等奖，该建议被北京市版权局颁布的《关于加强版权保护的意见》所吸收。

　　[关键词]　短视频著作权　信息网络传播权　"通知－删除"义务

[案情介绍]

　　原告北京某科技有限公司（以下简称原告）是抖音平台的运营者。被告

　　❶　一审裁判文书字号：北京互联网法院（2018）京 0491 民初 1 号民事判决书（2018 年 12 月 26 日）。

　　合议庭组成人员：审判长张雯、审判员卢正新、审判员朱阁。

　　*　朱阁，北京互联网法院综合审判一庭副庭长。

　　**　陈之杞，中国社会科学院大学互联网法治研究中心研究助理。

某网络技术（北京）有限公司、被告某网讯科技有限公司（以下合称被告）是伙拍平台的运营者。2018 年 5 月 12 日，汶川特大地震十周年之际，抖音平台的加 V 用户"黑脸 V"响应全国党媒信息公共平台（以下简称党媒平台）和人民网的倡议，使用给定素材，制作并在抖音平台上发布"5·12，我想对你说"短视频（以下简称"我想对你说"短视频）。经"黑脸 V"授权，原告对"我想对你说"短视频在全球范围内享有独家排他的信息网络传播权及独家维权的权利。伙拍小视频手机软件上传播了"我想对你说"短视频，该短视频播放页面上未显示抖音和用户 ID 号水印。原告认为，"我想对你说"短视频构成以类似摄制电影的方法创作的作品（以下简称类电作品），上述传播行为和消除水印的行为，均是被告所为，侵犯了原告的信息网络传播权。被告辩称，"我想对你说"短视频不属于作品，被控侵权短视频系用户上传，被告履行了"通知 - 删除"义务，不构成侵权，不应承担责任。

裁判内容

北京互联网法院经审理认为，本案主要的争议焦点包括：一是原告北京某科技有限公司、被告某网络技术（北京）有限公司是否为本案适格的主体；二是"我想对你说"短视频是否构成类电作品；三是二被告对"我想对你说"短视频是否构成侵权及是否应承担责任。

一、原告北京某科技有限公司、被告某网络技术（北京）有限公司是否为本案适格的主体

（一）原告是否为本案适格主体

本案中，原告主张案外人谢某为"我想对你说"短视频的制作者，经谢某授权，原告取得了"我想对你说"短视频的信息网络传播权等权利。根据谢某出具的授权确认书，原告取得了 2018 年 1 月 1 日至 2019 年 1 月 1 日期间，谢某制作的短视频的信息网络传播权的专有使用权及维权的权利，原告与本案有直接利害关系。根据《中华人民共和国民事诉讼法》（2017 年修正）第一百一十九条第（一）项的规定，原告有权提起本案诉讼。

（二）被告某网络技术（北京）有限公司是否为适格被告

手机软件的经营者应根据应用商店登记信息、手机软件中标示的信息载明的经营者予以认定。应用商店登记信息、手机软件中标示的信息载明的经营者不一致的，可以认定二者为共同经营者。本案中，伙拍小视频手机软件 Android 系统仅显示开发者为被告某网络技术（北京）有限公司，未显示经营者等其他经营主体信息，应认定上述登记的某网络技术（北京）有限公司为经营者。因此北京互联网法院认定被告某网络技术（北京）有限公司是本案适格被告。

二、"我想对你说"短视频是否构成类电作品

《中华人民共和国著作权法实施条例》（以下简称《著作权法实施条例》）第二条规定，著作权法所称作品，是指文学、艺术和科学领域内具有独创性并能以某种有形形式复制的智力成果。《著作权法实施条例》第四条规定，电影作品和以类似摄制电影的方法创作的作品，是指摄制在一定介质上，由一系列有伴音或者无伴音的画面组成，并且借助适当装置放映或者以其他方式传播的作品。本案中，"我想对你说"短视频显然符合"摄制在一定介质上，由一系列有伴音或者无伴音的画面组成，并且借助适当装置放映或者以其他方式传播"这些形式要件。原告主张"我想对你说"短视频构成类电作品，而被告认为该短视频不具有类电作品所要求的独创性。"我想对你说"短视频是否属于类电作品，关键在于对其独创性方面的判定。《最高人民法院关于审理著作权民事纠纷案件适用法律若干问题的解释》第十五条规定，由不同作者就同一题材创作的作品，作品的表达系独立完成并且有创作性的，应当认定作者各自享有独立著作权。根据上述规定，作品具有独创性，应当具备两个要件：第一，是否由作者独立完成；第二，是否具备"创作性"。

（一）涉案作品是否由作者独立完成

本案中，制作者响应党媒平台和人民网的倡议，以"铭记劫难，致敬重生，以己之力，勇往直前"为主题，以党媒平台及人民网示范视频中的手势舞、伴音、明暗变化为基本元素，以网络下载图片为基础素材，结合软件技术制作了"我想对你说"短视频。根据查明的事实,党媒平台及人民网的示范视频和网络下载图片是原本没有任何关系的独立元素,"黑脸 V"将上述元素结合制作出的"我想对你说"短视频,与前两者存在能够被客观识别的差异。该短视频与抖音平台其他参与同一话题的用户制作的短视频亦存在较大区别,且没有证据证明该短视频在抖音平台上发布前,存在相同或近似的短视频内容,故北京互联网法院认定"我想对你说"短视频由制作者独立创作完成。

（二）涉案作品是否具备"创作性"

关于创作性的标准,其在形成和发展过程中始终与所处的社会环境、行业特点相联系,根据实际的社会环境、各种类型作品本身的特点进行发展和完善。在判定"我想对你说"短视频的"创作性"时,北京互联网法院考量如下因素。第一,视频的长短与创作性的判定没有必然联系。第二,"我想对你说"短视频的制作者应党媒平台的倡议,在给定主题和素材的情形下,其创作空间受到一定的限制,体现出创作性难度较高。虽然该短视频是在已有素材的基础上进行创作,但其编排、选择及呈现给观众的效果,与其他用户的短视频完全不同,体现了制作者的个性化表达。第三,"我想对你说"短视频唤起观众的共鸣,该短视频带给观众的精神享受亦是该短视频具有创作性的具体体现。抖音平台上其他用户对"我想对你说"短视频的分享行为,亦可作为该视频具有创作性的佐证。故法院认定"我想对你说"短视频符合创作性的要求。

综上,"我想对你说"短视频具备著作权法规定的独创性要求,构成类电作品。

三、二被告对"我想对你说"短视频是否构成侵权及是否应承担责任

本案中,原告提交的证据可以显示伙拍小视频手机软件上可以播放被控侵权短视频,原告主张二被告提供了被控侵权短视频,被告主张其仅提供信息存储空间服务。双方争议在于:第一,二被告是否提供了被控侵权短视频,抑或是仅提供了信息存储空间服务;第二,若二被告仅为网络服务提供者,其行为是否构成侵权,应否承担法律责任。

（一）二被告是否提供了被控侵权短视频，抑或是仅提供了信息存储空间服务

本案中，二被告在提供伙拍小视频手机软件服务时，对外公示了其用户协议，该协议显示伙拍小视频手机软件具有供用户发布信息的功能，并对用户上传内容不得侵害他人知识产权进行了告知，公布了公司联系人的联系方式，且其提交的后台记录载明被控侵权短视频上传者的用户名、注册 IP 地址、注册时间、上传 IP 地址、上传时间以及联系方式等信息，可以认定被控侵权短视频系案外人上传，二被告为信息存储空间服务提供者。

原告主张二被告删除了"我想对你说"短视频上的水印，破坏了该公司采取的技术措施。因水印并非著作权法意义上的技术措施，消除水印的行为人亦非二被告，原告关于二被告因破坏技术措施，进而侵害其信息网络传播权的主张不能成立，法院不予支持。

（二）若二被告仅为网络服务提供者，其行为是否构成侵权，应否承担法律责任

本案中，二被告明确表示伙拍小视频手机软件是为服务对象所提供，并公开了被告某网讯科技有限公司的名称、联系人、网络地址；原告未提交证据证明被告不符合《信息网络传播权保护条例》第二十二条第（二）项至第（四）项的规定。故，二被告是否承担责任关键在于二被告是否履行了"通知－删除"义务。法院认为，二被告在收到有效投诉后，删除被控侵权短视频的行为在合理期限内。故，现有证据无法证明二被告对于被控侵权短视频是否侵权存在明知或应知的主观过错，且在收到原告的通知后，二被告及时删除了被控侵权短视频，法院认定二被告的行为符合进入"避风港"的要件。在此情形下，无论伙拍小视频手机软件的涉案用户是否构成侵权，二被告作为网络服务提供者，均不构成侵权，不应承担责任。

裁判结果

北京互联网法院依照《中华人民共和国著作权法》第三条第（六）项、

第十条第一款第（十二）项、第四十八条第（一）项，《信息网络传播权保护条例》第二十二条之规定，判决如下：驳回原告北京某科技有限公司的全部诉讼请求。案件受理费14250元，由原告北京某科技有限公司负担。

一审判决后，双方均未上诉，一审判决已经生效。

法官解读

本案中，法院认为，作品具有独创性，应当具备两个要件：是否由作者独立完成；是否具备"创作性"。

法院指出，"通知－删除"规则的设置，是为了平衡网络环境下著作权人和网络服务提供者的利益，既有利于网络平台的健康发展，又有利于著作权人的权利保护，因此，对于"通知－删除"规则的适用，应本着诚实信用原则，最大化地发挥规则的善意。本案中，原告在能够获取公开投诉渠道的情况下，应当按照最经济、最直接的方式进行维权。作为平台服务的提供者，仅依赖"避风港"原则是不够的，被告有责任通过更加积极有效的管理履行平台义务。

一、短视频构成类电作品的认定规则

（一）独创性标准的弹性

作品是著作权保护的客体。世界各国均以"独创性"作为界定著作权法上作品的核心构成要件，但均未能在立法上予以明确定义或解释。独创性的认定规则是各国法院通过个案的审理逐渐确立的，在此过程中，有理论界的争鸣，有他国司法实践的借鉴，更多的是各国法官在当下的社会经济发展中，以利益平衡为重要基点，综合考虑所属领域的作品现状、创作空间、产业政策、公众需求等因素，运用本国法律的话语体系，力图做出最好的解释。

独创性的认定涉及创作者与公众之间的利益分配，这道线划在何处，令人费尽思量，划得窄了，本该纳入作品的创作未能纳入，会打击创作者的热情，划得宽了，本该进入公共领域的创作却成私有，会限制公众的使用，窄或宽，最终都不利于作品的创作与传播。法官要审慎积极地运用好独创性这一裁量性

标准，规则设计要面向未来，切合本国实际，引导规范行业健康发展。

（二）独创性标准取决于行业及短视频本身的特点

抖音案❶中，时长为 13 秒的"我想对你说"短视频是否构成类电作品，双方当事人争议的焦点就在于独创性的认定。二被告认为"我想对你说"短视频表达的思想与其他用户没有差异性，不具有独创性，达不到类似电影的独创性高度要求。

关于新兴产业的知识产权保护，是有司法政策可供参照的。2018 年 7 月 9 日，最高人民法院副院长陶凯元发表了题目为《以习近平新时代中国特色社会主义思想为指引 全面开启新时代知识产权司法保护新征程——在第四次全国法院知识产权审判工作会议暨知识产权审判工作先进集体和先进个人表彰大会上的讲话》（以下简称陶凯元讲话），指出："以妥当的法律手段呵护创新……特定客体是否属于法定作品类型仍会因独创性标准的弹性而具有一定解释空间。要妥善运用著作权权利的兜底性规定和独创性裁量标准，对于确有保护必要、有利于产业发展的客体或者客体使用方式，可以根据最相类似的作品类型或者运用兜底性权利给予保护，保护新兴产业发展壮大。"最高人民法院从我国科技、经济发展需要的角度，指出保护哪些知识产权、采用何种保护标准，为司法工作指明了方向。举重以明轻，如果可以根据最相类似的作品类型，保护确有保护必要的、有利于产业发展的客体，那么运用独创性裁量标准解释相关作品类型，使之可以包括确有保护必要的、有利于产业发展的客体就更是顺理成章了。短视频丰富了公众表达的方式，短视频行业作为新兴产业之一，如果不给予保护，将会产生更多的侵权或被侵权的乱象，且短视频符合著作权法关于作品的定义，可以纳入类电作品等作品类型中进行解释，故，短视频应当受到著作权法的保护，以确保文化繁荣进步、行业有序发展。

本案中的"我想对你说"短视频，是由一系列有伴音的连续画面组成，显然符合我国著作权法上关于类电作品或是录像制品的形式要件。作品作为著作权的客体，制品作为邻接权的客体，两者享有的权项及受保护的程度均是不可相提并论的。对于这种因时长较短导致创作空间有限的短视频，我们认为只

---

❶ 参见北京互联网法院（2018）京 0491 民初 1 号民事判决书。

要有"一点火花"就可以认定为作品，如果标准过高，短视频行业中可能就没有作品而只剩制品了。原有的著作权理论与实务对视频的预设是以电影、电视剧为主要模型的，这类视频的制作拥有的可发挥的余地、所投入的智慧、体力甚至是资金均较大，对于作品和制品的区分，有时定的标准较高。产业的革新会给现有的理论和实践带来一定的冲击，我们唯有面向未来进行思考，而不是固守历史的标准，才能选好当下的路径。

这里的"一点火花"指的是可识别的差异性。这个差异性用我国的话语体系也可以通俗地称为"个性化"。"个性"一词于我国而言，是文化生活领域常用的词汇。正如本案中，党媒平台在号召公众缅怀汶川地震遇难者之时，特地强调要用"个性化的表达"。个性，是指个体独有的并与其他个体区别开来的整体特性。我国公众对于"个性"的理解，大致是"与众不同"。"个性"或是"不同"，体现了公众对于社会文化生活多样化的追求，适宜作为作品的入门门槛。这个差异，不是思想、意图或是创作过程的差异，是作品的最终形态与现有或同时产生的表达相比，是否存在可以识别的差异。二被告在本案中提到的思想、创作过程、拍摄手法和技术手段，均与独创性的认定无关。

独创性的自由裁量也要受限于特定客体相关受众的认知。首先，创作性既是事实判断，亦是价值判断，而这个价值不能仅是个体法官推崇的价值，应尽量追求公众普遍认同的公共价值；其次，作品本身具有社会性，甚至是商品性，独创性的理解依赖于相关领域公众的理解。故，本案的判决将受众的感受、其他用户对于"我想对你说"短视频的分享行为亦作为创作性的考量因素。同时，就本案的"我想对你说"短视频是否具备独创性专门召开了法官会议，合议庭充分听取了法官们关于上述问题的观点，这种举措运用于新型、疑难案件的独创性认定有其合理性与必要性。

目前，短视频行业中制作水平良莠不齐，传递的思想、情感有正面的也有负面的，抖音案中的"我想对你说"短视频以公众乐见的形式弘扬了正能量，本案判决书中亦给予了肯定的评价，传递出倡导和鼓励正能量的作品制作与传播的价值导向。这与著作权法"鼓励有益于社会主义精神文明、物质文明建设的作品的创作和传播"立法宗旨相契合，也符合前述陶凯元讲话中"积极将社会主义核心价值观纳入知识产权司法全过程……传播知识产权司法保护正能量。要在知识产权司法裁判中体现正确的价值导向，使符合社会主义核心价值观的行为得到倡导和鼓励，……以司法裁判的强制性引导全社会大力弘扬和践行社会主义核心价值观"这一司法政策导向。

二、"通知－删除"规则的适用原则

（一）"通知－删除"规则的界定

本案中，法院认为，二被告在本案中是网络服务提供者即平台，现有证据无法证明二被告对于被控侵权短视频是否侵权存在明知或应知的主观过错，故，二被告是否承担责任关键在于二被告是否履行了"通知－删除"义务。

在分析抖音案原告发送的电子邮件是否构成"通知"之前，需要首先明确何谓"通知－删除"规则。而界定"通知－删除"规则，需要首先明晰两个关系：一是"通知－删除"规则与"避风港"原则的关系；二是《中华人民共和国侵权责任法》（以下简称《侵权责任法》，已废止）第三十六条与"避风港"原则的关系。

第一，"通知－删除"规则与"避风港"原则的关系。"通知－删除"规则是"避风港"原则的核心，是网络服务提供者进入"避风港"的"通行证"。我国设立"避风港"原则的基本目的与价值取向是不使网络服务提供者轻易承担过重的责任，以保护和促进新兴的网络产业的健康发展。"通知－删除"规则对权利人、网络服务提供者、网络用户三者之间的利益进行均衡，意在通过权利人和网络服务提供者携手合作共同制止侵权行为。

第二，《侵权责任法》第三十六条与"避风港"原则的关系。2009 年 12 月 26 日通过的《侵权责任法》第三十六条进一步确立了网络侵权责任规则体系，并创造性地将原先仅适用于数字版权领域的"避风港"原则扩张适用到所有民事权益领域，这在世界立法里尚属首创。《侵权责任法》第三十六条第二款、第三款规定了网络服务提供者的侵权责任构成要件。根据该规定，网络服务提供者承担责任的前提有两个：一是网络用户利用网络服务实施侵权行为；二是网络服务提供者对上述侵权行为的实施主观上具有过错。首先，适用"避风港"原则的前提即网络服务提供者对于被控侵权客体具有较大侵权可能性不存在明知或应知的主观过错。过错始终横亘在"避风港"原则面前，想要"进港"的网络服务提供者都必须接受过错的检验。其次，不符合"避风

港"原则的，不是直接承担侵权责任，而是应当根据《侵权责任法》第三十六条判断网络服务提供者是否应当承担相应的侵权责任。

回到具体问题的讨论中，何谓"通知"，网络服务提供者如何才能通过"过错"的检验而驶入"避风港"，是需要从利益平衡的角度予以整体考量的，使权利人、网络服务提供者和社会公众的利益均能各得其所。正如薛虹教授所说，选择何种公共政策适用于网络服务提供者的责任及其"避风港"，是值得我国这个世界上最大的互联网国家认真思考的问题。

（二）以诚实信用原则为指导适用"通知－删除"规则

在本案中，法院是以诚实信用原则作为适用"通知－删除"规则的指导原则的。我们认为以诚实信用原则为指导，平衡个案中双方的利益，既为法官自由裁量权的行使指明方向，又有利于当事人乃至公众善意观念的养成。

诚实信用不仅是中华民族的传统美德，而且已经成为一项法律上的基本原则。《中华人民共和国民法总则》（已废止）第七条规定，民事主体从事民事活动，应当遵循诚信原则，秉持诚实，恪守承诺。诚实信用原则对权利形成一种限制，不得滥用权利；在侵权法上，许多领域根据诚信原则，确定行为人是否对他人负有义务。一般认为诚实信用原则具备四种功能：确立行为规则；填补法律和合同漏洞；利益衡平；解释法律。

本案中，被告运营的平台公示的用户协议中明确了发送"通知"的渠道，而原告在以往的投诉中也采用了上述渠道，在上述渠道有效且获取方便的情况下，原告舍近求远采用向案外人发送电子邮件而抄送被告的行为，一方面不能快速维护自己的权利，另一方面给被告增加了运营和管理上的成本，难谓善意。

被告运营短视频平台，在短视频行业侵权频发的情形下，仅仅只是接到权利人通知才采取行动，也是远远不够的。随着短视频商业价值的快速增加，一方面"短视频的上传者即为著作权人"的假定已经被打破，另一方面平台企业亦从中获得了较大利益。因此，平台企业应更多地通过改进自身管理和更新技术应用来保护权利，已经渐成共识。对于网络存储服务提供商而言，对网络侵权内容做到技术能力范围内的过滤，则尽到了"善良管理者"注意义务。网络存储服务提供商即使其主观上不属于"知道或者应当知道"的情形，客观上也通过著作权人的作品获得了经济利益。如果类似的过滤技术已经十分成熟，得到了市场的广泛认可，且使用成本合理，那么拒绝使用应当被认定为放纵用户侵权。网络实践中已经发展出很多比较成熟的识别与过滤侵权作品的技术，一些智能技术可以确定某一在线文件中是否含有享有版权的文字、音频或视频片段。平台应不断提升审查技术和标准，否则就应承担失察的相应责任。网络存储服务提供者不宜坐等权利人合格的侵权通知而不主动参与正当权利的保护，而应有提示完善的义务；应当借助具有足够技术能力的过滤器来对侵权内容进行识别，不能逃避与权利人共同发现和阻止版权网络侵权行为的义务。

聊天表情的独创性认定规则

——某科技（深圳）有限公司、深圳市某计算机
系统有限公司与北京某网络科技有限公司侵害
作品信息网络传播权案[❶]

鲁　宁[*]　　陈之杞[**]

典型意义

　　本案是首例涉及微信表情著作权纠纷的案件，对聊天表情具有独创性的判断标准、构成实质性相似的判断标准进行了阐述，明确对具有独创性的聊天表情予以著作权法上的保护，从而鼓励新兴创作表现形式的传播和发展。判决还结合聊天表情和网络经济的特点，具体分析了适用法定赔偿计算经济损失应考量的因素，对"免费共享"行为亮明了态度。本案入选 2019 年度北京法院知识产权司法保护十大案例和 2020 年北京法院优秀裁判文书。

　　关键词　作品信息网络传播权　独创性　法定赔偿

案情介绍

　　原告某科技（深圳）有限公司（以下简称某科技公司）、深圳市某计算机

---

　　❶　一审裁判文书字号：北京互联网法院（2019）京 0491 民初 16794 号民事判决书（2019 年 7 月 19 日）。

　　一审合议庭组成人员：审判长姜颖、审判员卢正新、审判员朱阁。

　　* 鲁宁，原北京互联网法院综合审判二庭法官。

　　** 陈之杞，中国社会科学院大学互联网法治研究中心研究助理。

系统有限公司（以下简称某计算机公司）共同诉称：2016 年 8 月 29 日，某科技公司创作完成"微信表情系列 1.0"美术作品，其中包括 6 个微信表情美术作品（"奸笑"表情、"嘿哈"表情、"机智"表情、"捂脸"表情、"耶"表情、"皱眉"表情，合称涉案微信表情），并于 2018 年 7 月 20 日进行作品登记。2011 年 1 月 10 日，某科技公司授权某计算机公司运营"微信"软件及其各升级版本，并授权其专有使用相应美术作品。涉案微信表情均使用于"微信"应用软件中。"微信"应用软件自投入市场以来，为原告迅速积累了数亿用户群体，并在相关公众中形成了极高的知名度和影响力。"微信"应用软件中提供的微信表情等功能一经推出，即获得广泛的反响及热度。原告发现，被告开发运营了"吹牛"应用软件，并在其官方网站及多家手机软件下载平台提供下载、安装服务。"吹牛"应用软件中提供的聊天表情与原告在先的涉案微信表情相同或构成实质性相似。被告的行为侵犯了原告对涉案微信表情享有的信息网络传播权。综上，原告请求法院判令被告赔偿原告经济损失及合理开支共计 50 万元。

被告北京某网络科技有限公司（以下简称被告）答辩如下。第一，被告认可涉案微信表情具有独创性，构成美术作品。第二，在案证据不能证明原告享有涉案微信表情的著作权。原因如下：（1）被告方的法人代表于 2017 年 11 月 21 日申请注册商标，该日期早于某科技公司作品登记证书的登记日期，不能确认该公司系"捂脸"表情的著作权人；（2）"奸笑"表情与百度团队在先设计的"滑稽"表情相同或构成实质性相似，不能确认某科技公司系"奸笑"表情的著作权人；（3）部分涉案微信表情来自微信表情开放平台的投稿，其著作权不应归属于原告；（4）"嘿哈"表情的原型来自卢某雨的表情包，不能确认某科技公司系"嘿哈"表情的著作权人；（5）原告有能力修改"微信"应用软件中聊天表情的署名信息。第三，即便某科技公司对涉案微信表情享有著作权，因该公司已将涉案微信表情的著作权授予某计算机公司专有使用，故只能由某计算机公司进行维权诉讼，某科技公司并非本案的适格原告。第四，被告未经权利人许可，在其经营的"吹牛"应用软件中使用了与涉案微信表情相同的被控侵权表情，但是，被告已停止上述使用行为。第五，原告主张的经济损失和合理开支过高，缺乏法律依据。原因如下。（1）原告未因涉案微信表情遭受损失，被告亦未因此而获利。涉案微信表情系免费使用，原告未因其获利，亦未遭受经济损失；被告未就"吹牛"应用软件中的被控侵权表情向公众收取费用，相关公众也不会因为涉案微信表情特意选择下载"吹牛"应用软件进而给被告带来相关收入。（2）现有证据不能证明原告主张的侵权时间较长，"吹牛"应用软件下载量是累计的数量，与相关公众下载含被控侵权表情的软件的数量及其影响无关，故原告的证据不能作为判定赔偿数额的合理依据。（3）原告关于赔偿数额的主张缺乏证据支持。综上，请求法院依法驳回原告的全部诉讼请求。

法院经审理查明：某科技公司于2016年8月29日对文件"大黄脸.zip"进行可信时间戳证据保全，该文件包含涉案微信表情，其在微信表情管理平台上的提交时间为2016年8月29日，上架时间为2016年8月30日。某科技公司于2018年7月20日对"微信表情系列1.0"（其中包含涉案微信表情）进行作品登记，作者为某科技公司，作品类别为美术作品，创作完成时间为2016年8月29日，首次发表时间为2016年8月30日。某科技公司另提交了创作者和上传者声明，证明"微信表情系列1.0"由员工黄某设计完成，由某科技公司享有著作权，并于2016年8月29日由员工梁某堃上传至某科技公司"时间戳作品保护"内网。

2011年1月10日，某科技公司授权某计算机公司运营"微信"软件及其各升级版本，并授权其专有使用相应美术作品。涉案微信表情均使用于"微信"应用软件中。

"滑稽"表情（百度贴吧表情）由百度团队设计，2015年4月某网络文章显示了该表情的绘制过程。2016年11月，某网络文章载明"嘿哈"表情的原型系卢某雨，并附有卢某雨相关表情包。

被告系"吹牛"软件的著作权人，登记日期为2018年1月4日，该软件主要用于社交聊天和购买游戏装备，并使用了与涉案微信表情完全相同的聊天表情。

涉案微信表情具有较高知名度和使用量，供用户免费使用。"吹牛"软件的下载量较高，被告主张其免费提供聊天表情，并未因此获利，亦未给某科技公司或某计算机公司造成损失。某科技公司和某计算机公司为本案诉讼支付律师费1万元、公证费544元。

裁判内容

北京互联网法院经审理认为，本案的主要争议焦点包括：一是涉案微信表情是否构成作品；二是某科技公司是否对涉案微信表情享有著作权；三是被告的行为是否侵害原告享有的信息网络传播权，以及如果构成侵权应承担的法律责任。

一、涉案微信表情是否构成作品

涉案微信表情均为采用"黄脸表情"设计理念的卡通形象，即用圆形黄色表示面部，在此基本造型的基础上，通过眼部、嘴部、手势等神态的变化来反映人物的不同情绪，生动、形象、富有趣味，在线条、色彩运用等方面体现出一定的个性化选择和独创性表达，具有审美意义。根据《中华人民共和国著作权法实施条例》第二条、第四条第（八）项的规定，涉案微信表情构成美术作品，受著作权法保护。

被告主张涉案"奸笑"表情与百度团队在先设计的"滑稽"表情相同或构成实质性相似。法院将上述两表情进行对比，二者均为采用"黄脸表情"设计理念的卡通形象，"滑稽"表情与"奸笑"表情在眉毛的位置、长短和形状，眼睛的位置、大小和形状，以及腮红的深浅等方面均存在客观可识别的明显差异，且两表情传递出的情绪和含义明显不同，这一不同亦体现在二者的命名上。因此，"奸笑"表情具有独创性。被告这一抗辩主张不能成立。

二、某科技公司是否对涉案微信表情享有著作权

涉案微信表情经著作权登记，作者为某科技公司。此外，某科技公司还提交了涉案微信表情创作者和上传者声明、包含涉案微信表情在内的"大黄脸.zip"及其他文件的可信时间戳认证证书和申请信息以及微信表情管理平台截图等证据，根据《中华人民共和国著作权法》（2010年修正，以下简称《著作权法》）第十一条的规定，可以形成证据链初步证明某科技公司系涉案微信表情的作者。并且，上述证据显示的涉案微信表情的创作完成时间为2016年8月29日，故某科技公司自该日起对涉案微信表情享有著作权。

关于被告认为涉案"奸笑"表情与百度团队在先设计的"滑稽"表情相同或构成实质性相似，因而某科技公司不是著作权人的主张，因法院已经认定二者存在客观可识别的明显差异，涉案"奸笑"表情是某科技公司的作品，因此被告以此抗辩某科技公司不是著作权人的主张不能成立。

关于被告认为涉案"嘿哈"表情的原型来自卢某雨表情包，因而某科技公司不是著作权人的主张，法院认为，首先，在案证据不能证明卢某雨的表情包早于"嘿哈"表情的创作完成时间；其次，即使该表情的原型确实来自卢某雨的表情包，但二者的表现形式并不相同，人物的面部表情仅是表达情感的自然面部神态或者面部表演，并不构成作品，从真实人物的表情到聊天表情美术作品的创作，需要作者对线条、颜色等进行选择、判断和取舍，凝结了其独创性的智力劳动，因此被告以此抗辩某科技公司不是著作权人的主张不能成立。

综上，某科技公司系涉案微信表情的作者，对其依法享有著作权。

三、被告的行为是否侵害原告享有的信息网络传播权，以及如果构成侵权应承担的法律责任

被告未经许可在其经营的"吹牛"应用软件中使用了与涉案微信表情完全相同的聊天表情，被告的行为使该软件的用户可以在其个人选定的时间和地点获得涉案微信表情，侵犯了原告依法享有的信息网络传播权，应当承担相应的民事责任。

原告要求被告赔偿经济损失及合理开支，具有事实和法律依据，法院对此予以支持。在确定损害赔偿数额时应注意到，不仅要充分发挥损害赔偿制度弥补权利人实际损失的功能，还要起到惩戒和遏制侵权行为的作用。本案中，原告未提交其遭受的实际损失或被告违法所得的证据，且原告主张按照法定赔偿计算经济损失。

法院认为，根据《著作权法》第四十九条、《最高人民法院关于审理著作权民事纠纷案件适用法律若干问题的解释》第二十五条第二款的规定，适用法定赔偿应考量的因素包括：作品的类型、作品知名度和市场价值、权利人的知名度、作品的独创性程度等；被告的主观过错、侵权方式、时间、范围、后果等；其他因素。结合到本案，法院将综合考虑以下因素依法酌情判定赔偿数

额：（1）聊天表情是在网络环境下对人类日常表情的艺术化形式，富有创意的聊天表情可以增加网络用户的聊天乐趣，产生意想不到的聊天效果，提升用户体验；（2）"微信"应用软件作为即时通信软件，用户量庞大，以亿次计算，涉案微信表情生动、形象、有趣，作为"微信"应用软件使用中的相关元素，亦具有较高使用量和知名度，经广泛使用和传播，受到广大用户的普遍认可和喜爱；（3）涉案微信表情因广泛使用和传播而增值，从商业运营角度考量，若他人欲获得对涉案微信表情的相应授权，需要支付更高的对价；（4）被告运营的"吹牛"应用软件亦为即时通信工具，主要用于商业用途，其明知涉案微信表情在先使用且具有较高知名度，却使用与其完全相同的聊天表情，主观过错明显，且"吹牛"应用软件的下载量和侵权范围较大；（5）虽然涉案微信表情富有一定创意，但创作投入和创作难度不大，且"吹牛"应用软件已经停止使用涉案微信表情。综合上述因素，法院认为原告主张的经济损失缺乏充分依据，数额偏高，法院酌定被告赔偿原告经济损失30万元。

针对被告提出的原告未因被告使用涉案微信表情遭受损失，被告亦未因此获利，因而不应予以赔偿的主张，法院认为，首先，根据著作权法的规定，征得许可并支付报酬是使用他人作品的基本前提；其次，网络经济是注意力经济，免费的经营模式不代表不获利或少获利。聊天表情的使用，拓展了用户的表达方式，且具有趣味性，一定程度上提升了用户使用软件的体验，为软件增加了用户的黏性，使得被告可以利用网民注意力通过其他增值服务获得收益。因此，被告对涉案微信表情的使用行为，并不因其不收费就不会给原告造成经济损害，也不会因此就不能给被告带来利益，对被告的这一主张法院不予支持。

关于合理开支的具体数额，原告主张律师费1万元、公证费544元，并提交了相应票据，法院对此予以支持。

裁判结果

北京互联网法院依照《中华人民共和国著作权法》第十条第一款第（十二）项、第十一条、第四十八条第（一）项、第四十九条之规定，判决如下：
一、本判决生效之日起十日内，被告某网络科技有限公司赔偿原告某科技公司、某计算机公司经济损失 30 万元；二、本判决生效之日起十日内，被告某网络科技有限公司赔偿原告某科技公司、某计算机公司合理开支 10544 元；三、驳回原告某科技公司、某计算机公司的其他诉讼请求。宣判后，原、被告未提出上诉，判决已发生法律效力。

法官解读

一、认定聊天表情构成作品的合理性和必要性

本案是首例涉及微信表情著作权纠纷的案件，入选 2019 年度北京法院知识产权司法保护十大案例。聊天表情单独来看基本是简单的图形组合，以涉案微信表情为例，均为采用"黄脸表情"设计理念的卡通形象，即用圆形黄色表示面部，再通过神态变化反映人物的不同情绪。

首先，从法律层面上看，表达简单、设计元素和变量相对少并不妨碍其构成我国著作权法意义上的作品。作品在本质上是思想的表达，是创作活动的产物，而创作是作者将内在的思想表达出来的过程，但凡没有以某种客观形式表现出作者的内心想法、设计、观念等，无法被他人有效感知存在，就不能称为作品。刘春田教授曾指出：即使是一个 5 岁的顽童，"尽管他的表现手段极为初始、朴拙，如果他能构思一种独特的画面设计来表现对生活的理解或对天真烂漫的理想追求，并用他生硬、朴拙的画笔表达出来，能使读者产生某种情感上的共鸣，该绘画就是一件有独创性的作品"。因此，是否构成作品，或者说是否具有独创性，归根结底要看创作过程中是否体现出创作者的个性化选择，是否传递出创作者有别于他人的表达，创作理念的新旧、创作技法的高低都与独创性的认定无关。同一个创作主题下，不同的表达可以各自构成作品。同样地，即使两个聊天表情都表达同一个含义，但是只要创作者在设计元素的组合搭配上体现出不同的选择、判断和取舍，存在客观可识别的差异，那么这两个聊天表情就不相同或不构成实质性相似。

其次，从价值层面上看，随着互联网技术的快速发展，社交 App 已经占据人们的大部分生活，仅凭文字已然无法满足人们的情感表达需求，人们追求的是一种更为简便快捷、生动有趣的表达方式。于是，聊天表情应运而生，而

且在社交语言中的地位日趋重要。聊天表情是互联网环境下产生的图像性语言，经历了 ASCII 符号、颜文字、emoji 表情、动态图片等形式和内容的更新与发展，包罗万象且形象有趣。其中，有的是经营者出于利益驱动而专门制作的，有的是网友发挥创造力和想象力自主创作的，可以说聊天表情已经成为极具特色的网络流行文化。但是，我们还应看到，聊天表情的制作与传播具有平民化与自主化色彩，其准入门槛较低，因而易创作、易复制、易改编，同时依托新媒体技术与平台，传播速度快、范围广，使得侵权问题隐蔽而频繁。在这样的背景下，司法有必要对符合作品构成要件的聊天表情予以保护，激励这样富有创意的创作行为，进而推动网络文化的繁荣进步和相关行业的有序良好发展。

二、如何看待"免费共享"行为

开放、共享是互联网的基因，但也是有限度的，不意味着可以随便适用"拿来主义"，更不能挪为商用，借鸡生蛋。在日新月异的互联网中，竞争是时时存在的，能否留住用户是经营者的一大难题。虽然聊天表情多为免费提供，但是其背后的商机和价值是无穷的，可以大幅增加聊天乐趣，丰富聊天效果，提升用户体验，从而提高软件用户的忠诚度。聊天表情虽小，但侵权亦不可容。其他经营者要懂得征得许可并支付报酬是使用他人作品的基本前提，不能以"免费共享"为借口侵害他人的合法权益。本案判决传递出一个观点：站在前人的肩膀上，绝不意味着可以照搬照抄、恶意模仿，绝不能以学习、借鉴之名行侵权之实。

特别地，本案对于经济损失的计算即是基于这种对"免费共享"的认知而考量的。虽然被告对于涉案表情的使用是通过"免费共享"的方式完成的，并没有对原告造成直接经济损害，但是这种"免费共享"的目的在于让被告软件的用户更习惯于使用被告软件，从而吸引用户使用和留存，进而利用网民注意力通过其他增值服务获得收益。因此，本案将表面上无盈利的侵权行为纳入经济损失的计算，而非孤立地看待该行为，符合互联网"互联互通"的运作逻辑。同时，本案的这一处理方式可以对其他类似侵权行为的潜在行为主体起到警示作用，并为相关的经济损失计算提供参考。

三、认定原告对微信表情享有著作权的意义

本案有两个被纳入重点争议的微信表情，分别是"奸笑"和"嘿哈"。虽然二者都被认定为原告某科技公司享有著作权的作品，但认定的原因各不相同。前者涉及对不同作品之间的比较，而后者涉及自然人面部表情与作品之间的差异。

对于"奸笑"表情的认定，本案延续了传统判决的一贯思路，从表情设计的思路出发，对作品设计细节进行比较，并作出判断，认定"奸笑"表情是原告某科技公司的作品，符合我国著作权法的保护路径，在网络空间中对我国法律规定进行了延续和拓展，让主要存在于互联网的作品得到了法律应有的保护。

对于"嘿哈"表情的认定，本案特别指出的是，虽然该表情来自自然人的面部表情，但自然人的面部表情并不是作品。即使自然人的瞬间面部表情被镜头捕捉，形成了表情包，该表情包成为作品的基础也并非自然人的面部表情，而是"被镜头捕捉"这一行为。因此，在对作品的认定方面，本案的说理部分明确了"作品"的本质，指出自然人的面部表情并非作品，对当下充斥网络空间的海量表情的著作权认定具有指引作用，合理保护了类似情形下作品著作权人的合法权益。

计算机软件智能生成内容不构成作品

——北京某律师事务所与北京某科技公司著作权侵权案❶

卢正新* 鲁 宁** 李 珂***

典型意义

人工智能（AI）作为"新基建"七大板块中的重要组成部分，为经济社会发展提供了新路径、新动能。本案是人民法院首次对人工智能软件自动生成内容的著作权保护问题进行回应。在不突破民事主体基本规范的前提下，在现行法律的权利保护体系内对此类软件的智力、经济投入予以肯定和保护，既肯定了计算机智能软件的价值，又谨慎地守住了著作权创作和权利主体的界限。本案入选 2019 年中国版权行业十大热点案件。

关键词 著作权 人工智能 可版权性 权益分配 虚拟财产

案情介绍

涉案文章在原告北京某律师事务所经营的微信公众号首次发表，发表时标注了该律所名称和微信公众号二维码等内容。涉案文章首先对检索概况进行了

---

❶ 一审裁判文书字号：北京互联网法院（2018）京 0491 民初 239 号民事判决书（2019 年 4 月 25 日）；二审裁判文书字号：北京知识产权法院（2019）京 73 民终 2030 号民事判决书（2020 年 5 月 18 日）。

一审合议庭组成人员：审判长卢正新、审判员贺诚、审判员韩冰。

* 卢正新，北京互联网法院执行局副局长。

** 鲁宁，原北京互联网法院综合审判二庭法官。

*** 李珂，北京互联网法院综合审判一庭法官助理。

介绍，包括检索使用的威科先行库及检索关键词、案件类型等；然后针对各部分内容使用了曲线图等 15 张图形用于说明相关统计数据。被告北京某科技公司是百家号的经营主体，于 2018 年 9 月 10 日发表了被诉侵权文章，该文章与涉案文章基本一致，但没有被告的署名，亦没有引言、检索概况、图 1 电影行业案件数量年度趋势图和结尾的"注"部分。据此，原告主张被告侵害其信息网络传播权和署名权，并对其造成经济损失，故请求法院判令被告停止侵权、赔礼道歉、消除影响并赔偿经济损失。

原告北京某律师事务所诉称：2018 年 9 月 9 日，原告首次在其微信公众号上发布涉案文章。2018 年 9 月 10 日，被告北京某科技公司未经许可，在其经营的百家号平台上发布被诉侵权文章，侵害了原告享有的信息网络传播权、署名权和保护作品完整权，故请求原审法院判令：（1）北京某科技公司赔礼道歉、消除影响，在百家号平台上发布道歉声明；（2）北京某科技公司赔偿原告经济损失 10000 元；（3）北京某科技公司赔偿原告为维权所支出的合理费用 560 元。

被告北京某科技公司辩称：（1）涉案文章不具有独创性，其中的图形和文字部分均是采用法律统计数据分析软件智能生成的报告，并非原告通过自己的智力劳动创造获得，不属于著作权法保护的范围；（2）原告无法证明涉案文章是法人作品，其不是本案适格主体，且其作为法人主体，主张进行赔礼道歉无事实和法律依据；（3）涉案文章的引言和注释部分不属于其主要内容，北京某科技公司未对涉案文章内容进行编辑、删除，即使有编辑、删除行为，也没有进行歪曲篡改，未侵害原告的保护作品完整权；（4）北京某科技公司是信息存储平台，不对内容进行实质审查，未实施侵权行为。综上，不同意原告的全部诉讼请求。

裁判内容

北京互联网法院经审理认为，本案主要的争议焦点包括：一是原告是否为本案适格的主体；二是被告是否侵害原告享有的著作权；三是计算机软件智能生成内容的权益归属。

一、原告是否为本案适格的主体

（一）计算机软件智能生成内容是否构成作品

人工智能生成的文字内容体现出针对相关数据的选择、判断、分析，具有一定的独创性。但是，自然人创作完成仍应是著作权法上作品的必要条件。涉案分析报告的生成过程有两个环节由自然人作为主体参与，一是软件研发环节，二是软件使用环节，但涉案分析报告并未传递软件研发者及使用者的思想、感情的独创性表达，故不应认定为该分析报告的作者。分析报告系人工智能软件利用输入的关键词与算法、规则和模板结合形成的，从某种意义上讲可认定人工智能软件"创作"了该分析报告，即使人工智能软件"创作"的分析报告具有独创性，该分析报告仍不是著作权法意义上的作品，也不能认定人工智能软件是作者并享有著作权法规定的相关权利。

（二）原告主张的图形是否构成图形作品

经勘验对比，涉案文章中的图形部分是原告基于收集的数据，利用相关软件制作完成，其图形形状的不同是基于数据差异产生，而非基于创作产生。针对相同的数据，不同的使用者应用相同的软件进行处理，最终形成的图形应是相同的；即使使用不同软件，只要使用者利用常规图形类别展示数据，其表达也是相同的。故涉案文章中的图形不构成图形作品。

（三）原告主张的文字是否构成文字作品

经勘验比对，涉案文章中的文字与相关计算机软件智能生成的文字内容及表达完全不同。据此，涉案文章的文字内容并非相关计算机软件自动生成，而是原告独立创作完成，具有独创性，构成文字作品。

（四）涉案文章是否系法人作品

涉案文章在原告经营的微信公众号首次发表，发表时署名为原告，并未提及涉案文章还有其他参与创作的主体；涉案文章系原告策划的系列报告的首篇，在该系列报告的序言、预告部分亦说明涉案文章系原告已完成的工作成果，涉案文章的内容亦是以原告的视角进行的分析、评价。故在无相反证据的情况下，法院认定涉案文章是原告主持创作的法人作品。

二、被告是否侵害原告享有的著作权

（一）被告向用户提供服务的性质

被告在本案中主张其仅提供信息存储空间服务，应承担举证证明责任。在原告已提交初步证据证明百家号平台上存在被诉侵权文章的情况下，从便于法院查清事实、便于权利人维护合法权益的角度出发，被告应进一步提供证据或证据线索，以供法院全面审查。本案中，被告未提供关于上传者的相关证据，故对被告在本案中仅提供信息存储空间服务的抗辩，法院不予采信。

（二）被告是否侵害原告享有的权利

被告未经许可，在其经营的百家号平台上向公众提供了被诉侵权文章内容，供公众在选定的时间、选定的地点获得，侵害了原告享有的信息网络传播权；在被告提供的被诉侵权文章中，删除了其署名，且出现了"点金圣手"的字样，足以导致相关公众误认为"点金圣手"系作者，侵害了原告享有的署名权。

三、计算机软件智能生成内容的权益归属

（一）关于计算机软件智能生成内容的署名

软件研发者（所有者）和软件使用者均不能以作者身份进行署名。但是，从保护公众知情权、维护社会诚实信用和有利于文化传播的角度出发，应添加相应计算机软件的标识，标明相关内容系软件智能生成。

（二）关于计算机软件智能生成内容的利益分配

虽然人工智能软件生成物不构成作品，但并不意味着其进入公有领域后可以被公众自由使用。人工智能生成物的产生既凝结了软件研发者的投入，也凝

结了软件使用者的投入，具备传播价值。软件研发者（所有者）可通过收取软件使用费，使其投入获得回报，其缺乏传播成果的动力，故不应赋予其相应权益。而软件使用者通过付费使用进行了投入，基于自身需求设置关键词并生成了分析报告，具有进一步使用、传播的动力和预期。因此，应当激励软件使用者的使用和传播行为，将相关权益赋予其享有。软件使用者虽不能以作者的身份在分析报告上署名，但可以采用合理方式表明其享有相关权益。

裁判结果

北京互联网法院依照《中华人民共和国著作权法》第九条，第十条第一款第（二）项、第（四）项、第（十二）项，第四十七条❶，第四十八条❷，第四十九条❸之规定，判决如下：一、本判决生效之日起七日内，被告北京某科技公司在百度百家号（baijiahao.baidu.com）平台首页上连续 48 小时刊登道歉声明，为原告北京某律师事务所消除影响（声明内容需经本院审核，若被告北京某科技公司拒不履行，本院将在一家全国发行的报刊上刊登判决书主要内容，相关费用由被告北京某科技公司负担）；二、本判决生效之日起七日内，被告北京某科技公司向原告北京某律师事务所赔偿经济损失 1000 元及合理费用 560 元，共计 1560 元；三、驳回原告北京某律师事务所的其他诉讼请求。

宣判后，北京某律师事务所不服原审判决，提起上诉。北京知识产权法院于 2020 年 5 月 18 日作出（2019）京 73 民终 2030 号民事判决，驳回上诉，维持原判。一审判决已经生效。

法官解读

当前，人工智能技术飞速发展，其生成物在内容、外在表现形式甚至表达方式上越来越接近人类创作的作品。在这种发展态势下，人工智能向现行

---

❶ 现变更为《中华人民共和国著作权法》（2020 年修正）第五十二条。
❷ 现变更为《中华人民共和国著作权法》（2020 年修正）第五十三条。
❸ 现变更为《中华人民共和国著作权法》（2020 年修正）第五十四条。

法律制度提出了挑战，成为人们关注焦点之一。对人工智能的探讨，除了基础理论、核心算法以及关键设备等方面，也涉及伦理规范、法律法规和政策体系的建立。就本案而言，经法院查明，涉案文章所含内容并非完全由人工智能软件自动生成，但法院认为仍然有必要在判决中就人工智能软件自动生成内容的属性及其权益归属进行探讨，为今后法律适用和审判实务提供一些思考。

一、人工智能基本概念

围绕人工智能存在如下定义。任何能够不经人类特别干预即可在复杂多变的环境下完成任务的智能系统，能够通过机器学习不断优化决策和行动。其可以像人类一样思考、认知、规划、学习、交流或采取行动。一般而言，智能系统越能够以接近人类的方式执行任务，其人工智能化的程度就越高。可以像人类一样思考的智能系统，如具备认知结构和类神经网络的系统；可以像人类一样采取行动的智能系统，如那些通过自然语言处理、知识表示、知识推理和机器学习，能够完成真实测试或者其他类似测试的智能系统；一系列尝试完成认知任务的技术，包括机器学习等；可以采取理性行动的智能系统，如智能软件代理和类人化机器人，能够通过感知、规划、推理、学习、沟通、决策和行为等实现目标。❶

目前，人工智能主要分成两类：一类是通用人工智能（强人工智能，Artificial General Intelligence），是未来设想的人工智能系统，其在认知、情感、社会行为等众多领域能够像人类那样做出智能行为；另一类是狭义人工智能（弱人工智能，Artificial Narrow Intelligence），强调特定的应用领域，如玩策略游戏、语言翻译、自动驾驶及图像识别等。需要指出的是，尽管目前人工智能发展迅速，但事实上仍处于狭义人工智能或弱人工智能阶段，仅能根据相应算法专注于完成某种特定任务，与强人工智能相比功能还十分有限，尚不具备产生独立意志的可能性。

---

❶ 参见曹建峰、杨晓洁：《美国提出"人工智能未来法案"应对人工智能机遇和挑战》，载 https://www.sohu.com/a/218462442_455313，访问日期：2020年1月28日。人工智能未来法案（FUTURE of Artificial Intelligence Act of 2017），CONGRESS.GON，载 https://www.congress.gov/bill/115th-congress/house-bill/4625/text，访问日期：2020年1月28日。

二、人工智能生成内容的法律属性

（一）可版权性尚存争议

对于人工智能生成内容能否获得版权保护，目前存在两种不同观点。

一种观点认为，人工智能生成内容不能构成作品，不能成为版权保护的客体。其中，有的是从人工智能生成内容的过程进行分析，有的是从其机器属性和人在其中的参与程度进行分析，还有的认为虽然人工智能生成内容不能构成作品，但是可以纳入邻接权制度范围予以保护。[1] 一些国家也持类似的观点，比如澳大利亚的一份报告认为计算机生成的内容无法达到独创性的要求，不能作为作品保护，可以作为邻接权的客体进行保护。[2] 日本学者曾指出计算机系统作为人创造性表达的"道具"而被使用，[3] 也有的认为人工智能生成内容不是日本著作权法规定的"表现思想或者情感的作品"，也就根本不存在对其享有的著作权。

另一种观点则认为，只要人工智能生成内容在外在表现形式上与人类创作的作品一致，就可以不再考虑其创作主体是否为人类，单纯从客观角度进行判断，关键在于考查其生成内容是否达到最低限度的创造性。英国在 1988 年《版权、外观设计和专利法》□将计算机生成作品（Computer - Generated Works）作为集体作品进行规定，其作者是为作品的创作提供必要贡献的人，但是不适用人格权的相关规定[4]。

（二）作品的主体应为"人"

一般来说，审理著作权纠纷案件首先应审查原告主张著作权的客体是否构成作品。2021 年 6 月 1 日起，新修订的《中华人民共和国著作权法》正式施

---

[1] 参见陶乾：《论著作权法对人工智能生成成果的保护——作为邻接权的数据处理者权之证立》，载《法学》2018 年第 4 期。

[2] 参见王迁：《论人工智能生成的内容在著作权法中的定性》，载《法律科学（西北政法大学学报）》2017 年第 5 期。

[3] 转引自刘影：《人工智能生成物的著作权法保护初探》，载《知识产权》2017 年第 9 期。

[4] 英国 1988 年《版权、外观设计和专利法》（*Copyright，Designs and Patents Act 1988*），S178；S9（3）。

行，将作品明确定义为"文学、艺术和科学领域内具有独创性并能以一定形式表现的智力成果"❶，对独创性和智力成果属性的把握仍然是判断作品的要件。本案中，人工智能软件生成的数据分析报告体现出针对相关数据的选择、判断、分析，客观上具备一定的独创性，且具有一定的表现形式并可复制。需要说明的是，在进行独创性认定时，不宜过多考虑自然人创作这一因素，但本案判决却特别强调了"人"的因素，主要原因如下。

首先，根据我国法律法规的规定，作品的主体应为"人"，只有符合一定条件的"人"的创作才能构成作品。❷之所以如此规定，是因为当前只有"人"才具有独立意志，独创性表达须源自人的思想和情感。虽然随着科学技术的发展，人工智能软件生成物在内容、形态，甚至表达方式上日趋接近自然人创作的作品，但根据现有的科技及产业发展水平，人工智能尚未发展到强人工智能的阶段，没有独立的意识，无法完全摆脱人类进行独立思考或情感表达，只能作为人类实现某种目的所支配的对象，"不能真正认识到自己行为的法律后果，不具备承担责任的可能性和必要性"❸。

其次，不同人在相同的角度，对同一景物进行绘画，每个人关注的重点、绘画的风格等都会有所不同，呈现出的画作就会不同；但是，即使是不同的计算机，只要运行相同的程序，执行相同的命令或算法，得出的结果就会是相同的。也就是说，人工智能按照人类的预先设计，应用算法、规则和模板所产生的内容，其本质上仍然属于执行既定流程和方法的结果。这种高度程式化的内容输出，缺乏富有个性的创作空间。而著作权法意义上的"独创性"恰恰要求作品是作者独立构思的产物，且富有作者的个性，是作者运用技巧、经过思考对社会素材进行选择、判断、取舍并传递出自己的情感表达，这种表达无关对错，亦无关艺术价值或商业价值的高低。人工智能生成内容与自然人具有"独创性"的智力创作相去甚远。

因此，本案判决认为，若在现行法律的权利保护体系内，可以对此予以充分保护，则不宜对民法主体的基本规范予以突破。也就是说，要构成著作权法意义上的作品，首先要保证其创作者是"人"，而非机器或程序。如果人工智

---

❶ 现变更为《中华人民共和国著作权法》（2020 年修订）第三条第一款。
❷ 现变更为《中华人民共和国著作权法》（2020 年修订）第九条、第十一条。
❸ 参见孙山：《人工智能生成内容著作权法保护的困境与出路》，载《知识产权》2018 年第 11 期。

能生成内容并非自然人创作，即使具有所谓的"独创性"，仍不是著作权法意义上的作品，也不能认定人工智能软件是作者并享有著作权法规定的相关权利。因为著作权法的根本价值在于激励文化创作与传播，我们无法将人工智能等同于"人的智能"。

三、人工智能生成内容的权益归属

在不认定人工智能软件生成物构成作品的情况下，裁判双方争议事实似乎已经解决，但司法除了定分止争外，还有一定的指引作用，所以人工智能软件生成物的权利归属仍有讨论的必要。本案审理过程中也进行了相应思考：既然人工智能软件生成物无法作为作品受保护，是否就意味着进入公有领域，可以被公众自由使用呢？人工智能软件生成物的产生既凝结了软件研发者的投入，也凝结了软件使用者的投入，如果不赋予其一定的权益保护，是否还能保证人工智能产业效用的发挥？上述问题不解决，既不利于激励新作品的创作和新人工智能的开发，也无益于著作权市场的合规性和稳定性。●

（一）人工智能生成内容的署名问题

公众有知晓作品来源的需求，从而可以就作品内容、表现形式等与作者进行学习、沟通和交流，还可以进一步进行文艺评论、历史研究，最终推动社会文化的传播和发展。对人工智能生成的符号组合进行来源标示，极有可能成为一项法律义务。❷ 本案判决认为，无论是软件研发者（所有者）还是使用者，非创作者都不能以著作权法意义上的作者身份进行署名，但应当允许在人工智能软件生成物中添加软件标识或研发者、使用者的标识，标明系软件自动生成。这虽然不是著作权法意义上的"署名"，但却具有一定现实意义，不至于使人工智能软件生成物沦为"无主物"，进而被不当利用或实现不正当竞争的目的，也有利于保护公众知情权、维护社会诚实信用和促进文化传播。2019年5月，国家网信办发布的《数据安全管理办法（征求意见稿）》第二十四条规定，网络运营者利用大数据、人工智能等技术自动合成新闻、博文、帖子、

---

❶ 参见熊琦：《人工智能生成内容的著作权认定》，载《知识产权》2017年第3期。
❷ 参见李琛：《论人工智能的法学分析方法——以著作权为例》，载《知识产权》2019年第7期。

评论等信息，应以明显方式标明"合成"字样，该规定与本案判决确立的规则相契合。

（二）人工智能生成内容的权益分配

激励理论是知识产权重要的哲学基础，激励理论发挥作用的前提是知识产品具有稀缺性，只有通过赋权，赋予权利人相应的人身、财产权利，才能够更好地促进知识产品的生产与传播。[1] 著作权法也是如此，激励的是人基于直觉、审美、想象力、理解力等品质进行创作的行为。虽然人工智能软件生成物不构成著作权法意义上的作品，但其生成过程主要有两个环节有自然人参与：一是软件研发环节，二是软件使用环节。软件研发者和软件使用者发挥的作用、做出的贡献有所不同，在权益分配上应予以区别对待。

对于软件研发者（所有者）来说，其作用和贡献主要在于对人工智能软件进行设计、研发，对其算法、规则和模板进行规划，其利益可通过收取软件使用费等方式获得，其开发投入已经得到相应的回报；且人工智能软件生成物系软件使用者根据不同的使用需求、检索设置而产生的，软件研发者对其缺乏传播动力。因此，如果将人工智能软件生成物的相关权益赋予软件研发者享有，软件研发者并不会积极应用，反而不利于文化传播和科学事业的发展。

对于软件使用者而言，其基于自身需求通过设置关键词、提供分析对象和分析素材等操作生成了人工智能软件生成物，且通过付费等方式进行了必要的经济投入，其具有进一步使用、传播人工智能软件生成物的动力和预期。因此，应当激励软件使用者的使用和传播行为，将人工智能软件生成物的相关权益赋予其享有。

值得关注的是，为应对数字技术的变革与发展，《中华人民共和国民法典》第一百二十七条将数据、网络虚拟财产纳入民事权利保护范畴，体现了我国民法对数字技术及其产物的价值肯定，以开放性的立法精神给予其相应的权益保护。与上述立法精神相一致，本案判决明确对人工智能软件的所有者和使用者的利益予以区别保护，并通过技术加标等方式赋予其类似"人格权"的利益，从而适应数字经济发展的客观需要，促进数字产业健康有序发展。

---

[1] 参见郝明英：《论人工智能生成内容的版权认定及法律规制》，载《法大研究生》2019 年第 2 期。

四、关于人工智能的司法态度

技术有变，法理有常。法律不能领先于社会现实对社会关系变化做出精准预言，而只能以事实素材为基础提出应对的方案。[1] 在未雨绸缪的同时，也要注意前瞻性的限度，不断挖掘现有制度的适应力。[2] 关于人工智能的发展对法律制度和法律适用提出的挑战问题，现阶段人工智能还不能像人类一样思考，不能基于自我认知进行自我情感、思想的表达，现行法律还没有失灵，不妨"让子弹再飞一会儿"。本案判决是对人工智能生成内容保护问题的有力探索，是司法主动应对新技术、新问题的一次有益尝试。不仅体现了对现有法律制度的充分挖掘和准确应用，也体现了互联网司法面向未来、拥抱未来的鲜明态度。本案引发了业界、学界和社会公众的广泛讨论，具有典型意义，有利于规范大数据分析成果的使用，逐步明确人工智能发展的法律边界，并在此基础上为其预留充分的法律空间。

---

[1] 参见李琛：《论人工智能的法学分析方法——以著作权为例》，载《知识产权》2019 年第 7 期。

[2] 参见孙山：《人工智能生成内容著作权法保护的困境与出路》，载《知识产权》2018 年第 11 期。

百科词条是否属于作品及其著作权归属认定

——刘某某与北京某科技发展有限公司著作权侵权纠纷案❶

张 博* 曹 爽** 姜 瀚***

> ## 典型意义

本案认定了具有独创性的百科词条属于作品，在判断某一词条作品的著作权归属时，应充分考量该词条是否存在其他贡献者的创作成果。百科词条是网络百科全书，赋予其著作权的保护，可充分激发贡献者的创造热情，鼓励词条作品的高质量创作和广泛传播。

> ## 关键词 词条作品 著作权 独创性

> ## 案情介绍

2018年5月3日，原告刘某某因个人爱好加入"百度公司"旗下网络平台"百度百科"中"百科诗文社（The Poetic Prose Order of Baidu Baike）"团队动植物组，以预备社员身份参与生物类特色词条编写整理活动，并于当月6日转为正式社员。2018年5月4日，原告在团队导师"DK 熙11（化）"带领

---

❶ 一审裁判文书字号：北京互联网法院（2019）京0491民初3592号民事判决书（2019年8月15日）；二审裁判文书字号：北京知识产权法院（2019）京73民终3557号民事判决书（2020年1月3日）。

一审合议庭组成人员：审判长张博、审判员张连勇、审判员袁建华。

* 张博，北京互联网法院立案庭副庭长。

** 曹爽，原北京互联网法院综合审判二庭法官助理。

*** 姜瀚，中国社会科学院大学互联网法治研究中心研究助理。

下开始对生物分类学词条"仓鼠亚科"进行形态、生境、习性、分布、繁殖、属种、种群现状和濒危级别等资料的整理，2018 年 5 月 6 日截稿并使用账号"GRL 刘某某"发布，在 2018 年 5 月 9 日进行了该月的最后一次修正。

2019 年 2 月 2 日，原告在浏览网页时发现被告旗下产品"搜狗百科"中，有一同名跳转词条"仓鼠亚科"，在文字描述、版式编排、图片选用上与原告完全一致，且通版未署原告之名，亦未通过其他方式注明引文出处。经对比确认，该词条中内容来自一位名为"藤蔓"的搜狗用户于 2018 年 5 月 21 日所发版本，原告遂通过搜狗百科内"反馈侵权信息"入口，就该版本于 2019 年 2 月 2 日 22 点 43 分 28 秒向被告工作人员反映"该用户的行为侵犯了原告的署名权，要求依照相关规范将词条贡献者署名易为投诉所用账户名"，并附上了原告身份证和原著以及侵权词条的链接。2019 年 2 月 3 日，被告以邮件回复原告并以"该词条为贡献者编辑，内容并无问题也有参考资料，不符合删除要求"为由不作处理。

原告在涉侵权搜狗用户"藤蔓"的个人主页中，发现留有"搜狗百科热词团招募中，详情请加 QQ（233×××980）"字样，且该账户在 2017 年 4 月至 6 月多次在搜狗百科"搜狗百科热词团"词条中进行编辑，内容涉及该团队人员编制、考核制度等。2017 年 2 月 27 日，有同名用户在"豆瓣网"发布题为《搜狗百科热词团队招募啦》的主题帖，其中提到"如果，你足够优秀，还有可能获得一次在互联网公司实习的机会"并留下了同样的 QQ 号码。

原告刘某某向法院提出诉讼请求：（1）要求被告将旗下产品"搜狗百科"内"仓鼠亚科"词条中，2018 年 5 月 21 日侵权用户"藤蔓"所提交版本的贡献者署名恢复为原告之名；（2）本次取证、服务费等合理支出 10 元由被告负担；（3）由被告承担本次诉讼费用。

被告北京某科技发展有限公司（以下简称某科技公司）提出三点答辩意见。

首先，某科技公司称，其运营的搜狗百科提供的是信息存储空间服务，所有百科词条均系网络用户创建、编辑修改、上传，某科技公司不存在侵权行为。搜狗百科是某科技公司向广大网络用户提供的一个信息分享、传播及获取的平台，所有的百科词条均由网络用户创建、编辑修改，并进行上传。在搜狗百科《用户协议》中，某科技公司也明确标示了"百科是一个信息分享、传播及获取的平台"，搜狗百科在此过程中仅向用户提供信息存储空间服务，本案所涉词条并非某科技公司自行编辑，而是由网络用户创建、编辑修改、上传，因此，本案中的词条中的内容并非某科技公司创建、编辑、上传的，某科技公司不存在侵权行为。

其次，某科技公司称，其作为网络服务提供商，对于用户创建、编辑修改的内容不负有全面、主动的事先审查义务，并无主观侵权意图。某科技公司作为搜狗百科的运营者，对网络用户上传到搜狗百科的信息内容的审查只能是形式上的，即只能对明显违反国家法律法规规定（如涉黄、赌、毒及涉政等）的内容进行形式上的审查，无法对全网信息的真实性进行实质审查。涉案词条系对仓鼠科中的一种进行介绍，网络用户采用了符合规则的方式进行词条创建、编辑与修改，因此，某科技公司已经对内容进行了形式上的审查，并无侵犯刘某某权益的行为和主观意图。

最后，某科技公司认为，刘某某在起诉前虽然向搜狗百科进行了申诉，但提供的证据不足以证明其是该词条的著作权人；在收到本案起诉资料后，为了避免过错、尽到平台责任，某科技公司已删除了由"藤蔓"用户编辑的词条，该涉案词条已不存在。搜狗百科平台作为一个信息存储空间，应当适用"避风港"原则，搜狗百科《用户协议》第五条第一款规定，如"认为百科中的其他用户或者第三方的内容涉嫌侵犯知识产权，可以向（平台方）提交书面权利通知书，并提供相应证据，（平台方）在收到证明文件后会进行审核，视情况进行处理"。刘某某虽然在起诉前曾向搜狗平台进行申诉，但是其提供的证据是由用户"GRL 刘某某"于"2018－05－09 13：14：22"编辑的仓鼠亚科的历史版本，该证据不能证明该词条的内容由"GRL 刘某某"首次创建、编辑，不能证明其是该词条的著作权人，同时，所申诉的词条的内容和形式均符合搜狗百科《用户协议》中的信息底线要求，因此其申诉未通过；在接到本案的起诉资料后，尽管刘某某提供的证据不能证明其是涉案词条的著作权人，但是为了避免过错、尽到平台责任，某科技公司已删除了"藤蔓"用户编辑的词条，该涉案词条已不存在，因此，原告将"藤蔓"所提交版本的贡献者署名恢复为刘某某的诉讼请求已在事实上无法实现。

综上所述，某科技公司辩称，搜狗百科作为信息存储空间服务提供商，并无主观上的侵权意图，亦不存在侵权行为；在接到申诉后，按照《用户协议》

的要求和程序进行了处理，遵守了《侵权责任法》第三十六条的规定，不构成对原告著作权的侵犯；同时，亥涉案词条已不存在，原告诉讼请求亦无实现可能，因此，某科技公司请法院衣法驳回原告全部诉讼请求。

裁判内容

北京互联网法院经审理认为，本案主要的争议焦点包括：一是涉案百科词条是否属于作品；二是百科词条的著作权归属问题；三是某科技公司是否构成侵权。

一、涉案百科词条是否属于作品

《中华人民共和国著作权法实施条例》第二条规定："著作权法所称作品，是指文学、艺术和科学领域内具有独创性并能以某种有形形式复制的智力成果。"并非所有的百科词条均是作品。不论是创造词条，还是修改词条，只有具有独创性的外在表达，才能称为作品。

百科词条的编写在体例上往往呈现固定的模板化，如果贡献者仅把各种素材进行了搬运和罗列，未进行创作性活动，则该百科词条不具备独创性，不属于作品。

结合本案来看，"仓鼠亚科"词条包括文字、图片等元素，对于生物学领域的仓鼠进行了形态特征、栖息环境、生活习性、分布范围（世界、中国）、繁殖方式、下属物种、种群现状、保护级别、人工饲养（条件、禁忌）等方面的描述。刘某某在查阅了若干生物数据库和外国文献关于仓鼠的资料后，在自己理解的基础上进行了编写，词条文字部分的个性化表达传递了一定的思想和信息，能够体现刘某某一定的智力创造，具有一定的独创性，构成文字作品。

二、百科词条的著作权归属问题

《著作权法》第十一条规定，著作权属于作者。如无相反证明，在作品上署名的公民、法人或者其他组织为作者。同时，百科词条具有其自身特点，词条的版本处于随时变化的过程中，后来的贡献者可以在前一版本的基础上进行编辑、修改、删除或者再创作，因此在判断某一词条作品的著作权归属时，应充分考察该词条的历史版本，考量该词条中是否存在其他贡献者的创作成果，然后进行综合判断。

结合本案来看，在刘某某发表涉案词条之前还存在 5 个贡献者的历史版本。经过比对发现，刘某某的版本并非是在上述 5 个历史版本的基础上进行的加工，而是重新创作所形成的作品。比如篇幅大幅度提升，在体系编排上进行了更丰富、细致的分类，在内容上进行了更加翔实、具体的描述。涉案词条标注的贡献者是刘某某，因此，在某科技公司没有提交相反证据的情况下，法院认定刘某某系该词条的作者，享有著作权。

三、某科技公司是否构成侵权

搜狗百科的用户未经许可使用了刘某某版本的词条，使得刘某某的相关著作权受到了侵害。某科技公司在答辩中主张，搜狗百科作为一个信息存储空间，应当适用"避风港"原则。

（一）某科技公司是不是提供信息存储空间的网络服务提供者

搜狗百科词条系通过网络用户对词条进行创作、修改后上传到搜狗百科平台，某科技公司进行一定的审核之后予以公开发表。通过本案查明的搜狗网络用户"藤蔓"完成的任务量、经验、获得勋章、发布的招募信息以及某科技公司对其 QQ 号、手机号的披露等相关事实可以看出，"藤蔓"系真实网络用户，其在搜狗百科上上传了"仓鼠"词条。某科技公司系提供信息存储空间的网络服务提供者，并非直接侵权人。

（二）某科技公司是否履行了相应的义务

《信息网络传播权保护条例》第十四条规定："对提供信息存储空间或者提供搜索、链接服务的网络服务提供者，权利人认为其服务所涉及的作品、表演、录音录像制品，侵犯自己的信息网络传播权或者被删除、改变了自己的权利管理电子信息的，可以向该网络服务提供者提交书面通知，要求网络服务提供者删除该作品、表演、录音录像制品，或者断开与该作品、表演、录音录像制品的链接。通知书应当包含下列内容：（一）权利人的姓名（名称）、联系方式和地址；（二）要求删除或者断开链接的侵权作品、表演、录音录像制品的名称和网络地址；（三）构成侵权的初步证明材料。权利人应当对通知书的真实性负责。"第二十三条规定："网络服务提供者为服务对象提供搜索或者链接服务，在接到权利人的通知书后，根据本条例规定断开与侵权的作品、表演、录音录像制品的链接的，不承担赔偿责任；但是，明知或者应知所链接的作品、表演、录音录像制品侵权的，应当承担共同侵权责任。"上述条款规定了"通知－删除"义务。

《侵权责任法》第三十六条第二款规定："网络用户利用网络服务实施侵权行为的，被侵权人有权通知网络服务提供者采取删除、屏蔽、断开链接等必要措施。网络服务提供者接到通知后未及时采取必要措施的，对损害的扩大部分与该网络用户承担连带责任。"《最高人民法院关于审理利用信息网络侵害人身权益民事纠纷案件适用法律若干问题的规定》（2014 年修改）第六条还规定："人民法院适用侵权责任法第三十六条第二款的规定，认定网络服务提供者采取的删除、屏蔽、断开链接等必要措施是否及时，应当根据网络服务的性质、有效通知的形式和准确程度，网络信息侵害权益的类型和程度等因素综合判断。"

结合上述法律、法规，法院认为，2019 年 2 月 2 日刘某某要求搜狗平台将贡献者名字由"藤蔓"改为刘某某，该要求已经超出了法律法规所规定的"通知－删除"义务，不属于法律所规定的删除、屏蔽、断开链接等必要措施。在接到本案的应诉材料后，其科技公司删除了"藤蔓"用户编辑的词条，法院认为某科技公司作为提供信息存储空间的网络服务提供者，对于其用户发布百科词条的行为，不具有主观过错，不构成侵权。加之本案所涉词条已经被某科技公司删除，所以刘某某关于变更署名的诉讼请求在客观上已无法实现，故法院对于刘某某的诉讼请求不予支持。

裁判结果

北京互联网法院依据《中华人民共和国著作权法实施条例》第二条，《中华人民共和国侵权责任法》第三十六条，《信息网络传播权保护条例》第十四条、第二十三条，《最高人民法院关于审理著作权民事纠纷案件适用法律若干问题的解释》第七条之规定，判决如下：驳回原告刘某某的全部诉讼请求。

原告刘某某不服原审判决，提起上诉。北京知识产权法院判决：驳回上诉，维持原判。

法官解读

本案的核心争议焦点在于百科词条能否得到著作权法的保护。不同于一般情况下人们直观上能够识别出的各种在著作权法意义上更为"经典"的作品类型，百科词条相当于网络百科全书，是贡献者将包括但不限于个人学习、生活、工作等方面的知识、经验等，通过百科平台进行创作并发布，并分享给广大互联网用户的成果。百科词条涉及的分类包括艺术、科学、自然、文化、地理、生活、社会、人物、经历、历史、体育等。百科词条编写的原则是真实、可信、客观等。针对每一类词条的编写，百科平台均会给出一定的目录进行参考，因此词条的呈现方式具有一定的模板化特点，一个词条可能由文字、图片、视频组成，任何一个贡献者均可以在百科平台上自由地创建、更正、删除、完善词条，前提是均需要有可查证的来源，并经过平台审核后发表。每一个词条都会有完整的历史版本记录，包括贡献人、进行何种修改、修改时间。上述这些条件使得百科词条在直观上不容易展现出原创性和独创性特点，因此在百科词条"是否属于作品"及其著作权归属方面出现争议。

针对百科词条是否属于作品这一问题，本案立足于我国的《著作权法》条文规定与司法实践作出了解读。《著作权法实施条例》第二条规定："著作权法所称作品，是指文学、艺术和科学领域内具有独创性并能以某种有形形式复制的智力成果。"依据《著作权法》的条文，并非所有的百科词条均属于作品，因为不论是创造词条，还是修改词条，只有具有独创性的外在表达，才能称为作品。百科词条的编写在体例上往往呈现固定的模板化，如果贡献者仅仅把各种素材进行了搬运和罗列，未进行创作性活动，则该百科词条不具备独创性，不属于作品。具体到本案中，涉案词条作者刘某某在其编纂词条过程中并不仅局限于查阅到的知识内容，而是融入了自己对于知识的认知和理解，这一过程发展出了涉案百科词条的独创性特点，因此涉案词条能够被认定为作品。

在明确了百科词条能够因作者的独创性而构成作品的前提下，百科词条的著作权归属就有了较为明确的参考依据和识别要素。《著作权法》第十一条规定，著作权属于作者。如无相反证明，在作品上署名的公民、法人或者其他组织为作者。由于百科词条具有其自身特点，词条的版本处于随时变化的过程中，同时百科词条的编辑权限本身也是面向公众开放的，这就需要在判断某一词条作品的著作权归属时，除了标注的贡献者外，还应充分考虑该词条的历史版本以及其他贡献者的创作成果，从整体的和体系化的视角来考察具体案例中具体百科词条的著作权归属，使优质的词条创作能够在知识产权专门法律的保护之下发挥其在网络空间中的价值。

此外，百科词条平台作为互联网信息服务的直接提供者和知识性数字产品的间接提供者，具有开放修订、贡献者自动署名的特征。然而，这种便利性并不意味着"修改署名"措施本身足以成为"通知–删除"义务意义上的"必要措施"。"必要措施"仍以删除、屏蔽、断开链接等法定有效的防止侵权行为进一步扩大的措施为限。本案中，法院认定被告某科技公司已经在收到有效通知后及时履行了"通知–删除"义务，且由于词条被删除，客观上该请求已经无法实现，因此法院最终驳回了原告的这一诉讼请求。

综上所述，属于作品的百科词条，可以得到著作权法的保护；百科词条作品的署名权需综合考察其历史版本及所标注贡献者之外其他贡献者的创作成果来确定；当网络服务提供者在侵犯词条类作品信息网络传播权后及时履行"通知–删除"义务时，一般不承担其他赔偿责任。

带货短视频独创性的认定及其保护规则

——杨某与北京某科技有限公司、覃某侵害作品信息网络传播权纠纷案[❶]

颜 君[*]

典型意义

短视频由于创作门槛低、内容形式多样、录影时间短等特点，在是否构成"独创性"上产生了诸多争议，相应地，对其著作权进行保护也存在一定困难。本案判决明确了"带货"短视频是否具有独创性、是否属于著作权法保护的内容等问题的衡量角度和判断标准。对未经许可搬运"带货"短视频会侵犯原创者的著作权、信息网络传播权等权益问题进行了肯定，为进一步推进对具有独创性短视频的认定及保护起到重要作用。

关键词 带货短视频 短视频搬运 著作权 信息网络传播权

案情介绍

原告杨某为某短视频平台网红、带货主播，平台账号目前有粉丝八百多万，账号头像为原告本人。原告在该平台账号上已发布数百个原创短视频，其对该类短视频以及头像具有著作权。被告北京某科技有限公司为与原告杨某所

---

❶ 一审裁判文书字号：北京互联网法院（2021）京 0491 民初 9833 号民事判决书（2021 年 12 月 6 日）。

一审审判员：颜君。

＊ 颜君，北京互联网法院综合审判三庭副庭长。

在短视频平台具有竞争关系的短视频平台公司（以下简称被告平台），被告覃某为被告平台的用户。

原告杨某诉称：被告覃某未经原告允许，在被告平台上搬运发布原告所创作的短视频，并用于商业目的，严重侵害了原告的著作权以及肖像权。被告平台作为运营商，在原告对被告覃某进行投诉以及发送律师函后，仍未对该账号采取删除、屏蔽、断开链接等必要措施，也未向原告提供该账号的用户信息，严重侵害了原告的合法权益。遂请求法院依法判令被告平台公司立即停止提供侵权账号上侵权短视频的在线播放及下载服务，并封禁该账号；被告平台在客户端首页显著位置连续七日刊登声明，消除影响；被告覃某赔偿原告经济损失10万元，合理开支2万元（其中律师费12000元，公证费4540元，交通费3460元）。

被告平台辩称：涉案视频均系平台用户覃某上传，被告平台仅为提供信息存储空间的网络服务提供者，且对涉案视频并不明知、应知，不知道涉案视频侵权，也未对涉案视频有任何改变、编辑、推荐等行为，未从涉案视频直接获得经济利益，且在收到侵权投诉后，已在合理期限内对涉案视频进行删除，也已经函告了原告，已经尽到了"通知－删除"义务。另外，被告作为互联网平台，保护用户的个人信息及隐私是应尽的责任，只有在合理、合法、必要的情况下，才能向他人提供用户个人信息。因此，被告平台认为平台公司作为网络服务提供方对被告覃某的侵权不知情也无主观故意，不应承担侵权责任；视频上传行为是用户个人行为，原告的诉讼请求应针对被告覃某提出，与被告平台无关。原告的诉讼请求没有事实与法律依据，恳请法院依法判决，驳回其诉讼请求。

被告覃某未作答辩。

裁判内容

北京互联网法院经审理认为，本案的争议焦点主要有以下三个：一是原告杨某是否享有涉案作品的著作权；二是被告覃某、被告平台是否构成侵权；三是被告如果构成侵权，二被告应当如何承担侵权责任。

一、原告杨某是否享有涉案作品的著作权

法律规定，如无相反证据，当事人提供的涉及著作权的著作权登记证书、底稿、公证书、合法出版物、取得权利的合同等，可以作为认定作品著作权的证据。杨某提供了平台个人主页截屏、杨某本人声明、某市某商贸有限公司声明及（2020）京精诚内民证字第 01705 号公证书，被告亦认可上述材料的真实性，故可以认定杨某系涉案短视频的作者。

杨某主张涉案作品形式是以类似摄制电影的方法创作的作品。《中华人民共和国著作权法实施条例》第四条第（十一）项规定，电影作品和以类似摄制电影的方法创作的作品，是指摄制在一定介质上，由一系列有伴音或者无伴音的画面组成，并且借助适当装置放映或者以其他方式传播的作品；第五条第（三）项规定，录像制品，是指电影作品和以类似摄制电影的方法创作的作品以外的任何有伴音或者无伴音的连续相关形象、图像的录制品。相较于录像制品，电影作品和以类似摄制电影的方法创作的作品具有独创性，主要并最终体现在画面的衔接与声音的衔接上，包括画面内容的选择、光线的明暗、角度和色度、镜头的切换，以及对所摄制画面的剪接等方面。能够被认定为电影作品和以类似摄制电影的方法创作的作品，应在画面、声音的衔接等方面反映拍摄者的构思，表达出某种精神内容，具有一定程度的独创性。而以机械方式录制形成的录像制品，在录制过程中对机位的设置、场景的选择、镜头的切换等只进行了简单的调整，或在录制后只对画面、声音进行了简单的剪接等，即缺乏独创性，属于运用通常技能即可完成的成果。短视频具有创作门槛低、录影时间短、创意构思相对简单、社交性和互动性强、便于传播等特点，是一种新型的视频形式。对于新形式视频的可版权性标准，应结合其本身特点、所处的社会环境和行业情况等背景综合予以考察。基于鼓励短视频创作和促进公众多元化表达和文化繁荣的价值取向，对于短视频独创性高度不宜苛求，只要能体现出一定的个性化表达和选取，即可认定其具备独创性。本案中，根据杨某主张权利的视频内容及制作过程来看，虽为带货视频，但并非固定拍摄角度、缺乏运镜剪辑的简单播报式带货，而是围绕相关主题进行了脚本设计，进行了一定的场景选取、运镜和剪辑，在此过程中对表达内容的编排、选取体现了视频制作者的个性化表达，故涉案视频具备一定的独创性，构成作品。

二、被告覃某、被告平台公司是否构成侵权

关于被告覃某是否构成侵权，法院认为，被告覃某在其被告平台的账号中发布的 56 个短视频与原告杨某的视频基本相同。覃某未经权利人许可发布涉案视频的行为，侵犯了原告杨某对涉案视频享有的信息网络传播权。

关于被告平台是否构成侵权，法院认为，被告平台为信息存储空间，并能够提供上传者的用户名、注册 IP 地址、注册时间以及联系方式等证据。因此，被告平台提供的证据足以证明涉案作品为真实用户所上传，被告平台是提供信息存储服务的网络服务提供者。杨某现有证据不能证明被告平台对涉案视频的上传者进行了教唆或者帮助以及两者之间存在分工合作，亦无证据证明被告平台对涉案作品进行了选择、编辑、修改、推荐等行为，故被告平台对涉案作品存在于其平台上不构成明知或者应知。被告平台在收到律师函后七日内（含工作日）对杨某的投诉进行审核并完成删除侵权链接、封禁侵权账号等处理措施，反馈时间属于合理期间。据此，本案中杨某要求被告平台承担侵权责任的主张，没有事实和法律依据，法院不予采纳。

三、被告如果构成侵权，二被告应当如何承担侵权责任

被告覃某未经权利人许可发布涉案视频的行为，侵犯了杨某对涉案视频享有的信息网络传播权，应当承担停止侵害、消除影响、赔礼道歉、赔偿损失等民事责任。

鉴于涉案视频已经删除、涉案账户已注销，对于原告主张停止侵权、封禁账号的诉讼请求，法院不再重复支持。关于赔礼道歉的诉讼请求，由于被控侵权行为侵犯的原告信息网络传播权属于财产性权利，原告要求赔礼道歉等主张缺乏法律依据，法院不予支持。

关于经济损失的赔偿数额，法院结合（2020）京精诚内民证字第 01705 号公证书中载明的涉案账号中记载的销量信息，综合考虑涉案作品独创性、涉案作品的知名度，以及覃某仿冒他人账号、搬迁全部视频，具有主观故意，且侵权视频较多，侵权视频用于带货等因素，对经济损失数额予以酌定。关于合理支出，杨某主张支出了公证费和律师费并提交了相应票据，法院予以支持；关于交通费部分，杨某未提交票据予以佐证，法院不予支持。

裁判结果

北京互联网法院依照《中华人民共和国著作权法》第十条第（十二）项、第四十八条第（一）项、第四十九条，《中华人民共和国著作权法实施条例》第四条、第五条，《中华人民共和国反不正当竞争法》第二条第一款、第二款，《中华人民共和国民事诉讼法》第一百四十四条之规定，判决如下：一、自本判决生效之日起七日内，被告覃某赔偿原告杨某经济损失 80000 元及合理支出律师费 10000 元、公证费 4540 元；二、驳回原告杨某的其他诉讼请求。如果未按本判决指定的期间履行给付金钱义务，应当依照《中华人民共和国民事诉讼法》第二百五十三条之规定，加倍支付迟延履行期间的债务利息。

一审判决后，双方均未提起上诉，判决已发生法律效力。

法官解读

本案中，被告覃某以商业目的未经允许搬运原告杨某原创短视频的行为经法院审理明确为侵害原告杨某著作权。本案的判决结果对日后短视频著作权侵权案件的认定、保护标准的确定具有较高的参考价值。当今社会，随着直播带货行业的迅猛发展，带货短视频的可版权性逐渐引发行业和社会的关注和重视。本案例的重要意义在于明确了把带货短视频作为著作权法意义上的作品进行保护的认定标准，使从著作权角度保护原创短视频的路径更加明晰。

一、短视频应受保护的认定标准

在社会生活中，各类短视频平台众多，短视频种类繁多、表达内容多元、拍摄方式多样。有的视频不仅具有经济价值，还因其创作特点兼具文化价值。但并不是所有的短视频都具有进行保护的价值和必要性。

2020 年全国人大常委会表决通过了关于修改《著作权法》的决定。其中原第三条中的"电影作品和以类似摄制电影方式创作的作品"被修改为"视听作品"，并在第十七条中将视听作品进一步细分为"电影作品"、"电视剧作品"和"其他视听作品"三类。对《著作权法》的此番修改使得将短视频作为"其他视听作品"纳入著作权法保护的范围在学界和司法实践中达成基本共识。《著作权法》（2020 年修正）第三条规定：本法所称作品，是指文学、艺术和科学领域内具有独创性并能以一定形式表现的智力成果。从文义解释的角度解析本条，不难看出，短视频是否能够被认定为视听作品从而对其著作权加以保护，关键就在于明确所涉短视频是否具有独创性。

关于作品独创性的认定标准，因地域和法系不同，目前并无一个放之四海而皆准的通行定义。但无论何种定义方式，始终将"独立完成"和"具有创作性"这两个最基本的内涵囊括在内。因而对短视频的独创性判断，就需从其制作过程入手，根据脚本设计、场景选取、运镜和剪辑等环节的具体信息，衡量其创作性如何。唯有具有个性化表达的短视频内容方能被认定为著作权法意义上的作品。

本案中，原告杨某创作的短视频从类型上看虽为带货视频，但并非固定拍摄角度、缺乏运镜剪辑的简单播报式带货，并不属于仅以机械方式录制形成的录像制品——在录制过程中对机位的设置、场景的选择、镜头的切换等只进行简单的调整，或在录制后只对画面、声音进行简单的剪接等运用通常技能即可完成的成果，而是围绕相关主题进行了脚本设计，进行了一定的场景选取、运镜和剪辑，在此过程中对表达内容的编排、选取均体现了视频制作者的个性化表达。因而法院认定，涉案带货短视频具备一定的独创性，可以构成著作权法意义上所称的作品。

短视频创作门槛低、内容形式多样、录影时间短等诸多特点决定了对其独创性的认定不同于其他类似摄制电影的方法创作的作品。本案明确了将带货视频作为作品保护的认定标准，即根据短视频的制作过程，将在脚本设计、场景选取、运镜和剪辑等环节中体现出短视频创作者的独特创作性，且具有个性化表达的短视频内容认定为著作权法意义上的作品。

二、短视频的著作权保护角度解析

根据我国《著作权法》的规定，应当对具有独创性的短视频作品进行著作权保护。当前司法实践中对侵害短视频著作权的行为进行追责仍面临着一定的困难，例如侵权人难以确定、侵权手段多样、举证困难、维权成本高等。

互联网时代，网络空间的虚拟性和匿名性导致网民往往不以真实身份从事网络活动。这种网络活动的匿名性使得侵权行为发生时权利人难以及时明确侵权人身份信息，对其侵权行为进行追责就显得困难重重。在本案中，覃某未经原创者允许以商业目的搬运原告杨某的带货短视频，原告发现被告侵权行为后要求被告平台披露覃某真实身份信息时，被告平台便以保护用户的个人信息及隐私是应尽的责任，只有在合理、合法、必要的情况下，才能向他人提供用户个人信息为由拒绝。根据程序法要求，权利人在通过诉讼程序维护自身合法权益时必须明确侵权人的身份信息，没有明确的主张对象显然无法启动诉讼程序。然而现实生活中，网络平台上人们的信息往往并不完备，即使平台用户已经完善个人身份信息，网络平台出于平台保护用户个人隐私的责任也不能随意提供。所以在侵权行为发生时，权利人往往难以快速找到侵权人，这也为后续的维权程序增添了难度。

近年来短视频平台呈井喷式发展，数量庞大的短视频创作随之而来的就是短视频的侵权手段也多种多样。部分短视频搬运者为达到自身不当目的，企图利用《著作权法》第二十四条中的"适当引用"条款进行侵权责任规避。该条款并未对"适当引用"的含义进行详尽准确的解释，究竟何种程度的引用属于"适当"并无明确标准，这一定程度上也确实给部分侵权者提供了可乘之机，造成了短视频侵权行为的认定困难。一般认为，当涉案作品引用了原创作品中具有独创性的核心内容并以营利为目的，或者涉案作品引用原创短视频的独创性表达并且已经构成对原创作品潜在市场份额和商业利益的威胁，便可认定该种引用越过了"适当"的界限，构成侵权。本案中，覃某未经允许搬运杨某原创带货短视频的行为以营利为目的，并且已经切实侵犯了杨某的商业利益，对杨某的合法权利造成了实质性侵害，远超出合理引用的界限，这一点并无争议。但在司法实践中，确实存在侵权短视频创作者不以营利为目的，仅出于自身爱好进行对原创短视频的剪辑、搬运或二次创作，在一定程度上，在原创短视频基础上进行的二次创作的短视频的传播甚至会起到为原创短视频"引流"的作用。在此情况下，涉案行为是否构成对原创短视频的著作权人的合法权益造成损害便存在一定争议，是否对其进行著作权侵害追责尚需商榷。

此外，当侵权行为被权利人察觉并开始主张追责维权时，侵权人往往可以快速下架侵权视频、删除侵权视频乃至注销账号等。这也为著作权人成功维护自身合法权益造成较大困难。本案中，原告杨某在发现被告覃某的侵权行为后及时通过公证手段固定了侵权证据，使得其在诉讼中能够提供有力的证据证明侵权行为的发生，最终追责维权成功。而一旦权利人未能及时进行证据固定，互联网的匿名性和电子数据可删除的特性会使权利人很难获取具有足够证明力的证据进行主张，将会给权利人维权带来极大的阻碍。

短视频平台的推荐算法让同类短视频在其受众中能广泛、快速地传播，创造巨大的用户黏性。巨大的流量收益使得搬运短视频的行为呈现出侵权成本低、维权成本高的特征，短视频侵权也成为著作权侵权的重灾区。对于短视频著作权保护领域，目前并无专门立法对其进行规制引导，司法认定标准模糊，专门法院数量较少，司法审判人手不足等因素，在一定程度上也会造成短视频著作权纠纷案件诉讼周期长、时间成本高等现实问题，会极大地影响著作权人维权的积极性，增加维权的难度。

面对上述维权难、成本高等现实存在的问题，对短视频的著作权保护不能仅仅停留在侵权行为发生后依据法律进行事后追责的层面。侵权行为发生后，对原创作品所造成的负面影响和损失已经无法挽回，为尽可能避免短视频侵权行为的发生，长效的预防和监督机制也是短视频著作权保护不可或缺的部分。

从预防的角度来看，可以从技术支持和制度建设两个方向进行，在技术支持层面上，实现为原创者提供给原创视频添加专属水印、限制下载等功能，使未经原创者允许进行搬运、二次创作的行为难以实现，对抑制恶意搬运、复制原创短视频具有良好的效果；在制度建设层面上，可以探索短视频平台共享著作权登记的制度，原创者可以为自己的原创视频进行著作权登记，并在所属平台以外的其他短视频网络平台同步共享备案，这样也能很好地起到避免短视频跨平台搬运的效果。

从监督角度来说，短视频平台应当提升自身责任意识，完善平台作品上传审核机制，建立技术审核和人工审核相结合的科学审查方式，从源头上避免侵权短视频的出现。另外，数量庞大的平台用户群体也是不可忽视的监督力量，平台可以充分利用海量平台用户的巨大效能，引导、奖励用户积极举报搬运、抄袭原创的行为，多方合力，多措并举，加强监督，铲除侵权短视频滋生的土壤。

三、社会鼓励优质原创的价值取向

从更深的层面来讲，对具有独创性的原创短视频进行著作权保护，打击侵犯短视频作品著作权的违法行为，最终目的在于在社会上营造鼓励优质内容的创作和传播，促进公众多元化价值表达的社会氛围，激发短视频创作者的积极性和创作活力。

我国现在正处于全面建设社会主义现代化国家，实现中华民族伟大复兴的关键阶段。创新是引领发展的第一动力，而保护知识产权就是保护创新。全面建设社会主义现代化国家，必须更好地推进知识产权保护工作。短视频平台的蓬勃兴起和快速发展使得短视频现今已经占据人们生活中的大量碎片化时间，成为我国民众日常精神文化生活的重要组成部分。保护短视频领域的原创创新，从知识产权的视角对短视频的著作权进行保护，对于推进文化产业的发展具有重要意义。

在本案审理过程中，法院不仅明晰了短视频的独创性及客体属性，鼓励优质内容的创作和传播，极大激发短视频制作者创作活力，更是在审理中，结合技术和产业发展的特点，秉持鼓励短视频创作和促进公众多元化表达的价值取向，对带货短视频在著作权法意义上的创新予以保护。本案判决能够很好地起到鼓励优质内容的创作和传播，促进公众多元化价值表达的作用，有利于激发短视频创作者的积极性和创作活力。

涉外著作权案件原始权利归属的准据法适用问题

——某有限公司与北京某有限公司、上海某有限公司著作权侵权及不正当竞争纠纷案[❶]

朱　阁[*]

典型意义

审理涉外案件首先需要解决法律适用问题。随着全球一体化的发展，国际知识产权的合作与交流也更加频繁，但是由于不同国家的法律存在差异，因此如果知识产权在传播中发生侵权事由，必然会引起不同国家间的法律冲突与适用问题。为了防止该类情况的发生，包括我国在内的众多国家加入了《保护文学和艺术作品伯尔尼公约》（以下简称《伯尔尼公约》），这对明晰关于涉外知识产权侵权纠纷所应适用的法律来说有重要意义。

关键词　涉外知识产权侵权　权利归属　著作权

案情介绍

原告某有限公司（以下简称原告）诉称：原告是知名教育集团，其核心产品为某教材。原告通过在美国版权局就涉案某作品对应的全部教师用书进行登记、在教材著作权页标记著作权标识等方式，对外宣告其对涉案某作品的著

---

❶　一审判决文书字号：北京互联网法院（2019）京0491民初34858号民事判决书（2021年10月31日）。

　一审合议庭组成人员：审判长朱阁、人民陪审员邹笑容、人民陪审员王茜。

*　朱阁，北京互联网法院综合审判一庭副庭长。

作权权利。被告一北京某有限公司（以下简称被告一）在网络直播课程中使用了涉案作品，侵犯了原告对涉案作品享有的复制权、表演权、信息网络传播权、广播权等。被告一在宣传、销售侵权课程时的多项行为构成不正当竞争行为。被告二上海某有限公司（以下简称被告二）为被告一侵权课程提供视频平台服务，即某视频平台服务，被告二应就其帮助侵权行为与被告一承担部分连带责任。请求判令被告一、被告二停止侵权及不正当竞争行为，赔偿经济损失，消除影响。

被告一辩称：原告并非适格原告，不享有涉案作品的著作权。被告一没有侵犯涉案作品的著作权，没有构成不正当竞争行为。原告的主张没有任何法律和事实支持，恳请驳回原告的全部诉讼请求。

被告二辩称：被告二并非被告一涉嫌侵权课程的网络服务提供商，从未实施帮助侵权行为。

裁判内容

北京互联网法院经审理认为，本案主要的争议焦点包括：一是涉案系列学生用书的权利归属；二是被告一的行为是否侵犯原告的著作权，及被告二是否构成共同侵权；三是被告一的宣传是否构成不正当竞争。

一、涉案系列学生用书的权利归属

为确保著作权权利归属问题的确定性，应当明确，作品的原始权利归属适用作品起源国的法律调整。按照作品起源国法律确定原始权利归属既是明确的，也是稳定的，不会因为其他国家的法律有不同规定而发生变化，这样有利于激励创作者创作的积极性，有明确的权利人，亦便于使用者寻求许可和支付报酬，有利于作品在不同国家的传播。本案中，结合原告提交的美国版权局网站的作者登记页面、涉案系列学生用书的版权标记、合并协议、教师用书与学生用书的关系等证据，可以认定原告系教师用书中相关学生用书部分（涉案系列学生用书）的权利人，可以提起本案诉讼。

二、被告一的行为是否侵犯原告的著作权，及被告二是否构成共同侵权

（一）被告一的行为是否侵犯原告的著作权

根据《中华人民共和国著作权法》（以下简称《著作权法》）第十条第一款第（五）项、第（十一）项、第（十二）项的规定，北京互联网法院认为被告一侵犯了原告对涉案作品享有的复制权、广播权以及信息网络传播权。北京互联网法院认为，被告一的涉案使用方式显然并非仅供个人学习与使用，而是向公众提供或传播，落入了原告著作权的相应控制范围，构成著作权侵权行为，被告一用户后续行为的性质，与被告一行为性质的认定无关，对其抗辩法院不予支持。

针对被告抗辩"在培训教材中适量引用某教材属于合理使用，且认为'某母语式英语教学'具有独立的知识产权"，法院认为，依据原告提交的某课程上课过程及与某原版教材的对比，被告一大量复制与抄袭某教材中的内容、图片，课程编排、结构也与原版教材几乎一致，且在宣传课程的过程中直接称"使用某系列教材进行教学"，明显超出合理使用的范畴，且被告一也未能提供"某母语式英语教学"具有独立的知识产权的证据。

除了上述适用于所有被控侵权行为的抗辩意见，针对其被控实施的侵害信息网络传播权的行为，被告一还抗辩称，信息网络传播权中的"公众"指的是不特定人，其上课模式是一名老师与两名学生，在该模式下，主体是特定的。对此法院认为，被告一的课程是针对不特定的主体出售，公众可以通过购买被告一的课程从而获得学员资格，进入被告一的官方网站进行课程回看的下载，因此，被告一向公众出售、提供侵权课程，自然包括了向公众提供回看视频，属于向公众提供涉案系列学生用书，使公众可以在其个人选定的时间和地点获得与涉案作品有关的课程，对被告一的抗辩理由法院不予支持。

《著作权法》第十条第一款第（九）项规定："表演权，即公开表演作品，以及用各种手段公开播送作品的表演的权利。"一般认为，表演权包括现场表演和机械表演两类行为。其中，现场表演是指表演者直接向现场观众表演作品的行为，机械表演是指通过机器设备等手段向公众传播作品的表演的行为。机械表演控制的行为不包括属于广播权、信息网络传播权和放映权控制的行为。

本案中，原告主张被告一通过网络进行线上授课，在授课过程中对涉案作品进行朗读表演，该行为不属于现场表演或机械表演，不应适用表演权进行规制，故法院认为被告一的行为不构成对涉案作品表演权的侵犯。

就原告主张被告一对涉案作品发行权侵权行为提供帮助、构成帮助侵权一节，法院认为，共同行为须在共同法律关系中予以认定，在本案中难以认定，对此原告可以另行主张。

综上，被告一的涉案行为侵犯了原告就涉案系列学生用书享有的复制权、广播权与信息网络传播权。

（二）被告二是否构成共同侵权

本案中，被告二并非涉案某软件的运营者，其仅提供某软件的下载等服务，对于被告一利用某软件实施被控侵权行为，被告二不具有过错，不应当因被告一的行为而承担连带责任。对于被告二关于其不是适格被告的抗辩，北京互联网法院认为，首先，原告将上海某有限公司列为被告，上海某有限公司既是符合法律规定的民事权利义务主体，又是符合法律规定的民事诉讼主体，因此，上海某有限公司是本案适格被告；其次，探究上海某有限公司抗辩的实质，是其不是侵权行为人，不应承担侵权责任，对此法院予以支持。

三、被告一的宣传是否构成不正当竞争

北京互联网法院认为，被告一使用涉案系列学生用书的行为会对原告的教材许可交易机会构成影响，双方存在竞争关系。被告一提供新闻报道作为证据，但有关某集团（美国国家地理属于该集团旗下）与某有限公司合并的报道原文为"若获得美国司法部批准……"，表明合并行为暂未通过美国司法部批准，合并未实际发生，结合被告一销售人员的朋友圈对该项事实的描述，可以造成公众对与两大集团合并的事实造成误解。被告一提供的搜狐与腾讯网的新闻报道原文为"使用某教材的学生在阅读理解、批判性思维、语法和词汇方面取得的成效，比使用其他教材的学习成效高 45%……"，某英语学习官网介绍原文为"使用某教材的学生在阅读理解、批判性思维语法和词汇方面的得分要高于使用其他教材的 ELL（英语为母语）的学生 32%"。上述宣传中均未出现某教材与涉案某教材的直接比较，表明"使用某教材的孩子比用涉案

某教材的孩子各项能力突出 45%"的言论没有事实依据，会误导相关公众，构成传播虚假信息或者误导性信息。故被告一上述行为构成不正当竞争行为。

裁判结果

北京互联网法院依照《中华人民共和国涉外民事关系法律适用法》第二条，《中华人民共和国著作权法》（2020 年修正）第二条第二款、第十条第一款第（五）项、第十条第一款第（九）项、第十条第一款第（十一）项、第十条第一款第（十二）项、第五十四条，《中华人民共和国反不正当竞争法》第六条、第八条第一款、第十七条第三款之规定，判决如下：一、于本判决生效之日，被告北京某有限公司立即停止涉案侵害某系列学生用书复制权、广播权与信息网络传播权的行为以及涉案不正当竞争行为；二、于本判决生效之日起十日内，被告北京某有限公司赔偿原告某有限公司经济损失包含合理开支总计 3000000 元；三、于本判决生效之日起三十日内，被告北京某有限公司在《中国知识产权报》与被告北京某有限公司的官方网站、官方微信、天猫及京东官方店铺上公开刊登声明，以消除给原告某有限公司带来的不良影响（声明内容须经本院审核，逾期不履行，本院将选择一家全国公开发行的报刊，并同时在北京互联网法院的官方网站上刊登判决书主要内容，费用由被告北京某有限公司承担）；四、驳回原告某有限公司其他诉讼请求。

北京某有限公司不服原审判决，提起上诉。法院审理过程中，北京某有限公司向法院提交撤回上诉的申请。北京知识产权法院裁定：准予撤诉。一审判决已经生效。

法官解读

审理涉外案件首先需要解决法律适用问题。随着全球一体化的发展，国际知识产权的合作与交流也更加频繁，但是由于不同国家的法律存在差异，因此如果知识产权在传播中发生侵权事由，必然会引起不同国家间的法律冲突与适用问题。为了防止该类情况的发生，包括我国在内的众多国家加入了《伯尔尼公约》，这对明晰关于涉外知识产权侵权纠纷所应适用的法律来说有重要意义。

在认定是否发生涉外知识产权侵权之前，确定涉外知识产权的权利归属是一个十分重要和必要的基础性问题。正如法院所述，本案第一个争议焦点就是涉案作品的著作权的权利归属问题。而在本案中，涉案作品的著作权原始权利的归属需要首先厘清。因此，认定涉外著作权是否被侵害应该遵循以下步骤：（1）解决涉外著作权案件的法律适用问题；（2）认定涉案作品著作权的原始权利归属；（3）明晰现阶段涉案作品著作权的权利人；（4）认定涉案事实是否符合侵害著作权的要件。

一、涉外著作权案件的法律适用问题：特别法优于一般法

法院审理涉外案件首先需要解决法律适用问题。《中华人民共和国涉外民事关系法律适用法》（以下简称《法律适用法》）规定了涉外知识产权案件的法律适用，而《著作权法》规定了涉外著作权案件的法律适用。实践中，就涉外著作权案件来说，有的判决适用《法律适用法》的规定，有的判决适用《著作权法》的规定。《法律适用法》第二条规定："涉外民事关系适用的法律，依照本法确定。其他法律对涉外民事关系法律适用另有特别规定的，依照其规定。"因此，虽然上述涉外《法律适用法》关于知识产权的归属、内容和侵权责任的法律适用亦有规定，但是在《著作权法》已经有所规定的情况下，涉外著作权案件的法律适用问题应当依照《著作权法》进行认定。本案即按照《著作权法》（2020 年修正）第二条第二款的规定，认定美国主体的著作权在我国自动受到我国著作权法的保护，其著作权的权利归属（原始权利归属除外）、权利内容和侵权责任等问题适用我国法律进行评判。

在裁判文书网上检索以"涉外著作权"为关键词的案例，可以发现，从 2016 年至 2020 年，全国范围内的相关案件数量呈现连年增长的趋势。可视化的案件数量增长情况，进一步验证了明确涉外著作权争议的法律适用的迫切性。从 2014 年案号为（2014）杨民三（知）初字第 160 号的"阿迪达斯有限公司与上海旋风体育用品有限公司、上海旋风体育用品有限公司第一分公司侵害作品复制权纠纷案"到 2021 年案号为（2021）浙 0110 民初 8030 号的"斯平玛斯特有限公司与厦门市益儿益玩具有限公司、汕头市澄海区迪美工艺玩具有限公司、浙江天猫网络有限公司著作权侵权纠纷案"，通过类案检索的方法，可以总结出我国部分法院对涉外著作权侵权纠纷所适用法律的规律：（1）先根据《法律适用法》第四十八条和第五十条的规定，知识产权的归属和内容以及知识产权的侵权责任，适用被请求保护地法律，即明确适用中国法；（2）再根据《著作权法》第二条、《伯尔尼公约》相关条款以及原被告所属国家均为《伯尔尼公约》成员国的事实，明确针对如何具体认定侵权行为以及如何补救原告的著作权权益这些核心争议问题，应适用我国的《著作权法》。

实际上，《法律适用法》概括性地适用于所有涉外著作权纠纷案件，属于一般法的范畴，但是当《著作权法》对于认定侵权以及赔偿补救措施上有明确规定时，具体问题应该优先适用作为特别法的《著作权法》，即涉外著作权案件的法律适用问题应秉持"特别法优于一般法"的原则。

二、认定涉案作品著作权的原始权利归属：依起源国法审查路径

涉外著作权原始归属是指在涉外案件中依法律规定确定作品创作完成时著作权的直接获得者为著作权人。关于著作权的归属，各国法律规定有所不同，尤其是关于职务作品的著作权归属，比如我国和美国对于职务作品的著作权归属的规定就截然不同。我国《著作权法》（2020修正）第十八条规定："自然人为完成法人或者非法人组织工作任务所创作的作品是职务作品，除本条第二款的规定以外，著作权由作者享有。"而《美国版权法》第二百零一条（b）款规定，就雇佣作品而言，除非各方另有协议，雇主或其他委托创作的人为作者，并拥有版权所包括的一切权利。由此可见，在作品著作权的权利归属这个问题上，各国的法律规定是存在一定冲突的。

当各国法律针对同一事项的规定有所冲突时，我们期待着能够检索到可以解决冲突的相关公约。《伯尔尼公约》第十四条之二第二款（a）项规定："确定电影作品版权的所有者，属于被要求给予保护的国家法律规定的范围。"该款规定说明，电影作品的版权归属由被请求保护的成员国的立法自行确定。除关于电影作品的特别规定以外，公约没有规定其他作品权利归属准据法适用问题。《伯尔尼公约》第五条第二款规定："享有和行使这些权利不需要履行任何手续，也不论作品起源国是否存在保护。因此，除本公约条款外，保护的程度以及为保护作者权利而向其提供的补救方法完全由被要求给予保护的国家的法律规定。"这里也仅仅提及保护的程度以及为保护作者权利而向其提供的补

救方法（侵权责任，适用被要求给予保护的国家的法律），没有提及权利归属适用的准据法。

关于著作权的原始归属，在国际上并没有统一的国际条约与统一的冲突法规范，该问题一般由各国国内法上的冲突法来解决。针对该问题主要有被请求保护国法与起源国法这两种理论主张。被请求保护国指被请求保护的权利地，具体来说是指著作权的使用行为地或侵权行为地。适用被请求保护国法意味着权利地国根据自己的著作权法决定著作权的归属，决定谁拥有著作权、决定对谁进行保护。起源国是指作品首次出版的国家或作者国籍国或住所地国。依据该观点，作品的保护依照我国著作权法，但谁是著作权人由起源国法确定。该观点是将著作权视为自然法上的权利，突破属地主义，是以各国法平等为前提适用法律关系"本座"地法的普遍主义在著作权原始归属问题上的体现。

本案中，法院采用起源国法的观点来确定涉案作品的著作权的原始权利归属。适用起源国法确定原始著作权，具有丰富的理论基础和学术观点的支撑。日本早稻田大学发表的《关于知识产权的国际私法原则》第三百零八条第二款将著作权的原始归属排除在知识产权的"本体问题"之外，规定依照最初创作地法；第三款规定如果依照最初创作地法得不到保护的，依照最初被使用并被保护的国家的法律。美国法律协会（ALI）发表的《关于知识产权及涉外纠纷的管辖权、冲突法及判决的承认的原则》第三百一十三条关于著作权的归属规定：第一，如果作者只有一人，适用创作作品时作者的住所地法；第二，如果作者不止一人，则适用作者间协议选择的任一作者的住所地法、没有协议选择时的过半数作者创作时的住所地法以及适用与作品最初使用有最密切联系地的法律；第三，关于职务作品，适用调整该雇佣关系的法律；第四，如果上述所指法律均不给予保护时，适用作品最初使用地且为承认该权利的国家的法律。这样，将属地主义作为一个总体原则适用于知识产权的各个部分，但对知识产权的归属作出例外规定，适用起源国法。

适用起源国法的主要理由如下：第一，有利于权利的统一。适用起源国法律是普遍主义思想的体现，就同一个作品适用相同的准据法，在世界范围形成统一的归属者，可以避免在不同国家著作权归属不同的人。第二，著作权归属具有明确性、稳定性。例如，上述北京互联网法院判决指出，就涉外著作权纠纷，"为确保著作权权利归属问题的确定性，应当明确，作品的原始权利归属适用作品起源国的法律调整。按照作品起源国法律确定原始权利归属既是明确的，也是稳定的，不会因为其他国家法律有不同规定而发生变化，这样有利于激励创作者创作的积极性，有明确的权利人亦便于作品使用者寻求使用许可和支付报酬，有利于作品在不同国家的传播"。得到授权使用的当事人不用担心在其他国家因著作权的归属问题而被诉，有利于减少无授权的侵权行为。第三，著作权归属的任意性。与将著作权的归属视为一国文化产业政策问题从而采取属地主义不同，将著作权类比物权，认为其内容和效力是法定的，不允许当事人创设或变更，而归属不是法定的，应允许当事人自由处分。属地主义是为了公共政策的需要，内容可以设定地域性，但没有必要严格限制知识产权的归属。

第二编

侵权的认定

未经许可"听音识剧" App 提供作品构成侵权

——西安某数字娱乐发行股份有限公司与上海某企业发展有限公司侵害类电作品信息网络传播权案[❶]

方淑梅[*]　张　圆[**]

典型意义

本案明确将他人作品剪辑后上传至自身服务器中，通过应用"听音识剧"功能，向用户提供涉案作品片段并实现在线播放，未经权利人授权构成侵害作品信息网络传播权，不构成合理使用。本案判决突破外在的"创新"形式，认定信息网络中"提供作品"的标准。坚持"鼓励技术向善、维护技术中立、制止技术向恶"的裁判理念，将借创新技术手段不当利用作品的行为认定侵权，有助于规范网络传播行为，推动文化产业有序发展。

关键词　听声识剧　信息网络传播权　合理使用

案情介绍

西安某数字娱乐发行股份有限公司独家享有影视剧《我的团长我的团》

---

❶　一审裁判文书字号：北京互联网法院（2020）京 0491 民初 2769 号民事判决书（2020 年 4 月 22 日）；二审裁判文书字号：北京知识产权法院（2020）京 73 民终 1775 号民事判决书（2021 年 8 月 22 日）；再审裁判文书字号：北京市高级人民法院（2022）京民再 62 号民事判决书（2022 年 11 月 16 日）。

一审合议庭组成人员：审判长卢正新、审判员方淑梅、审判员龚娉。

*　方淑梅，北京互联网法院立案庭法官。

**　张圆，北京互联网法院综合审判三庭法官助理。

的信息网络传播权。上海某企业发展有限公司为"飞幕"App 的运营商，该 App 提供了"听音识剧"功能，当用户播放涉案影片时，App 后台通过语音识别，可以从上海某企业发展有限公司服务器上自动抓取该影片对应的 1 分钟片段，并能正常播放，使用者还可以将被识别的该片段直接发布或者添加感想、评论后发布。西安某数字娱乐发行股份有限公司认为上海某企业发展有限公司提供涉案影片的在线播放服务，侵犯其享有的信息网络传播权。

西安某数字娱乐发行股份有限公司诉称：上海某企业发展有限公司在其运营的"飞幕"手机客户端平台通过信息网络，非法向公众提供涉案作品《我的团长我的团》的在线播放业务。2019 年 10 月 11 日，西安某数字娱乐发行股份有限公司对此进行了公证。西安某数字娱乐发行股份有限公司拥有涉案作品的独家信息网络传播权，未经授权许可，上海某企业发展有限公司通过信息网络传播涉案作品。上海某企业发展有限公司的行为侵害了西安某数字娱乐发行股份有限公司的合法权益，给西安某数字娱乐发行股份有限公司造成了一定的经济损失。

西安某数字娱乐发行股份有限公司提出诉讼请求：（1）判令被告立即停止提供涉案作品《我的团长我的团》的在线播放业务；（2）判令被告赔偿原告经济损失 9 万元，合理费用 1 万元（包括公证费 1500 元，律师费 7000 元，其他调查取证及差旅费 1500 元），合计 10 万元；（3）判令被告承担本案全部诉讼费用。

上海某企业发展有限公司辩称：第一，其行为属于合理使用，不侵犯西安某数字娱乐发行股份有限公司享有的信息网络传播权。App 使用者需自行播放涉案影片，App 上对应的片段才能被识别，而且每个片段仅 1 分钟，上海某企业发展有限公司并未提供整部作品的在线播放服务。涉案作品共 43 集，1 分钟的片段视频占全剧的比例微乎其微，1 分钟的视频也无法表达出完整的故事情节，而且，上海某企业发展有限公司通过严格的技术手段，保证用户无法通过涉案 App 获悉涉案作品的全部内容，不会实质性替代涉案作品，不会造成涉案影片潜在观众的流失而使原告遭受损失。第二，涉案 App 平台无法向用户直接提供电影片段，需由用户以其他设备自行播放相关影片以此提供播放声源，因此，"听声识剧"提供片段并不影响该用户在其他播放平台的观看，无法达到免费在线播放的效果，不会影响西安某数字娱乐发行股份有限公司应得的收益。西安某数字娱乐发行股份有限公司要求赔偿经济损失及合理支出 10 万元，缺乏法律和事实依据。第三，上海某企业发展有限公司 App 是创新业务模式，应当得到支持。涉案 App 目的是助力影视观众审美升级，让用户轻松截取影视剧中内容生成短视频来记录观点，符合年轻人的交流习惯和方式，司法审判应当综合考虑文化产业的创新需求，给予创新型产业一定的生存空间。

裁判内容

北京互联网法院经审理认为，本案主要的争议焦点包括：一是上海某企业发展有限公司的行为是否侵犯了西安某数字娱乐发行股份有限公司对涉案作品享有的信息网络传播权；二是如果构成侵权，上海某企业发展有限公司应否承担西安某数字娱乐发行股份有限公司主张的民事责任。

一、上海某企业发展有限公司的行为是否侵犯了西安某数字娱乐发行股份有限公司对涉案作品享有的信息网络传播权

根据庭审中查明的事实，上海某企业发展有限公司在其运营的 App 中提供"听音识剧"功能，包括两部分行为：一是以每分钟为单位对涉案作品进行剪辑，并将剪辑后的片段上传至服务器中，上海某企业发展有限公司通过网络用户播放的声音，利用涉案 App 中的识别技术，从服务器中抓取并播放对应片段；二是就抓取播放的片段，上海某企业发展有限公司向网络用户提供发布于其 App 中不同栏目的功能，供他人浏览观看。北京互联网法院对上海某企业发展有限公司上述两种行为分别予以评价。

（一）上海某企业发展有限公司将涉案作品剪辑并上传至服务器中的行为是否构成对西安某数字娱乐发行股份有限公司信息网络传播权的侵犯

依据《中华人民共和国著作权法》（2010 年修正，以下简称《著作权法》）第十条第一款第（十二）项的规定，信息网络传播权，即以有线或者无线方式向公众提供作品，使公众可以在其个人选定的时间和地点获得作品的权

利。"提供作品"是指通过上传到网络服务器、设置共享文件夹或者利用文件分享软件等方式，将作品置于信息网络中，使公众能够在个人选定的时间和地点以下载、浏览或者其他方式获得。本案中，上海某企业发展有限公司将涉案作品剪辑并上传至其服务器中，供网络用户查找、在线播放；在与网络用户提供的声音进行对比后，向其提供上述作品中时长为 1 分钟的片段。上海某企业发展有限公司的上述行为，虽针对网络用户的每次识别行为，仅提供 1 分钟的片段，但其实质已经将涉案作品置于网络服务器中，供公众可以在其选定的时间和地点，通过上海某企业发展有限公司运营的 App 获得涉案作品。因此，北京互联网法院认为上海某企业发展有限公司上述行为侵犯了西安某数字娱乐发行股份有限公司享有的信息网络传播权。

（二）网络用户在相关栏目中发布涉案作品片段的行为是否构成对西安某数字娱乐发行股份有限公司信息网络传播权的侵犯

网络用户通过"听音识剧"功能查找并在线播放涉案作品后，可另行选择发布于上海某企业发展有限公司设置的不同栏目中。就已发布的内容，公众可以在其个人选定的时间和地点在线浏览、获得涉案作品。通过已有证据可以证明，网络用户发布涉案作品的片段系上海某企业发展有限公司运营的 App 从服务器中抓取，即使上述发布行为系网络用户实施，亦应认定上海某企业发展有限公司与用户采用分工合作方式向公众提供涉案作品，且上海某企业发展有限公司并未提供证据证明上述涉案片段系网友上传。因此，上海某企业发展有限公司系其运营 App 中涉案作品片段的直接提供者，亦侵犯西安某数字娱乐发行股份有限公司所享有的信息网络传播权。上海某企业发展有限公司辩称，在"听声识剧"中提供的是涉案影片的 1 分钟片段，无法表达出完整的故事情节，目的是评论、介绍该作品本身，不会实质性地再现作品，属于合理使用，不构成侵权。对此法院认为，如前所述，上海某企业发展有限公司将涉案作品置于向公众开放的网络服务器中，虽然可能一次播放的片段只有 1 分钟，但其复制、再现涉案作品的性质没有改变，整部涉案作品的任何一个节点均可被识别并播放。这显然不是为了介绍、评论所进行的适当引用，已经影响了涉案作品的正常使用，不构成合理使用。

二、如果构成侵权，上海某企业发展有限公司应否承担西安某数字娱乐发行股份有限公司主张的民事责任

鉴于上海某企业发展有限公司构成侵权，其应当承担停止侵害、消除影响、赔礼道歉、赔偿损失等民事责任。关于西安某数字娱乐发行股份有限公司主张停止侵权与赔偿损失的诉讼请求于法有据，法院予以支持。

根据《著作权法》（2010 年修正）第四十九条的规定，侵权人应当按照权利人的实际损失给予赔偿；实际损失难以计算的，可以按照侵权人的违法所得给予赔偿。赔偿数额还应当包括权利人为制止侵权行为所支付的合理开支。权利人的实际损失或者侵权人的违法所得不能确定的，由人民法院根据侵权行为的情节，判决给予五十万元以下的赔偿。根据《最高人民法院关于审理著作权民事纠纷案件适用法律若干问题的解释》（2002 年）第二十五条第二款的规定，人民法院在确定赔偿数额时，应当考虑作品类型、合理使用费、侵权行为性质、后果等情节综合确定。本案中，双方当事人均未提交关于权利人实际损失或侵权人违法所得的相关证据，故北京互联网法院综合以下因素酌情确定赔偿数额：第一，涉案剧集知名度较高、市场影响力较大；第二，涉案影视剧于 2009 年上映，侵权行为发生时涉案电视剧已过热播期；第三，本案诉讼中，侵权行为持续 6 个月且尚未停止。综上，法院酌定赔偿数额为 6 万元。关于律师费、公证费、其他取证费和差旅费，西安某数字娱乐发行股份有限公司对此具备相应的举证能力，但未提交相应证据，导致法院无法查明该费用是否为合理支出，故法院对该项诉请不予支持。

上海某企业发展有限公司称其运营的 App 系 2019 年上海市文化创新项目，获得当地政府的财政扶持，应予以肯定和保护。对此，法院认为，文化创新是指文化传承过程中，突破原有文化的局限，赋予新的内容和形式，即通过新的创造为文化增添新的成分。但文化产品在创新过程中，不能侵犯他人的知识产权。本案中，上海某企业发展有限公司以"听声识剧"的方式向用户提供全新的影视剧分享交流平台，该形式迎合了年轻人用短视频阅读内容、表达观点的习惯，具有创新性，值得肯定和鼓励。但并不意味着上海某企业发展有限公司可以随意使用他人的作品。上海某企业发展有限公司通过其运营的 App 向公众提供涉案作品，并未取得西安某数字娱乐发行股份有限公司的合法授权，该行为恰恰是对涉案作品创新性、创造性的不尊重，是对权利人所享权利的侵犯。

裁判结果

北京互联网法院依照《中华人民共和国著作权法》第十条第一款第（十二）项、第四十八条第（一）项、第四十九条之规定，判决如下：一、本判决生效之日起，上海某企业发展有限公司停止侵犯西安某数字娱乐发行股份有限公司就《我的团长我的团》享有信息网络传播权的行为；二、本判决生效之日起七日内，上海某企业发展有限公司向西安某数字娱乐发行股份有限公司赔偿经济损失6万元；三、驳回西安某数字娱乐发行股份有限公司的其他诉讼请求。案件受理费2300元，由上海某企业发展有限公司负担。

上海某企业发展有限公司不服原审判决，提起上诉。北京知识产权法院作出（2020）京73民终1775号民事判决：一、撤销北京互联网法院（2020）京0491民初2769号民事判决；二、驳回西安某数字娱乐发行股份有限公司的全部诉讼请求。

西安某数字娱乐发行股份有限公司不服终审判决，申请再审。北京市高级人民法院作出（2020）京民申6799号民事裁定，提审本案。北京市高级人民法院作出（2022）京民再62号民事判决：一、撤销北京知识产权法院（2020）京73民终1775号民事判决；二、撤销北京互联网法院（2020）京0491民初2769号民事判决第一项、第三项；三、变更北京互联网法院（2020）京0491民初2769号民事判决第二项为本判决生效之日起七日内，上海某企业发展有限公司向西安某数字娱乐发行股份有限公司赔偿经济损失1万元；四、驳回西安某数字娱乐发行股份有限公司的其他诉讼请求。判决已经生效。

法官解读

本案中，涉案作品位于"飞幕"App"影视"板块的"70周年之民族觉醒"栏目中，用户可直接翻找获得该剧剧照、简介等内容。本案明确将他人作品剪辑后上传至自身服务器中，通过应用"听音识剧"功能，向用户提供涉案作品片段并实现在线播放，系主动、有目的、有意识地提供内容，属于未经权利人授权构成侵害作品信息网络传播权的行为，不构成合理使用。

"创新技术"并不意味着不侵权，网络服务提供者提供服务免除承担赔偿责任的前提是其服务是根据用户指令，为了查找、定位信息而实施的。本案突破了创新技术手段对"提供作品"的标准可能带来的模糊界定，对其予以进一步明确。创新固然应当得到支持，但也应以合法合规利用为前提。只有建立在尊重原创的基础上合法传播，才有助于规范网络传播行为，推动文化产业有序发展。

一、网络用户发布作品片段是否构成侵犯信息网络传播权

（一）作品片段是否受著作权法保护

作品，是指文学、艺术和科学领域内具有独创性并能以一定形式表现的智力成果。同样，作品片段满足独创性并能以一定形式表现的智力成果，亦属于作品。涉案作品为电视剧，是以类似摄制电影方法创作的作品，其独创性表达体现在以编剧、导演、摄影、演员等参与创作人员的独创性劳动通过镜头语言所呈现的演员表演、场景道具、剧情发展等视听画面中，其中的视频片段属于涉案作品完整表达的组成部分。不论是涉案作品部分片段，还是由众多片段集合成的相对完整的作品，均可向用户传递创作者的思想感情，能体现涉案作品的独创性表达，应受著作权法的保护。

（二）网络用户发布未经授权作品片段的行为构成直接侵权

在著作权法学术领域中一直存在着直接侵权与间接侵权的理论划分。通说认为，在未经著作权人许可，或者缺乏"合理使用""法定许可"等法律依据的情况下，实施了受著作权控制的行为即构成了直接侵权行为。《最高人民法院关于审理侵害信息网络传播权民事纠纷案件适用法律若干问题的规定》（2020 年修正）（以下简称信息网络传播权司法解释）第三条规定："网络用户、网络服务提供者未经许可，通过信息网络提供权利人享有信息网络传播权的作品、表演、录音录像制品，除法律、行政法规另有规定外，人民法院应当认定其构成侵害信息网络传播权行为。通过上传到网络服务器、设置共享文件或者利用文件分享软件等方式，将作品、表演、录音录像制品置于信息网络中，使公众能够在个人选定的时间和地点以下载、浏览或者其他方式获得的，人民法院应当认定其实施了前款规定的提供行为。"该条界定了信息网络传播权的直接侵权行为。综上所述，我们所说的直接侵权指的是直接实施了受著作权控制下的行为。

因此，网络用户发布未经授权作品片段的行为，本质上是在未经权利人许可也无著作权法规定的其他理由的情况下，通过互联网向公众提供作品，构成直接侵权。本案中，网络用户在被告 App 的相关栏目中发布涉案作品片段的行为，网络用户通过"听音识剧"功能查找并在线播放涉案作品后，可以另行选择发布于被告设置的不同栏目中，那么已发布的内容，公众可以在其个人选定的时间和地点在线浏览、获得涉案作品，网络用户作为作品片段的直接提供者，侵犯了原告享有的信息网络传播权。同时，网络服务提供者明知或者应知网络用户利用网络服务侵害信息网络传播权，未采取删除、屏蔽、断开链接等必要措施，或者提供技术支持等帮助行为的，人民法院应当认定其构成帮助侵权行为。

二、通过信息网络向公众"提供作品"的标准

信息网络传播权司法解释第三条明确规定了通过上传到网络服务器等方式将作品置于信息网络中，能使公众在个人选定的时间和地点获得的行为，属于提供作品的行为。

首先，信息网络传播权所涉及的"提供行为"中的公众可以在其个人选定的时间和地点获得作品系指公众获得作品的可能性，而非公众实际获得作品。公众实际获得作品的情况因涉及信息网络的软、硬件设备或者公众个人选择等差异而不同，以公众获得作品的数量、内容，甚至公众实际获得的作品对涉案作品的市场价值等因素来判断信息网络传播权中"提供作品"的行为是不合理的。并且，因权利人取证方式、策略等因素影响未将被诉行为所提供的完整作品进行保全，不属于否定被诉行为满足使公众获得作品的可能性的理由。其次，以片段化方式使公众获得作品与信息网络传播权所涉及的公众获得作品的可能性判断无关。本案中，被告将涉案作品剪辑并置于向公众开放的网

络服务器中，虽然一次播放的片段只有 1 分钟，但复制、再现涉案作品的性质没有改变，整部涉案作品的任何一个节点均可被识别并播放，上海某企业发展有限公司将涉案作品以 1 分钟短视频集合的形式置于信息网络中，使公众使用"飞幕"App"听声识剧"功能时可获得涉案作品，应认定为"提供作品"。

三、"合理使用"的界限

"利益平衡是构建知识产权限制制度的基本法律观。"[1] 著作权等知识产权是权利人对其权利客体享有的排他性权利，在法律没有特别规定的情况下，其他人不得实施受知识产权控制的行为。著作权法以促进作品的创作与传播为立法目的，不仅赋予著作权人排他性权利以激励著作权人创作更多的作品，更要关注社会整体利益，维系著作权人、使用者以及社会公众之间的利益平衡。合理使用制度便是著作权法中用以限制著作权人权利的重要制度，可以用以对抗著作权侵权。尤其在网络时代，合理使用愈来愈受到重视，因为该制度是社会公众接近作品、增进知识、促进民族文化的保障。[2]

《著作权法》（2020 年修正）第二十四条列举了 12 种情况下使用作品，可以不经著作权人许可，不向其支付报酬，但应当指明作者姓名、作品名称，并且不得侵犯著作权人依照本法享有的其他权利。第二十四条第一款第（二）项规定，为介绍、评论某一作品或者说明某一问题，在作品中适当引用他人已经发表的作品可以不经著作权人许可，不向其支付报酬，但应当指明作者姓名或者名称、作品名称，并且不得侵犯著作权人依照本法享有的其他权利。前述合理使用的规定系针对创作作品过程中，为介绍或评论他人作品或说明某一问题而对他人已发表作品进行适当引用的行为。

故适当引用类合理使用应包括以下要素：一是使用的作品应当是已发表的作品，未发表的作品不适用于合理使用；二是使用的目的应当是为介绍、评论或者说明；三是使用的程度应当是"适当引用"，原作品不得成为被诉内容的实质性部分或主要部分，不得产生替代原作品的效果，也不得不合理地损害著作权人的合法权益；四是应当指明作品的名称、作者姓名或者名称。

---

[1] 参见吴汉东：《试论知识产权限制的法理基础》，载《法学杂志》2012 年第 6 期。
[2] 参见冯晓青，谢蓉：《著作权法中"合理使用"与公共利益研究》，载《河北法学》2009 年第 3 期。

直播间中演唱歌曲行为的司法认定

——北京某文化传播有限责任公司与武汉某网络科技有限公司侵害作品表演权纠纷案❶

颜　君[*]　王一婷^{**}

典型意义

本案为网络直播表演行业确立了行为边界，为网络直播表演行业各市场主体作出了规范指引。本案明确了通过网络直播进行表演行为的法律定性，首次认定其属于著作权中其他权利的控制范围。本案明确了网络直播行为侵权认定的裁判规则，并明确了网络直播技术服务提供者和网络主播两类主体各自的责任范围。

关键词　网络直播　平台责任　表演权　其他权利

案情介绍

原告（被上诉人）北京某文化传播有限责任公司（以下简称北京某公司）享有涉案歌曲的著作财产权。被告（上诉人）武汉某网络科技有限公司（以

---

❶　一审裁判文书字号：北京互联网法院（2019）京 0491 民初 23408 号民事判决书（2020 年 6 月 28 日）；二审裁判文书字号：北京知识产权法院（2020）京 73 民终 2905 号民事判决书（2021 年 9 月 30 日）。

一审合议庭组成人员：审判长颜君、审判员孙磊、审判员董学敏。

*　颜君，北京互联网法院综合审判三庭副庭长。

**　王一婷，中国社会科学院大学互联网法治研究中心研究助理。

下简称武汉某公司）是某网站的著作权人及开发运营者，12 名主播在某网站在线直播的过程中，表演了涉案歌曲共计 59 次，其中 57 次为唱歌，1 次为吹笛子，1 次为跳舞作为伴奏。

原告诉称：原告经创作者转让合法取得了涉案歌曲在全世界范围内的著作财产权，依法享有该歌曲的词曲著作权之表演权。通过多年商业运作与投入，该歌曲在儿童市场上取得了良好声誉，具有极高的市场价值。被告在未获得原告授权、许可，未支付任何使用费的情况下，12 名主播以营利为目的，59 次在被告运营的直播间中演唱涉案歌曲，并与在线观看粉丝实时互动，接受粉丝巨额打赏礼物，获得了巨大的经济利益。直播完毕后，其形成的相应直播视频仍在互联网传播，供所有用户点击、浏览、播放、分享、下载。被告的行为侵犯了原告对歌曲依法享有的词曲著作权之表演权、《中华人民共和国著作权法》（2010 年修正，以下简称《著作权法》）第十条第一款第（十七）项规定的其他权利（以下简称他项权）等，请求法院判令删除网站主播所有演唱涉案歌曲的相关侵权视频；判令赔偿原告经济损失及原告合理支出的费用。庭审中，原告撤回第一项诉讼请求。

被告辩称：原告提供的现有证据无法证明涉案视频系在某平台直播。对于非某平台取证的视频，不能推定视频是在其平台进行直播。被告并非涉案行为的实施主体，仅提供中立的网络服务，也已尽到了合理的监管义务，不应承担侵权责任。原告主张经济损失缺乏法律依据，费用过高。原告未提供任何证据证明其存在损失，涉案视频未产生直接收益，且目前市场上一首歌曲的使用费为 200 元。被告不同意原告全部诉讼请求。

裁判内容

北京互联网法院经审理认为，本案主要的争议焦点包括：一是原告是否享有涉案歌曲的著作权；二是被告是否构成对原告著作权相关权益的侵犯；三是如果构成侵权，应承担何种民事责任。

一、原告是否享有涉案歌曲的著作权

根据涉案专辑的署名，在被告无相反证据的情况下，可以认定涉案歌曲的

词作者、曲作者享有该歌曲的词曲著作权。根据涉案歌曲创作者彭某、李某分别与原告签署的《著作权转让书》，原告继受取得音乐作品涉案歌曲的著作权，有权以自己的名义提起本案诉讼。

二、被告是否构成对原告著作权相关权益的侵犯

（一）主播在直播过程中未经权利人许可演唱歌曲的行为侵犯著作权

1. 涉案行为应归入《著作权法》（2010 年修正）第十条第一款第（十七）项规定的其他权利的控制范围●

第一，从文义解释来看，我国《著作权法》中的"公开播送"与《保护文学和艺术作品伯尔尼公约》（以下简称《伯尔尼公约》）中的"向公众传播"存在区别。"向公众传播"是指将作品（包括对作品的表演）传送至不在传播发生现场的公众。而"用各种手段公开播送作品的表演"指的是"机械表演"，即借助录音机、录像机等技术设备将前述表演公开传播，仅包括向现场的公众进行播放的行为，而不包含向传播发生地之外的公众传播的行为。

第二，从体系解释来看，表演权与广播权等均属于并列的权利类型，区分的关键在于传播运用的途径和技术手段，并非重在是否进行了演绎。表演权所控制的传播范围应与其他几项权利的传播范围不相重合和交叠，以防止各项权利控制范围的混乱。

第三，从司法实践来看，考虑直播技术产生后的一系列司法实践，网络实时转播、游戏直播被列入他项权的范围。在直播间中表演并通过网络传播的行为，与上述行为在技术手段、传播途径上并无本质区别，应保持在权利类型划归上的一致性。

2. 权利类型区分不应影响著作权保护

同时需要指明的是，本案中，原告通过受让取得了完整的著作权，因此，即使直播间表演并公开播送行为存在权利类型划归上的纷争，但不论上述行为

● 2020 年修正的《著作权法》在第十条第一款第（十一）项对广播权作出了新的定义，即"以有线或者无线方式公开传播或者转播作品，以及通过扩音器或者其他传送符号、声音、图像的类似工具向公众传播广播的作品的权利，但不包括本款第十二项规定的权利"，直播应落入此范畴。

被划入表演权还是他项权，该区分并不影响被控侵权行为落入原告著作权权利范围的结论。加之直播行为属于网络新型传播行为，不应因法律规定滞后于技术的发展，以及存在理论观点的纷争，就放弃对权利人的权益进行保护，亦即，权利保护具体路径的分歧不应妨碍原告著作权在个案中受到保护。也就是说，即使考虑争议意见，涉案主播在直播过程中未经权利人许可演唱歌曲的行为，亦落入原告著作权的控制范围。

（二）被告是承担责任的主体

涉案直播网站中存在大量通过直播获取打赏的主播，他们较普通网站用户具有更强的营利性，在某些情况下他们直接是商业化运营主体。因此，涉案直播网站与传统的网络服务提供者亦存在显著差别。在侵权认定过程中，应考虑到本案网络直播商业模式的特殊性，根据网络直播服务提供者与网络主播之间关系的具体情形，判定二者在网络直播行为中各自应承担的责任。

1. 被告仅提供网络直播的技术服务

主播是涉案直播行为的直接实施者，被告仅为网络直播技术服务提供者，并不构成对权利人著作权的直接侵犯。

2. 被告应知构成共同侵权的情形

关于被告对涉案主播的传播行为侵权，主观上，现有证据无法认定被告主观为"明知"，但依据被告所应具有的认知能力及所负有的注意义务，其应当意识到直播行为构成侵权。第一，被告提供服务的性质与一般网络用户进行分享交流的信息存储空间服务网站不同，被告网站主播主要通过提供游戏解说、演艺歌唱等服务营利，具有较高的引发侵权的可能性。第二，被告就主播的直播行为获取了针对内容的直接经济利益，应负有更高的注意义务。第三，网络直播具有瞬时性和随机性，平台对海量的直播行为进行管理确存一定难度。但海量用户的存在还会带来对应的影响和收益，不应一方面享受利益，另一方面又以直播注册用户数量庞大及直播难以监管为理由逃避审核、放弃监管，放任侵权行为的发生，拒绝承担与其所享有的权利相匹配的义务。虽被告通过平台指引的方式公示了预防侵权的措施和侵权投诉的渠道，但对于瞬时发生的直播侵权行为，事后侵权投诉难以发挥制止侵权的作用。

（三）侵权行为的不同取证方式

上述侵权行为取证方式包括三种：第一种，在某网站中，通过涉案网络主播视频回放页面取证；第二种，通过其他网站存储传播的视频取证，视频画面呈现了主播直播行为，并载有某网站的水印、房间号或链接地址；第三种，通过其他网站存储传播的视频取证，视频画面呈现有知名主播的直播行为，对于不同情形是否都能构成侵权存在不同观点，尚需进一步探索。

三、被告应承担何种民事责任

在确定赔偿数额时应当考虑以下因素：第一，从作品市场价值方面考虑，涉案歌曲具有一定知名度和市场热度；第二，从侵权行为性质考虑，网络公开直播行为本身具有瞬时性，其对作品的利用时间远远低于信息网络传播行为，从这一层面来说，赔偿额度应远低于信息网络传播行为，但本案涉及多次侵权行为，应累计考虑赔偿数额，并且，数名涉案主播有较高知名度，侵权行为的传播范围较广，并有获取较高打赏收益的可能性；第三，就合理使用费方面，可参考网络传播权业务类的收费标准。

裁判结果

北京互联网法院依照《中华人民共和国著作权法》第十条第一款第（十七）项、第四十七条第（十一）项、第四十九条，《中华人民共和国侵权责任法》第三十六条第三款，《最高人民法院关于适用〈中华人民共和国民事诉讼法〉的解释》第一百零八条的规定，判决如下：一、被告武汉某公司于本判决生效之日起7日内赔偿原告北京某公司经济损失37400元和律师费支出12000元；二、驳回原告北京某公司的其他诉讼请求。

武汉某公司不服原审判决，提起上诉。北京知识产权法院作出（2020）京73民终2905号民事判决：一、撤销北京互联网法院作出的（2019）京0491民初23408号民事判决；二、改判武汉某公司于本判决生效之日起十日内赔偿北京某公司经济损失29000元及律师费支出12000元；三、驳回武汉某公司其他上诉请求；四、驳回北京某公司其他诉讼请求。二审判决已经生效。

法官解读

一、直播间中演唱歌曲行为的性质

网络主播在直播间中演唱的歌曲既有可能是未经授权的，也有可能已经获得了著作权人的许可，因为后者已经很大程度上免去了侵权的风险，所以此处讨论的仅仅是未经授权的歌曲演唱行为。无论在直播间中演唱歌曲的行为落入何种权利类型的保护范围，主流观点都认为这显然构成侵权，但并未展开详尽论证。❶

（一）直播间中演唱歌曲行为应纳入广播权的范畴

通过网络直播表演歌曲，是随着网络技术发展出现的一种新兴商业模式和传播形态，直播即直接播送，是一种向公众直接提供内容的实时传播行为，在直播间中表演并通过网络进行公开播送的行为，在直播的基础上，还体现了对歌曲作品的表演。2020年新修正的《著作权法》第十条第一款第（十一）项规定："广播权，即以有线或者无线方式公开传播或者转播作品，以及通过扩音器或者其他传送符号、声音、图像的类似工具向公众传播广播的作品的权利，但不包括本款第十二项规定的权利。"而在此之前，《著作权法》（2010年修正）对广播权的定义是："以无线方式公开广播或者传播作品，以有线传播或者转播的方式向公众传播广播的作品，以及通过扩音器或者其他传送符号、声音、图像的类似工具向公众传播广播的作品的权利。"这一定义来自《伯尔尼公约》第十一条之二（广播与相关权利）第一款，即"文学和艺术作品的作者享有下述专有权：1.许可以无线电广播其作品或以任何其他无线播送符号、声音或图像方法向公众发表其作品；2.许可由原广播机构以外的另一机构通过有线广播或无线广播向公众发表作品；3.许可通过扩音器或其他任何传送符号、声音或图像的类似工具向公众传送广播作品"。显然，《伯尔

---

❶ 参见王迁：《网络主播在直播中演唱歌曲的法律定性》，载《中国版权》2018年第5期；曹博：《如何理解著作权法上的公开表演？——以网络主播在直播中演唱歌曲为例》，载《中国版权》2019年第4期。

尼公约》规定的广播与相关权利以及修正前的《著作权法》规定的广播权在规制范围上是一致的，主要规制三种行为：第一种行为是初始无线传播，第二、三种行为均建立在第一种行为基础之上，第二种行为是对接收到的初始无线广播进行同步的无线或有线转播，也属于远程传播（"向公众传播"），第三种行为则是在公共场所设置收音机、电视机等设备，供现场公众欣赏电台、电视台播出的广播、电视，属于现场传播。2020 年修正后的《著作权法》对广播权的定义排除了第十二项权利也就是信息网络传播权，之所以作出这样的划分，当然是为了避免使广播权的定义完全涵盖信息网络传播权从而使《著作权法》对信息网络传播权的规定成为具文。这就意味着"以有线或者无线方式公开传播或者转播作品"（广播权的定义）在范围上一定广于"以有线或者无线方式向公众提供，使公众可以在其选定的时间和地点获得作品"（信息网络传播权的定义），广播权的范围等同于所有远程传播，因此必须加以限制，使广播权和信息网络传播权这两项专有权利具有各自相互独立的范围。在排除了交互式远程传播后，广播权定义中的"以有线或者无线方式公开传播或者转播作品"并未再排除任何其他传播行为，这就意味着修改后的广播权定义克服了修改前的广播权只能规制部分非交互式远程传播的缺陷，涵盖了以任何技术手段对作品进行非交互式远程传播行为，既包括直接通过有线电缆实施的非交互式远程传播，也将通过网络进行的非交互式远程传播纳入其中。❶ 因此，在直播间对歌曲作品的表演与播送，应当落入广播权的范畴。

同时需要指明的是，即使在 2020 年修正的《著作权法》实施以前，直播间表演并公开播送行为亦存在权利类型划归上的纷争，但不论上述行为被划入表演权还是他项权范畴，该区分并不影响被控侵权行为落入原告著作权权利范围的结论。加之直播行为属于网络新型传播行为，不应因法律规定滞后于技术的发展，以及存在理论观点的纷争，就放弃对权利人的权益进行保护，亦即，权利保护具体路径的分歧不应妨碍权利人著作权在个案中受到保护。也就是说，即使考虑争议意见，涉案主播在直播过程中未经权利人许可演唱歌曲的行为，亦落入权利人著作权的控制范围。

---

❶ 参见王迁：《论〈著作权法〉对"网播"的规制》，载《现代法学》2022 年第 2 期。

（二）直播间中演唱歌曲行为不属于合理使用

我国《著作权法》第二十四条第一款第（九）项规定，免费表演已经发表的作品，可以使用作品而不经著作权人许可，不向其支付报酬。2020年修正《著作权法》以前，"免费表演"被界定为"该表演未向公众收取费用，也未向表演者支付报酬"，修正后的《著作权法》在此基础之上，增加了"不以营利为目的"的规定，这就将通过"打赏"机制营利的直播行为排除在外。表面上网络直播是免费观看的，既没有向公众收取费用，也没有向表演者支付报酬，但作为一种职业，主播正是通过直播这一行为营利的，只不过利用的是较为特殊的打赏机制。不过，并不排除一些主播主动关闭直播间打赏功能，出于社交、娱乐等其他目的进行直播，因此，还需要根据具体情况进行判断。在本案这种情况下使用音乐作品进行表演，特别涉及部分知名的高收入主播，很显然其表演行为具有营利目的，不符合免费表演的标准，因而不能构成合理使用。

二、侵权直播行为中的平台责任

从实践来看，网络主播与网络直播平台的法律关系有劳动合同法律关系、劳务关系、网络服务合同关系、合作或合伙关系以及劳务派遣关系等多种样态。[1] 由于不同情况下，网络直播平台在侵权行为发生过程中扮演的角色不同，所以在判断平台需要承担何种侵权责任时，需要依照具体情况进行具体分析。

在本案中，主播是直播行为的直接实施者，被告作为网络服务提供平台，为主播直播并上传视频提供了直播技术、信息存储网络服务，没有参与直播的策划与安排。但是根据《中华人民共和国民法典》第一千一百九十七条的规定，"网络服务提供者知道或者应当知道网络用户利用其网络服务侵害他人民事权益，未采取必要措施的，与该网络用户承担连带责任"。即使平台并未直接实施网络直播行为，但如果其明知或应知直播主播实施了侵权行为，仍提供

---

[1] 参见罗施福，李津津：《论网络直播□音乐演播的法律定性与责任三体》，载《天津大学学报（社会科学版）》2021年第4期。

技术支持等帮助行为的，应与直播主播承担连带责任。这种情况下，网络直播平台可以基于"避风港"原则来进行侵权责任的抗辩，即其对于直播平台的相关内容不具有预先审查的义务，仅在收到权利人作出的有效通知的情况下才具有采取合理措施的义务。但是，由于网络直播具有即时性，权利人不可能预先知悉网络主播将进行侵权，无法提前发出相关通知，此时"避风港"原则无疑赋予了网络直播平台无限的豁免权，直播平台不应借此逃避应当承担的审查责任。

本案中，无法判断被告主观是否为"明知"，因此需要结合被告提供服务的性质及引发侵权可能性的大小、应负的注意义务、对可能存在侵权行为的认知能力和应具备的管理能力，以及是否积极采取了预防侵权的合理措施等因素综合判断被告是否主观上为"应知"。主播通过直播打赏取得收入，与主播分成则是网络直播平台最主要的营利方式之一，可以视为网络直播平台直接从主播提供的表演等服务中获得经济利益，因此应当负有较高的注意义务。而主播在直播中进行表演，往往涉及他人具有著作权的作品，具有较高的侵权风险，平台应当承担更高的事前审查与监管的义务，而不能仅通过侵权投诉的渠道提供较弱的事后侵权救济。依据被告所应具有的认知能力及所负有的注意义务，在应当意识到涉案直播行为存在构成侵权较大可能性的情况下，未采取与其获益相匹配的预防侵权措施，对涉案侵权行为主观上属于应知，构成侵权，应承担相应的民事责任。

"真人秀"节目未标明演员真实身份
是否构成侵害表演者权

——李某与某广播电视台、第三人高某侵害
表演者权纠纷案[1]

张连勇[*]　李清逸[**]

典型意义

本案被告在没有证据证明与原告已经就表明表演者身份的形式有明确约定的情况下，径行在广播和在线传播的节目画面中不以任何形式标明或者说明原告的表演者身份，构成对原告表明表演者身份权利的侵犯。并且，原告受到被告邀请录制节目并收取了相应的报酬，由于双方并未签署书面的合同，本案的现有证据并不能证明被告已经取得了原告对其录制的涉案节目可以通过信息网络传播的许可，因此，被告的行为已经侵害了原告作为表演者对其表演享有的信息网络传播权。

关键词　表演者权　邻接权　权利主体

---

[1]　一审裁判文书字号：北京互联网法院（2020）京0491民初28159号民事判决书（2021年8月30日）。

一审审判员：张连勇。

[*]　张连勇，北京互联网法院综合审判一庭庭长。

[**]　李清逸，中国社会科学院大学互联网法治研究中心研究助理。

案情介绍

原告李某诉称：2018 年 3 月某广播电视台编导通过经纪人联系到原告，表示期望在电影《前任 3》热播之际制作一期电视节目，鉴于无法联系到真实事件的主人公，希望找演员出演。但编导并未明确告知原告电视节目的具体名称及相关细节，表示只需要按照电视台提供的剧本表演即可，并承诺给予原告一定的劳务报酬。2018 年 3 月 15 日，原告按照电视台提供的剧本同第三人进行了节目的录制，其中第三人在电视节目中饰演原告的前任。电视节目于 2018 年 4 月 19 日在某广播电视台《好久不见》栏目第 33 期《分手十年，她寻找初恋男友……》正式播出。其后，在原告不知情（电视台从未告知原告会将该视频置于网络传播，只告知原告是一个电视节目）的情况下，某广播电视台将该视频置于《好久不见》栏目在各大视频网站的官方账号上进行播放，且播放量极大，侵犯了原告作为演员所享有的许可他人通过网络向公众传播其表演并获得报酬的表演者权。另，因《好久不见》栏目打着真人秀的标签，同时某广播电视台并未在节目中向公众告知该期节目系演员出演，侵犯了原告作为演员所享有的表明表演者身份的表演者权，从而导致公众及网友误认为原告系节目中真实事件的主人公并在评论区对原告进行人身攻击及谩骂，给原告的身心造成极大的创伤，原告为此郁郁寡欢、夜不能寐。

被告某广播电视台辩称：（1）原告在录制案涉栏目前已明知且应知其来答辩人处录制的栏目的名称和播放范围（包含频道和网络播放）。《好久不见》栏目自 2017 年 8 月 23 日首播，且同步网络播出，原告录制的是第 33 期栏目，而非第一期栏目，原告录制时，《好久不见》栏目已具有一定的知名度。（2）原告录制案涉栏目前，就已知录制该栏目是不表明表演者身份的。《好久不见》栏目具有特殊性，无法表明表演者身份。原告的经纪人也告知过原告，且原告经常接拍此类不表明表演者身份的节目。（3）答辩人已向原告支付表演报酬，依法获得向公众传播其表演的权利。（4）案涉栏目播出后，公众及网友并未对原告进行人身攻击，公众及网友更多的是对初恋的美好向往以及对案涉栏目主人公后续的期待。

裁判内容

北京互联网法院经审理认为，本案的争议焦点主要有三个：第一，原告是否具有表演者的身份，享有表演者的权利；第二，在原告享有表演者权的情况下，被告的涉案行为是否构成侵权；第三，如果构成侵权，被告应承担何种侵权责任。

一、原告是否具有表演者的身份，享有表演者的权利

《中华人民共和国著作权法实施条例》（以下简称《著作权法实施条例》）规定，表演者，是指演员、演出单位或者其他表演文学、艺术作品的人。通常认为，表演是指表演者根据自己对作品的理解和阐释，以自己的声音、动作或表情或借助乐器等道具表现作品的内容。本案中，原告和第三人按照被告提供的剧本，并在现场编导等人员组织安排下，事先进行了一定形式的排练，节目录制过程中，二人融入自身的情感并以声音、动作、表情的形式演绎剧本内容，符合《著作权法》中关于表演者的相关规定，应当享有其作为表演者享有的权利。

二、被告的涉案行为是否构成侵权

根据《中华人民共和国著作权法》（以下简称《著作权法》）第三十九条的规定，表演者对其表演享有表明表演者身份的权利。本案中，原告称被告因无法联系到真实事件的主人公，遂通过经纪人联系到原告，表示期望在电影《前任3》热播之际制作一期电视节目，但并未明确告知原告电视节目的具体名称及相关细节，表示只需要按照电视台提供的剧本表演即可，在节目播出后，被告均未在原告出演的视频中表明其真实身份，被告辩称原告的经纪人在原告录制节目前已告知原告录制栏目名称和内容，且在节目录制现场的舞美有非常显著的"好久不见"Logo，无法表明表演者身份，是因为《好久不见》栏目具有特殊性。北京互联网法院认为，从现有证据来看，原告长期多次参与各类节目的表演和节目的录制，具备一定的表演功底和从业的经验，在接受邀请时可能对涉案节目的具体情况了解不够，但是经过编导的现场说明、指导并

结合录制现场的场景布置及安排，法院有合理的理由认为，原告对于其出演节目的名称、内容及形式的基本情况在录制时是基本清楚的。即便如此，对于被告抗辩称其涉案节目具有特殊性，不便标明表演者的身份的主张，法院认为，如前所述，即使原告知晓涉案节目系所谓的"真人秀"节目，在没有证据证明被告与原告已经就表明表演者身份的形式有明确约定的情况下，径行在广播和在线传播的节目画面中不以任何形式标明或者说明原告的表演者身份，构成对原告表明表演者身份权利的侵犯。

根据《著作权法》第三十九条的规定，表演者对其表演享有许可他人通过信息网络向公众传播其表演，并获得报酬的权利。《最高人民法院关于审理侵害信息网络传播权民事纠纷案件适用法律若干问题的规定》第三条规定，网络用户、网络服务提供者未经许可，通过信息网络提供权利人享有信息网络传播权的作品、表演、录音录像制品，除法律、行政法规另有规定外，人民法院应当认定其构成侵害信息网络传播权行为。通过上传到网络服务器、设置共享文件或者利用文件分享软件等方式，将作品、表演、录音录像制品置于信息网络中，使公众能够在个人选定的时间和地点以下载、浏览或者其他方式获得的，人民法院应当认定其实施了前款规定的提供行为。本案中，被告将原告出演的节目视频上传至其官方网站、客户端、爱奇艺、今日头条、西瓜视频的官方账号中。该行为是否侵犯原告作为表演者享有的信息网络传播权，法院认为，原告受到被告邀请录制节目并收取了相应的报酬，由于双方并未签署书面的合同，本案的现有证据并不能证明被告已经取得了原告对其录制的涉案节目可以通过信息网络传播的许可，因此，被告的行为已经侵害了原告作为表演者对其表演享有的信息网络传播权。

三、被告应承担的侵权责任

本案中，被告的行为侵犯了原告作为表演者享有的权利，应当承担停止侵害、消除影响、赔礼道歉、赔偿损失等民事责任。原告主张删除在今日头条、腾讯视频、爱奇艺、优酷、好看视频、趣头条、火锅视频、吉视网等视频网站发布的与原告相关的视频片段，被告称已将视频从官方网站、爱奇艺、今日头条、西瓜视频的官方账号中删除，其余网络上流传的与案涉栏目相关的视频均为自媒体平台的侵权盗播行为，鉴于被告仅提交了今日头条平台删除案涉视频的证据，其仍应承担删除其控制的前述平台中账号与原告相关的视频内容的责任。被告之行为侵害原告的表明表演者身份的权利系具有人身属性的权利，且该行为亦在案涉节目在网络传播过程中对原告造成了一定的不良影响，导致部分网友产生误解，故对于原告要求被告赔礼道歉的诉讼请求，于法有据，北京互联网法院予以支持，赔礼道歉的具体方式、范围将根据本案实际情况酌情确定。对于原告主张的精神损害抚慰金的诉讼请求，北京互联网法院认为，侵害表演者人身权，造成严重精神损害，且适用停止侵害、消除影响、赔礼道歉仍不足以抚慰的，可以判令被告支付精神损害抚慰金。从原告提交的部分网友的言论可以看出，大多是针对所演角色的评价，同时原告亦未能提交充分证据证明其因此遭受到了严重的精神损害，在此情况下，通过判令被告停止侵害并向原告赔礼道歉，可以澄清相关情况并达到消除不良影响的效果，足以抚慰涉案行为对原告造成的损害，故对于原告的该项诉讼请求，法院不再予以支持。原告主张3150元的公证费，7000元的律师费，并提交了相应的发票以及律师代理合同，应当予以支持。

裁判结果

北京互联网法院依照《中华人民共和国著作权法》第三十九条第一款第（一）项、第（六）项、第五十三条第（三）项、第五十四条，《中华人民共和国著作权法实施条例》第五条第（六）项，《最高人民法院关于审理侵害信息网络传播权民事纠纷案件适用法律若干问题的规定》第三条之规定，判决如下：

一、自本判决生效之日起，被告某广播电视台立即停止通过信息网络传播涉案与原告李某相关侵权视频的行为；

二、自本判决生效之日起十日内，被告某广播电视台在其官网明显位置上公开发布声明，向原告李某赔礼道歉，道歉声明内容至少保留七日（致歉内容须经法院审核，逾期不履行，法院将依原告李某申请，在相关媒体公布判决主要内容，其费用由被告某广播电视台承担）；

三、本判决生效之日起七日内，被告某广播电视台赔偿原告李某合理支出10150元；

四、驳回原告李某的其他诉讼请求。

如果被告某广播电视台未按本判决指定的期间履行给付金钱义务的，应当依照《中华人民共和国民事诉讼法》第二百五十三条的规定，加倍支付迟延履行期间的债务利息。案件受理费554元，由被告某广播电视台负担（于本判决生效之日起七日内交纳）。

法官解读

长期以来，综艺节目中的表演者地位的确定及其享有的表演者权的保护十分容易被忽视，尤其是在涉及广大知名度不高的演员的上述权益保障时，主办方往往以已经支付报酬为由随意使用已经录制的画面，可能构成对表演者享有的相关权利的侵犯。本案即针对"真人秀"类综艺节目中的表演者权的问题进行了详细的分析，通过判决明确了原告的表演者地位，厘清了表演活动中各方主体的法律关系及权利义务，对被告未经许可侵犯表演者表明表演者身份的权利及信息网络传播的权利行为进行了规制，认定作为主办方的被告应当承担相应的侵权责任。

本案涉及两个重要的问题：一是"真人秀"节目中表演者表演权的认定。法院认为，即便被告抗辩称其涉案节目具有特殊性，不便标明表演者的身份，且原告知晓涉案节目系所谓的"真人秀"节目，在没有证据证明被告与原告已经就表明表演者身份的相关问题有明确约定的情况下，在广播和在线传播的节目画面中不以任何形式标明或者说明原告的表演者身份，构成对原告表明表演者身份权利的侵犯。二是录制者支付合理报酬是否可以认定已经取得了表演者对其录制的涉案节目可以通过信息网络传播的许可。法院认为，原告受到被告邀请录制节目并收取了相应的报酬，由于双方并未签署书面的合同，仅根据支付了报酬的证据并不能证明被告已经取得了原告对其录制的涉案节目可以通过信息网络传播的许可，因此，被告的行为侵害了原告作为表演者对其表演享有的信息网络传播权。

表演者权属于著作权法项下的与著作权相关的权利（邻接权），其具体的"权利束"在《著作权法》第三十九条中得以规定，作为一项人身与财产复合性权利，其中第（一）项为"表明表演者身份"，因此在没有约定的前提下，在该表演中不以任何形式表明原告的身份，是对这一项人身权利的侵犯。同时，其中的第（六）项即为"许可他人通过信息网络向公众传播其表演，并获得报酬"的权利。而对此更为详细的解释可以参照《著作权法》第十条第（二）项规定的信息网络传播权，其是指以有线或者无线方式向公众提供，使公众可以在其选定的时间和地点获得作品的权利。应当注意，虽然如本案一般，"真人秀"节目中可以以表演者受邀录制节目，但应注意演员为完成本演出单位的演出任务进行的表演为职务表演，而在此时，包括表演者的信息网络传播权在内的财产性权利应由当事人进行约定，当事人没有约定或者约定不明确的，职务表演的权利由演出单位享有。

当前，各种"真人秀"节目如火如荼，节目视频随处可见。法官提示，在进行节目录制之前，表演者和录制者要明确约定双方关于表演者权的相关许可，保障自身的合法权益，尽量避免因约定不明引发纠纷。同时，相关平台在传播视频时亦要谨慎，要提高知识产权保护意识，在取得相关著作权人的授权之后再进行使用。

IPTV 回看服务的法律属性与侵权责任认定

——某信息技术股份有限公司与中国电信股份有限公司某市分公司、中国电信股份有限公司某省分公司侵害作品信息网络传播权纠纷案❶

鲁　宁* 李广钊**

典型意义

　　IPTV 回看服务符合信息网络传播权的法律特征，并不属于广播权范畴。判断电信企业是否应承担共同侵权责任须认定是否满足构成共同侵权行为的基本要件，须判断电信企业在主观方面与他人是否具有共同过错，尤其须查明电信企业与广播电视播出机构之间是否存在以分工合作方式提供被诉侵权作品的共同意思联络。若电信企业与广播电视播出机构按国家政策及规范性文件的要求签订并严格履行了 IPTV 业务合作合同，且被诉侵权内容不由电信企业提供，再加上电信企业既未提供被诉侵权内容，又对集成播控平台中的具体内容无控制权，便可以认定电信企业仅提供了 IPTV 业务的信号传输和技术保障服务，电信企业不承担停止侵权、赔偿损失等侵权责任。

　　关键词　　IPTV 回看服务　信息网络传播权　侵权责任

---

　　❶　一审裁判文书字号：北京互联网法院（2021）京 0491 民初 17736 号（2021 年 10 月 27 日判决、2021 年 11 月 24 日补正裁定）；二审裁判文书字号：北京知识产权法院（2022）京 73 民终 4629 号（2022 年 6 月 27 日）。

　　一审审判员：鲁宁。

　　*　鲁宁，原北京互联网法院综合审判二庭法官。

　　**　李广钊，中国社会科学院大学互联网法治研究中心研究助理。

案情介绍

原告某信息技术股份有限公司（以下简称某公司）经授权享有涉案作品《甄嬛传》在中华人民共和国境内（不包括香港、澳门、台湾地区）的独占性信息网络传播权、制止侵权的权利、转授权权利，授权使用期限自 2012 年 3 月 26 日起至 2018 年 3 月 26 日。2018 年 2 月 24 日，经公证发现，在某市某酒店内使用中国电信 IPTV 设备可回看涉案作品部分剧集。原告公司认可被诉侵权行为已经停止。

原告某公司诉称：中国电信股份有限公司某省分公司（以下简称电信某省分公司）和中国电信股份有限公司某市分公司（以下简称电信某市分公司）构成共同侵权，有某市电信小程序截图和相关判决书为证，请求法院判令被告立即停止对原告著作权的侵害，停止提供涉案作品的在线播放业务，判令被告赔偿原告经济损失 9 万元及合理费用 1 万元。

被告两公司辩称：（1）对电信某省分公司的诉讼已过时效；（2）电信某省分公司作为被告主体不适格，涉案内容是由浙江广电新媒体有限公司提供，电信某省分公司仅负责传输，传输职责是法定的，电信某省分公司在传输过程中不存在任何过错，依法不应承担责任；（3）被诉侵权行为不属于信息网络传播行为，系广播行为；（4）原告对涉案作品不享有广播权，无权就涉案广播行为主张权利；（5）涉案"IPTV 回看"功能可以认定为合理使用，且并未对原权利人的信息网络传播权产生任何实质损害，损害赔偿无从谈起；（6）涉案"IPTV 回看"功能早已停止，且原告的高额索赔及维权支出没有事实和法律依据。因此，请求法院依法驳回原告的起诉或全部诉讼请求。要之，"IPTV 回看"服务属于广播行为，且电信企业负责落实国家三网融合政策，仅负责 IPTV 的传输工作，不提供内容，传输职责法定，不构成侵权，并提交 IPTV 相关政策文件和判决书等证明材料。

裁判内容

北京互联网法院经审理认为，本案主要的争议焦点包括：一是涉案 IPTV

回看服务是否侵害了涉案作品的信息网络传播权;二是被告两公司是否系承担侵权责任的主体。

一、涉案 IPTV 回看服务是否侵害了涉案作品的信息网络传播权

权利人在提供信息网络传播服务时,提供的并不是单向的服务模式,而是基于传输协议等特有框架,在向公众提供数据信号或者数据包时,对数据信号或者数据包进行留存处理,使公众能够多次获得的模式。这种将作品持续暴露在公共环境中供公众获取的行为,显然是一种对作品的持续性使用的行为。权利人提供的这种信息网络传播服务,使得公众能够在数据被存储期间,自主选择观看的时间、地点、种类,并与作品呈现出一种交互式的关系。本案中,涉案 IPTV 用户可以通过回看方式,在其个人选定的时间和地点观看该涉案作品,并在一定时间段内可以多次观看,该情形符合信息网络传播权的法律特征。故涉案 IPTV 的运营管理者侵害了原告某公司对涉案作品依法享有的信息网络传播权。

二、电信某省分公司、电信某市分公司是否系承担侵权责任的主体

IPTV 是国家三网融合政策推动下的产物,按照相关政策的规定,一般由广播电视播出机构负责集成播控平台的建设和管理,负责 IPTV 节目的统一集成和播出监控、电子节目指南(EPG)、用户端、计费、版权等管理;由电信企业负责为集成播控平台与用户端之间提供信号传输和相应技术保障的业务。电信某省分公司与浙江广电新媒体有限公司按照前述政策规定签订了"2017年度 IPTV 合作备忘录",电信某省分公司的 IPTV 基础视听节目由浙江广电新媒体有限公司提供,电信某省分公司选择相应视听内容并支付费用等。并且,浙江省新闻出版广电局数字出版与网络视听节目处出具《情况说明》,称浙江广电 IPTV 是省内唯一的 IPTV 集成播控平台,由浙江广电集团所属浙江广电新媒体有限公司架设和管理。因此,可以认定电信某省分公司未实际提供涉案作品,在案证据不足以证明其对集成播控平台中的具体内容享有控制权,故其仅提供了 IPTV 业务的信号传输和技术保障服务,不应作为被诉侵权行为的责任承担主体。

此外,关于电信某市分公司,按照国家三网融合相关政策以及 IPTV 运营管理惯例,通常由省级电信企业与广播电视播控机构签订相关合作协议,本案

中亦是如此，省级以下电信企业则负责参与执行，但这并不意味着省级以下电信企业就必然成为侵权责任的承担主体。本案中，原告某公司未提供证据证明电信某市分公司对集成播控平台中的具体内容享有控制权。

因此，原告某公司主张由被告两公司承担侵权责任，缺乏事实依据，法院依法不予支持。

裁判结果

北京互联网法院依照《中华人民共和国著作权法》[1] 第十条第一款第（十二）项，《最高人民法院关于适用〈中华人民共和国民事诉讼法〉的解释》第九十条之规定，判决：驳回原告某公司全部诉讼请求。

后原告某公司向北京知识产权法院提出上诉，在审理过程中又请求撤回上诉。北京知识产权法院裁定准许原告撤回上诉。

法官解读

IPTV（网络协议电视，Internet Protocol Television），即通过互联网协议提供包括电视节目在内的多种数字媒体服务。IPTV 产业链包括内容提供方、内容运营商、内容集成播控平台、电信系运营商、终端设备供应商及 IPTV 用户。IPTV 产业链条中，内容提供方提供各类直播频道资源、视频内容，以及游戏、音乐、教育等增值互动服务，包括广电系及互联网系。设备供应商提供视频业务系统、IP/ATM 城域网、宽带接入网及家庭网络四个部分的建设或升级服务，代表企业包括华为、中兴、UT 斯达康（UTSTRACOM）、贝尔阿尔卡特、西门子等。系统解决方案供应商建设并提供运营管理平台、互动电视平台、数字电视服务等 IP 网络系统解决方案，代表企业包括 VCOM、思华科技等。[2] 近年来，得益于应用云计算、大数据、物联网、人工智能等新技术和大力拓展新

---

[1] 所引法律是 2010 年修正，该法 2020 年又进行修正。

[2] 参见前瞻产业研究院：《2020 年中国 IPTV 行业市场现状及发展前景分析 未来两年用户规模有望突破 6 亿人》，载 https://bg. qianzhan. com/trends/detail/506/210129 - 9b7afbe4. html，访问日期：2023 年 4 月 1 日。

兴业务，我国 IPTV 行业飞速发展，IPTV 收视份额和直播收视贡献率逐步提升，IPTV 用户规模持续扩大，截至 2021 年 4 月底，我国 IPTV 总用户数已有 3.26 亿户。IPTV 用户规模的扩大推动业务收入持续增长。工业和信息化部数据显示，2020 年我国 IPTV 业务收入达 335 亿元，同比增长 13.6%。❶

集电信、广电、互联网三方优势的 IPTV 对我国信息产业、文化产业的发展起到推动作用，满足了我国人民日益增长的多样化生活服务娱乐消费需求，但也对解决著作权相关法律问题形成了全新的挑战。

一、IPTV 服务侵害作品的权利类型分析

IPTV 服务主要包括直播、点播以及回看等多种服务类型。根据《中华人民共和国著作权法》（以下简称《著作权法》）第十条第一款第（十一）项的规定，广播权包括以有线或者无线方式向公众传播，以及通过扩音器或者其他传送符号、声音、图像的类似工具向公众传播广播的作品的权利。根据上述规定，IPTV 直播服务应属于广播权控制范围。根据《著作权法》第十条第一款第（十二）项的规定，信息网络传播权是指以有线或无线方式向公众提供，使公众可以在其选定的时间和地点获得作品的权利。IPTV 服务中点播及回看服务则应属于信息网络传播权控制范围。

本案中，涉案 IPTV 用户可以通过回看方式，在其个人选定的时间和地点观看该涉案作品，并在一定时间段内可以多次观看，该情形符合信息网络传播权的法律特征。故涉案 IPTV 的运营管理者未经原告许可，提供 IPTV 回看服务，侵害了原告某公司对涉案作品依法享有的信息网络传播权。

但目前对 IPTV 服务中广播权的适用问题存在一定的争议。比如，在"乐视网信息技术（北京）股份有限公司诉广州珠江数码集团有限公司侵害作品信息网络传播权纠纷案"❷ 中，法院认为，回看服务属于广播权。首先，根据《著作权法》中广播权的规定可以看出，广播权的实施主体具有特殊性，一般

---

❶ 参见何佳：《2021 年中国交互式网络电视（IPTV）市场发展现状分析 用户规模扩大推动业务收入持续增长》，载 https://www.qianzhan.com/analyst/detail/220/210603 - 01119c45.html，访问日期：2023 年 4 月 1 日。

❷ 参见广东省广州市越秀区人民法院（2012）穗越法知民初字第 1101 号民事判决书和广东省广州市中级人民法院（2013）穗中法知民终字第 1174 号民事判决书。

是广播电台、电视台。根据浙江广播电视集团节目覆盖办公室（以下简称浙电）与广播电视网络运营商的传输合同，双方在广播电视网络运营商有线电视网络覆盖区域内进行合作，浙电负责将频道信号通过卫星传输到广播电视网络运营商前端，再由广播电视网络运营商自行传送给用户，因此广播电视网络运营商是具有广播电台、电视台性质的特殊的广播主体。其次，广播权的表现行为共有三种，分别是无线广播作品的行为、有线传播或转播被无线广播的作品的行为、以扩音器等工具传播被无线广播的作品的行为，三种行为之间具有一种事实上的承接关系，也就是说，从发生先后顺序来看，先有第一种行为，即先有无线广播组织发射无线节目信号，然后再有第二种或者第三种行为，即在无线广播组织发射出信号后，再由有线电视网络经营者通过其设备转播或者传播无线广播组织发射的信号，或者再由他人通过扩音器等工具传播无线广播组织发射的信号。有线电视网络运营商通过自己的设备转播浙电发射的无线信号，属于广播行为中的有线转播行为。再者，浙电将节目同步传输给广播电视网络运营商，仅限于其在约定的期限内传输给其网络内的用户收看，广播电视网络运营商不得擅自对电视频道内容进行调整、变更、修改，不得擅自截传、转让、扩散，不得插播广告，虽然广播电视网络运营商经许可对"浙江卫视"节目进行录制，用于其开展的电视"回看"和"点播"业务，但仍必须保留"浙江卫视"台标，因此，本质上广播电视网络运营商是对"浙江卫视"频道节目的重复使用，其实施的还是广播行为。因此，综上，广播电视网络运营商根据与案外人浙电签订的《节目传输播出合同》，通过卫星传输接收"浙江卫视"频道信号，对"浙江卫视"频道播放的节目进行录制后，通过有线电视网络提供给其有线电视用户"回看"和"点播"的行为，属于传统广播电视业务的发展和延伸，其行为性质是广播行为，不构成对原告信息网络传播权的侵害。该案中的广播电视网络运营商与电信公司虽然不同，但都是网络运营公司，依照本段裁判逻辑，电信公司给用户提供的回看服务也属于传统广播电视业务的发展和延伸，回看服务侵害了作品广播权。

但是也有学者提出与上述判决不同的观点。华东政法大学王迁教授认为，提供 IPTV 限时回看服务并不构成受广播权控制的"转播"，因为"转播"必须与原广播同步进行，而"限时回看"是在录制原广播之后再提供点播。限时回看服务由电视台提供，且内容为已被电视台许可播出的节目，并非认定该服务属于广播行为的理由，因为是该服务的特征，而不是服务提供者的身份和内容，决定了对该服务的定性。信息网络传播权定义中的"使公众在其个人选定的时间和地点获得作品"并非使"所有的社会公众"在"任何地方"和"随时可以"获得作品，而是指向公众进行交互式传播。提供限时回看服务具有交互式传播的特征，因此属于信息网络传播行为而非广播行为。❶

对比广州法院与王迁教授的观点，王迁教授将回看服务认定为信息网络传播行为的观点更有说服力。我国著作权法主要借鉴《保护文学和艺术作品伯尔尼公约》，其中提到转播是指对他人的广播进行"同步"播放，因此认为对授权广播电视台的节目进行回放属于电视台的广播行为这一思路逻辑上存在误区。将回看服务认定属于广播权，不符合我国著作权法的基本原理。因此，本案中 IPTV 服务侵害著作权类型为信息网络传播权。

二、IPTV 回看服务的共同侵权分析

被告两公司是不是著作权侵权的主体也是个值得分析的问题。一般情况下，IPTV 回看服务涉及电信公司与广电公司等多方主体，这一可能涉及共同侵权的问题便显得更加复杂。

在"乐视网信息技术（北京）股份有限公司与中国电信股份有限公司深圳分公司信息网络传播权纠纷案"❷ 中，法院也对 IPTV 的共同经营主体对侵权行为承担共同侵权责任进行了分析。法院认为，第三人未经许可，通过电信公司运营的媒体传输平台向电信公司的 IPTV 网络用户提供涉案电视剧的播放服务，侵犯了原告对该作品依法享有的信息网络传播权。电信公司与第三人存在 IPTV 业务合作关系，电信公司负责用户开户、安装、收费，相关公众要成为电信公司的 IPTV 业务用户才能收看其在线播放的电视剧《男人帮》，电信公司提供的媒体传输平台与第三人提供的内容运营平台连接，电信公司提供的并非一般意义上的自动接入、自动传输服务。IPTV 用户对电视剧《男人帮》在线观看，是电信公司和第三人分工合作、共同提供作品的结果，电信公司与第三人构成共同侵权，应连带赔偿原告因涉案侵权行为遭受的损失。结合本案

---

❶ 参见王迁：《IPTV 限时回看服务性质研究》，载《中国版权》2015 年第 1 期。
❷ 参见深圳市中级人民法院（2014）深中法知民终字第 328 号民事判决书。

与上述引用案例可见，当著作权人发现 IPTV 未经许可向用户提供其享有著作权的作品时，侵权主体可能涉及省级电信分公司、市级电信分公司和广电公司，关于是否涉及共同侵权责任承担也是有争议的。有的法院认为，侵害信息网络传播权行为包括直接侵权行为和帮助侵权行为，广电公司提供影视作品存储、播放平台，涉案电影作品由广电公司存储于其服务器上，电信公司为广电公司的传输内容提供技术支持行为，该行为不可能构成直接侵犯信息网络传播权行为，只可能构成帮助侵权行为，由于广电公司一般是经国家主管机关批准可从事 IPTV 集成平台运营的企业，其经营范围亦包括以电视机为接收终端的信息网络传播视听节目业务，电信公司选择广电公司作为合作伙伴，其有理由相信广电公司提供连线服务的节目具有合法来源，已尽到了应尽的审查义务，主观上没有过错，因此其行为不构成帮助侵权。[1] 而有的法院则认为，如上述"乐视网信息技术（北京）股份有限公司与中国电信股份有限公司深圳分公司信息网络传播权纠纷案"，电信公司与广电公司属于合作共同经营 IPTV 业务，当 IPTV 未经许可播放他人享有著作权的作品，则电信公司与广电公司应承担合作共同侵权的法律责任。

祝建军博士认为，分析共同侵权的责任主体，要分析两人以上共同侵权行为的基本规则，这样才能透过现象抓住事物的本质。《最高人民法院关于审理侵害信息网络传播权民事纠纷案件适用法律若干问题的规定》第四条规定，"有证据证明网络服务提供者与他人以分工合作等方式共同提供作品、表演、录音录像制品，构成共同侵权行为的，人民法院应当判令其承担连带责任"。这意味着，当两个以上的网络服务商涉嫌共同侵犯他人信息网络传播权时，如通过事实能够认定他们之间存在合作经营关系，尽管只是其中一个网络服务商的服务器存储了著作权人的作品，而另一个网络服务商提供传播著作权人作品的技术支持，但由于这些网络服务商是通过分工共同实现著作权人作品的信息网络传播行为，故可以认定他们之间共同实施了侵犯他人著作权的信息网络传播行为，应承担共同侵权的民事责任。此时，不应将上述合作共同侵权与帮助侵权相混淆，从而不恰当地认定其中一些人构成直接侵权，而另一些人被从是否构成帮助侵权的角度去分析侵权成立与否，进而被免除承担其本应该承担的

---

[1] 参见海南省高级人民法院（2012）琼民三终字 26 号民事判决书。

责任。❶

但是，侵权责任的承担不应该过度泛化。判断电信企业是否应承担共同侵权责任须认定是否满足构成共同侵权行为的基本要件，须判断电信企业在主观方面与他人是否具有共同过错，尤其须查明电信企业与广播电视播出机构之间是否存在以分工合作方式提供被诉侵权作品的共同意思联络。若电信企业与广播电视播出机构按国家政策及规范性文件的要求签订并严格履行了 IPTV 业务合作合同，且被诉侵权内容不由电信企业提供，如果电信企业既未提供被诉侵权内容，又对集成播控平台中的具体内容无控制权，便可以认定电信企业仅提供了 IPTV 业务的信号传输和技术保障服务，电信企业不承担停止侵权、赔偿损失等侵权责任。

三、小结

首先，IPTV 服务中不同服务类型应分别受到著作权法中广播权和信息网络传播权的控制。如 IPTV 所提供的直播服务应属于广播权的控制范围，而回播或点播服务应属于信息网络传播权的控制范围。

其次，对于 IPTV 回看服务中的共同侵权，可以从共同过错、是否按国家政策及规范性文件的要求签订并严格履行了 IPTV 业务合作合同、对集成播控平台中的具体内容有无控制权等方面综合考量。

---

❶ 参见祝建军：《"三网融合"著作权案件梳理与问题分析》，载《电子知识产权》2016 年第 1 期。

短视频平台未经授权擅自上传热门歌曲供用户录制短视频使用构成侵权

——北京某文化传播有限公司与北京某科技有限公司侵害信息网络传播权案❶

李威娜* 蔚文日** 李广钊***

典型意义

当前，一些短视频平台为吸引用户，在明知使用音乐需要得到授权的情况下，仍故意忽视授权问题，抱着"用了再说"的心态，将一些热门歌曲上传到平台曲库，供用户制作短视频时配乐使用，导致一首歌曲动辄被侵权几十万次甚至更多的结果。本案就是短视频平台音乐侵权乱象的典型代表。经审理，法院判决短视频平台不仅要对其未经授权擅自上传热门歌曲的直接侵权行为负责，还要对平台用户使用该歌曲录制并上传短视频导致歌曲传播范围扩大的后果负责。本案表明了在新的传播方式下保护音乐版权、促进短视频新业态健康发展的司法态度。

关键词 短视频平台 未经授权 上传歌曲 信息网络传播权

---

❶ 一审裁判文书字号：北京互联网法院（2019）京 0491 民初 3860€ 号民事判决书（2020 年 10 月 9 日）。

一审合议庭组成人员：审判长姜颖、审判员李威娜、审判员张连勇。

* 李威娜，北京互联网法院立案庭庭长。

** 蔚文日，北京互联网法院审判管理办公室（研究室）法官助理。

*** 李广钊，中国社会科学院大学互联网法治研究中心研究助理。

案情介绍

原告北京某文化传播有限公司经授权取得某热门网络歌曲的信息网络传播权。被告北京某科技有限公司运营的短视频 App 未经原告许可，擅自将该歌曲上传至平台曲库，用户通过该平台录制短视频时可任意使用、翻唱该歌曲。最终，该短视频平台上有 37.7 万个作品使用了该歌曲，多名用户翻唱该歌曲并录制、上传了短视频，上述短视频可被播放、点赞、评论、分享、下载，具有拍同款、付费推广等功能，又约有 19.5 万个作品使用了上述用户上传的短视频。

原告北京某文化传播有限公司诉称：被告未经原告许可，以营利为目的，在其经营的短视频 App 上提供涉案歌曲，供用户在线播放并拍摄短视频，拍摄过程中用户可对选择的歌曲任意剪裁、变速。用户录制短视频上传后，粉丝可在线观看、点赞、分享、评论、下载到本地、一起拍同框、拍同款、收藏等。被告经营的短视频 App 还为其用户提供了作品推广服务，谋取巨大商业利益。被告的行为严重侵犯了原告对涉案歌曲享有的信息网络传播权，具有主观恶意，给原告造成了巨大的经济利益损失，因此请求法院判令被告删除 App 中使用涉案歌曲形成的全部侵权短视频，请求判令被告赔偿原告经济损失 7.5 万元。

被告北京某科技有限公司辩称：第一，原告起诉主体不适格，涉案歌曲与发表在先的案外某歌曲的关键歌词和曲调高度重合，不构成作品，原告不能对涉案歌曲主张著作权等相关权益。第二，被告仅为信息网络服务提供者，在本案起诉前，原告未向被告主张过著作权，被告在收到本案通知后立即删除了涉案作品，已尽到平台义务，不应承担侵权责任。第三，被诉内容为网络用户上传且大部分为用户翻唱，被告经营的短视频平台在《用户服务协议》中明确规定，用户上传作品应当具有完整的合法权利并承担相应责任。被告未向上传用户支付报酬或收取费用，付费推广是一般性平台服务收费项目，用户可自行选择，并非针对涉案内容，被告不构成侵权。第四，原告索赔金额畸高。因此，请求法院驳回原告的诉讼请求。

本案审理过程中，原告确认被告已删除所有侵权短视频，变更诉讼请求为赔偿经济损失。

裁判内容

北京互联网法院经审理认为，本案争议焦点主要有四个：第一，涉案歌曲是否构成作品；第二，原告公司是否享有涉案歌曲的信息网络传播权；第三，被告公司的涉案行为是否构成侵权；第四，原告公司的索赔金额是否合理。

一、涉案歌曲是否构成作品

著作权法鼓励在文学、艺术和科学领域内创作、传播具有独创性并能以某种有形形式复制的智力成果。涉案歌曲在词、曲内容上均能够体现作者的选择、安排和处理，属于具有独创的音乐作品，应受法律保护。关于被告主张涉案歌曲与案外某歌曲的关键歌词和曲调均高度重合、不构成作品的抗辩，法院认为，被告公司未提供案外某歌曲创作及发表时间的证据，难以认定案外某歌曲较涉案歌曲发表在先，亦难以认定涉案歌曲的作者在创作该歌曲时可以接触到案外某歌曲，且已有生效判决认定案外某歌曲作者存在抄袭、剽窃涉案歌曲歌词的行为，因此被告的抗辩缺乏事实和法律依据，法院不予采纳。

二、原告公司是否享有涉案歌曲的信息网络传播权

根据《中华人民共和国著作权法》（2010 年修正，以下简称《著作权法》）第十一条及《最高人民法院关于审理著作权民事纠纷案件适用法律若干问题的解释》（2002 年）第七条的规定，当事人提供的涉及著作权的底稿、原件、合法出版物、著作权登记证书、认证机构出具的证明、取得权利的合同等，可以作为证据。在作品或者制品上署名的自然人、法人或者其他组织视为著作权、与著作权有关权益的权利人，但有相反证明的除外。本案中，原告公司向法院提交的专辑、CD 等证据均显示，涉案歌曲的作词、作曲人均为案外人王某某，在被告未提交相反证据的情况下，法院认定王某某为涉案歌曲的词、曲作者，依法对涉案歌曲享有词、曲著作权。结合 2019 年 3 月 22 日王某某与原告公司签订的《音乐著作权转让合约书》，涉案歌曲的词、曲著作权已转让给后者。因此，原告公司享有涉案歌曲词、曲的信息网络传播权。

三、被告公司的涉案行为是否构成侵权

原告公司提供的证据显示，被告公司 App 曲库中存在涉案歌曲，可播放或在录制短视频时使用，用户在使用时可对涉案歌曲剪裁、变速，且存在网络用户翻唱涉案歌曲的短视频，已经尽到了证明被告公司在其经营的公司 App 中提供了涉案歌曲的初步举证责任。

根据《最高人民法院关于审理侵害信息网络传播权民事纠纷案件适用法律若干问题的规定》（2012 年）第六条的规定，原告有初步证据证明网络服务提供者提供了相关作品，但网络服务提供者能够证明其仅提供网络服务，且无过错的，人民法院不应认定为构成侵权。据此，被告公司如若主张其仅提供信息存储空间服务，应当承担相应的举证责任。由于被告公司 App 曲库中的涉案歌曲没有明显的用户名等标记，被告公司亦未向法院提供曲库中涉案歌曲的上传者信息，法院难以认定曲库中的涉案歌曲由网络用户上传。因此，对于被告公司 App 曲库中存在的涉案歌曲，被告公司提出的仅提供信息存储空间服务的抗辩意见，无事实和法律依据，法院不予采纳。被告公司未经授权在其经营的 App 曲库中提供涉案歌曲的行为直接侵害了原告公司对涉案歌曲享有的信息网络传播权，应当承担停止侵权、赔偿损失等侵权责任。鉴于被告公司已删除上述作品，原告公司仅主张赔偿损失，法院对此不持异议。

此外，原告公司还主张，对于被告公司 App 中存在 4 名用户翻唱涉案歌曲并录制、上传短视频的行为，被告公司构成帮助侵权。对此，北京互联网法院认为，被告公司向法院提交了 4 名用户的身份信息，可以认定相关短视频确系网络用户上传。但是，考虑到被告公司存在在其 App 曲库中提供涉案歌曲的直接侵权行为，再结合被告公司 App 的音乐使用模式，其应当能够合理地认识到网络用户会使用其上传的涉案歌曲录制并上传短视频，且这些短视频又可被其他用户点赞、使用、下载等，导致涉案歌曲传播范围的进一步扩大。在此情况下，被告公司应当具有更高的注意义务，但其未采取必要措施加以预防，主观上具有过错，因此，对于用户翻唱涉案歌曲并录制、上传短视频的行为，法院认定被告公司构成帮助侵权，应当承担相应的侵权责任。

四、原告公司的索赔金额是否合理

根据《著作权法》（2010 年修正）第四十九条的规定，侵犯著作权或者

与著作权有关的权利的，侵权人应当按照权利人的实际损失给予赔偿；实际损失难以计算的，可以按照侵权人的违法所得给予赔偿。权利人的实际损失或者侵权人的违法所得不能确定的，由人民法院根据侵权行为的情节，判决给予五十万元以下的赔偿。本案中，原告公司主张经济损失7.5万元，但未提交证据证明其实际经济损失或被告公司的违法所得。法院综合考虑涉案侵权行为发生时涉案歌曲具有较高知名度，被告公司对涉案歌曲的使用方式导致被告公司App上涉案歌曲的使用量较大，被告公司的主观过错较为明显，以及原告公司在首次发现侵权行为后未积极采取合理措施预防损害后果的进一步扩大等因素，酌情予以确定，不予全额支持。

裁判结果

北京互联网法院依据《中华人民共和国著作权法》第四十八条第（一）项、第四十九条之规定，判决如下：一、本判决生效之日起七日内，被告北京某科技有限公司赔偿原告北京某文化传播有限公司经济损失3000元；二、驳回原告北京某文化传播有限公司的其他诉讼请求。

法官解读

本案的典型意义在于，明确了短视频平台未经授权上传他人音乐作品构成直接侵权，同时应当对平台用户使用音乐作品录制并上传短视频所造成的损害后果承担责任。

一、短视频平台未经授权上传他人歌曲的侵权行为分析

著作权是指自然人、法人或者其他组织对文学、艺术和科学作品享有的财产权利和精神权利的总称，其中便包括信息网络传播权。通说认为，信息网络传播权侵权行为的构成要件包括：（1）行为的违法性，即行为人实施的行为违反了法律的禁止性规定或强制性规定；（2）损害事实，既包括对公共财产的损害，也包括对私人财产的损害，同时还包括对非财产性权利的损害；（3）因果关系，即违法行为与损害结果之间的客观联系，特定的损害事实是不是行为人

的行为必然引起的结果；（4）行为人主观上具有过错，包括故意与过失。故意是指行为人预见到自己的行为可能产生的损害结果，仍希望其发生或放任其发生；过失则是指行为人对其行为结果应预见或能够预见而因疏忽未预见，或虽已预见，但因过于自信，以为其不会发生，以致造成损害后果。本案中，被告未经原告许可，将原告享有信息网络传播权的热门网络歌曲上传至短视频平台曲库，置于信息网络中，使平台用户能够在个人选定的时间和地点录制短视频时任意使用、翻唱该歌曲，该行为违反了著作权法的禁止性规定。原告本该得到的财产权益遭到了损害。被告的上传行为与原告遭受的损害结果之间具有因果关系。行为人上传歌曲，具有主观过错。因此，被告公司侵害了原告公司的信息网络传播权，应当承担赔偿损失的侵权责任。

二、网络用户利用短视频平台擅自上传使用他人歌曲录制的短视频并传播，短视频平台是否构成帮助侵权

帮助侵权是共同侵权的一种形态。《最高人民法院关于审理侵害信息网络传播权民事纠纷案件适用法律若干问题的规定》第七条第三款规定：网络服务提供者明知或者应知网络用户利用网络服务侵害信息网络传播权，未采取删除、屏蔽、断开链接等必要措施，或者提供技术支持等帮助行为的，人民法院应当认定其构成帮助侵权行为。被告是否构成帮助侵权需从以下两个方面进行判断。[1] 一是提供帮助的主体是否在事实层面上促成了侵权行为的发生或延续，如果没有其帮助，侵权行为可能不会发生或者不会达到特定后果。本案中，根据法院调查情况，被告实施了在其运营的 App 中提供涉案歌曲的直接侵权行为，并且应当能够合理地认识到网络用户的上传行为会导致涉案歌曲传播范围的进一步扩大，为用户的侵权行为提供了事实上的帮助。二是提供帮助的主体在明知或应知对方的行为会侵害他人的合法权益的情况下，仍然提供了帮助。结合本案案情，被告作为网络服务提供者，应当能够合理地认识到网络用户会使用其提供的涉案歌曲录制并上传短视频，却没有采取必要的措施加以预防，也符合"明知或应知"的要求。故综上所述，被告对于用户上传的使

---

[1] 参见薛军：《民法典网络侵权条款研究：以法解释论框架的重构为中心》，载《比较法研究》2020 年第 4 期。

用涉案音乐作品短视频的行为应当承担帮助侵权的责任。

三、小结

大量短视频为了突出视频内容、提高观众的观看体验，往往会使用一些音乐作品作为短视频的配乐。在短视频经济高速发展、丰富人们文化生活的同时也要注重对原创音乐作品著作权的保护。面对短视频音乐侵权乱象，不能放任自流，需要各方携手共同维护。一要强化司法保护，明确裁判导向，以裁判树规则，以规则促治理，维护权利人合法权益，促进短视频行业健康有序发展。二要加强短视频平台治理力度，平台应尊重他人知识产权，主动向音乐作品著作权人获得授权。同时，对于用户上传的内容，平台应积极采取必要措施预防侵权，对涉嫌侵权的内容应履行好"通知－删除"义务，避免侵权结果扩大。三要提升用户法律意识，加强法治宣传，树立知识产权保护意识，从源头上防范侵权行为的产生。

商业模式影响短视频服务提供者过错认定

——北京某文化有限公司与杭州某科技有限公司侵害类电作品信息网络传播权案❶

赵长新*　楼三丹**

典型意义

短视频行业已成为网络著作权领域颇受关注的一隅，对其服务提供者过错的认定应当符合该行业发展的需要。本案判决认为，当短视频服务提供者有意利用其商业模式谋取不正当利益时，应将其对侵权行为的预见能力作为认定其存在过错的重要因素。该认定旨在通过促使短视频服务提供者采用健康、正当的商业模式，促进该行业的可持续发展。本案入选上海知识产权研究所评选的首届 2020 年中国泛娱乐十大最具研究价值案例，入选《中国版权》2020 年中国著作权典型判例司法评析专辑。

> **关键词**　短视频　商业模式　服务提供者过错　应知认定

案情介绍

原告是涉案动画短片《阿狸梦之岛·我的云》《阿狸·妈妈》《阿狸·信

---

❶　一审裁判文书字号：北京互联网法院（2019）京 0491 民初 39992 号民事判决书（2020 年 6 月 12 日）。

　一审合议庭组成人员：审判长赵长新、审判员王恒、审判员楼三丹。

*　赵长新，北京互联网法院党组成员、副院长。

**　楼三丹，北京互联网法院立案庭法官。

燕》（以下简称涉案作品）的著作权人。被告是涉案手机软件"配音秀"App（以下简称涉案软件）的开发、运营主体。"配音秀"App 是一款向公众提供配音服务的手机软件，网络用户注册后可上传配音素材，亦可利用其他用户上传的配音素材并使用软件自带的录音机功能进行配音，生成新的配音视频。对于合成的配音视频，用户可以选择分享至涉案软件中，亦可进行下载。

原告诉称：在涉案软件中搜索"梦之岛"，能够检索到其权利作品《阿狸梦之岛·我的云》的简介及与该动画短片相关的配音素材。原告进一步取证发现，涉案软件中至少存在 14 段来源于涉案作品的配音素材，以及超过 2 万个基于前述配音素材形成的配音视频。用户可以通过向平台充值兑换礼物的方式向基于配音素材形成的配音视频进行打赏。据此，原告主张，被告未经允许，在涉案软件中将涉案作品片段作为配音素材予以提供，且一并提供基于涉案作品片段形成的配音视频，侵犯了其对涉案作品享有的信息网络传播权。即使前述侵权视频由网络用户提供，因被告对于侵权视频的传播存在明显过错，构成帮助侵权，仍应承担侵权责任。故请求法院判令被告停止侵害，并赔偿其经济损失及合理开支共计 162000 元。

被告辩称：被控侵权视频均由网络用户上传，用户上传视频系出于个人学习、研究、欣赏之目的，属于合理使用，不构成侵权。在此情况下，被告作为网络服务提供者亦不构成侵权。即使法院认定用户上传视频的行为构成侵权，因被告仅提供信息存储空间服务，且及时履行了删除义务，不具有过错，应适用"避风港"条款免除赔偿责任。同时，被告认为其从被控侵权视频的打赏分成中获利甚微，原告主张的赔偿数额过高。

裁判内容

北京互联网法院经审理认为，本案的争议焦点如下：一是被告是否仅提供信息存储空间服务；二是倘若被控侵权视频系网络用户上传，被告是否构成帮助侵权；三是被告是否应承担侵权行为的民事责任。

一、被告并非仅提供信息存储空间服务

被告通过涉案软件提供的网络服务模式为内容服务，在原告证据能够证明

被控侵权视频在涉案软件中传播的情况下，被告如主张其仅提供信息存储空间服务，则应对此承担举证证明责任。被告提供的涉案软件《使用协议及隐私政策》虽载明其提供信息存储空间服务，但该内容本身并不足以证明被控侵权视频系网络用户上传，仍应结合在案证据进一步考量。对于被告提交了上传者手机号码、注册 IP 地址、注册时间、上传 IP 地址等信息的 10 个被控侵权素材，可以认定此部分素材由网络用户上传，被告未实施直接提供行为。但是，对于被告未提供上传者手机号码等相关信息的 4 个被控侵权素材，以及原告主张的基于被控侵权素材形成的配音视频，由于现有证据无法确认前述视频是否均由真实网络用户上传，被告仍应承担举证不利的后果。

二、倘若被控侵权视频系网络用户上传，被告构成帮助侵权

（一）网络用户上传行为构成直接侵权

网络用户上传行为构成侵权是认定网络服务提供者构成帮助侵权的前提。本案中，原告明确表示用户上传被控侵权视频的行为未获其许可，故用户上传行为构成直接侵权。被告虽主张用户上传视频的行为属于为个人学习、研究、欣赏之目的，构成合理使用。但是，涉案用户上传行为显然已非"为个人"，而是"向公众"，该行为已经落入原告信息网络传播权控制的范围，不应认定为合理使用。

（二）被告存在应知的过错

原告于起诉前并未就被控侵权视频向被告发送通知，且被告在收到本案诉讼材料后及时删除了被控侵权视频，故现有证据不足以证明被告存在明知的过错。但是，根据在案证据能够认定被告存在应知的过错，理由如下：

首先，被告客观上具有接触被控侵权视频的可能性。被告能够接触到网络用户上传内容是认定其具有主观过错的前提条件。被告自认其对于被控侵权视频会进行人工审查，尽管这一审查程序仅针对反动、暴力、色情等内容，并非针对著作权，但这一人工审查程序的设置至少表明被告客观上能够接触到被控侵权视频。

其次，被告主观上对于网络用户上传内容可能构成侵权具有认知能力。涉案软件系为公众提供配音服务的一款手机软件，为了增强娱乐性、互动性，用户往往会选择经典影视剧片段作为配音素材进行上传，而对于此类作品，权利人通常不会免费上传至网络空间，个人用户亦难以取得权利人授权。在此情况下，被告的商业模式客观上存在诱导个人用户上传侵权视频的极大风险，其主观上亦能够预见到涉案软件中可能存在侵权视频。

再次，涉案作品具有一定的知名度。尽管原告提交的荣誉证书多数指向涉案作品中的卡通形象"阿狸"，但卡通形象的知名度一定程度上能够延及涉案作品。加之，原告提交的证据表明，被控侵权素材标题中大多含有"阿狸"这一角色名称，故被告只需施以普通的注意义务，即可发现被控侵权视频存在明显侵权事实。

最后，被告从被控侵权视频中直接获利。关于这一事实，原、被告均不持异议。尽管被告主张其从被控侵权视频中获利甚微，但无论获利多少，这一事实本身即表明被告应对其空间内的上传内容负有较高的注意义务。

综合考量前述因素，被告未能尽到与其商业模式相适应的注意义务，对于被控侵权行为属于应知，构成帮助侵权。

三、被告应承担侵权行为的民事责任

鉴于原、被告均确认被控侵权视频已删除，且原告撤回了要求被告停止侵害的诉讼请求，故对于该项请求不再处理。关于赔偿损失，在原告未提交证据证明其实际损失，被告亦未充分披露其违法所得的情况下，酌情考量以下因素确定本案原告经济损失数额：一是被控侵权视频虽然时长较短，但涉案作品本身即属于动画短片，时长不长，且被控侵权视频属于涉案作品中的经典片段；二是涉案作品主要通过网络传播获利，被告通过涉案软件免费传播涉案作品片段的行为，势必致使原告经济利益受损；三是被告之经营意义已非简单为配音爱好者提供交流平台，而系利用用户上传的视频丰富其平台内容、吸引用户关注、增加浏览量，进而获得经济利益，主观过错明显。综合考量前述因素，酌情确定本案原告经济损失数额为15000元。至于合理开支，基于原告举证，对其中的合理部分予以支持。

判决专门指出，被告提供的"配音秀"服务在一定程度上能够起到丰富公众文化生活的作用，具有积极意义。但是，"配音秀"系以提供内容为主的

网络服务，在此情况下，被告在实际经营中应对著作权保护给予充分关注。"片段之短"未必"损害之微"，"百姓趋之"不可"无忌为之"。建议被告重新审视自身服务，合理借鉴行业先进经验，一方面加强内容审核，另一方面落实上传用户实名注册制度，努力构建良性、健康、正当的商业模式，并在此基础上谋求持续发展。

裁判结果

北京互联网法院依据《中华人民共和国侵权责任法》第三十六条，《中华人民共和国著作权法》第十条第一款第（十二）项、第十五条、第四十八条第（一）项、第四十九条，《最高人民法院关于审理侵害信息网络传播权民事纠纷案件适用法律若干问题的规定》第三条第一款、第七条第三款之规定，判决如下：被告于判决生效之日起七日内赔偿原告经济损失 15000 元及合理支出 250 元，驳回原告其他诉讼请求。

一审判决后，双方当事人均未上诉，判决已发生法律效力。

法官解读

本案涉及对短视频服务提供者过错的认定，呈现了对于短视频服务提供者过错认定的裁判思路，对于类案审理提供了有益的经验。

一、短视频的发展与版权保护

信息技术的发展与进步是作品传播的重要推动力。随着智能手机的不断普及、通信技术的不断进步、移动支付的不断发展、通勤距离和通勤时间的不断增长，碎片化时代已经来临。在这一时代背景下，短视频行业因较好地满足了网络用户高效获取资讯或进行娱乐的需求而迎来了成长爆发期。以抖音平台为例，2018 年春节期间，抖音的每日活跃用户从不到 4000 万上升到了近 7000 万，成为现象级产品。而至 2018 年 6 月，时隔不足半年，抖音对外宣传的日活跃度用户已突破 1.5 亿，月活跃度用户超过 3 亿。

内容是短视频行业发展的重点。目前短视频行业内容生产者类型主要分为四种，分别为 PGC、PUGC、UGC、MCN。其中，PGC（Professionally Generated Content）指由专业机构创作内容；PUGC（Professional User Generated Content）指由专业的个人用户和普通用户共同提供内容；UGC（User Generated Content）指由用户提供内容；MCN（Multi-Channel Network）指为短视频内容创作者提供版权管理、宣传推广、商业变现等专业化服务。前述四种内容生产者类型中，UGC 模式门槛最低，用户基数相对庞大，但由于完全依赖于用户上传内容，实践中最易面临版权侵权风险。本案所涉"配音秀"App 即属于 UGC 模式。

版权保护是短视频行业发展的痛点。随着短视频行业的蓬勃发展，版权侵权问题逐渐显现。2018 年 7 月，"剑网 2018"专项行动将短视频版权整治作为重点任务，着力强化对短视频平台的版权监管。2018 年 9 月，国家版权局重点打击短视频领域侵权盗版行为，引导短视频平台企业规范版权和传播规则，推动相关权利人组织与短视频企业建立版权保护合作机制。2018 年 9 月 9 日，北京互联网法院挂牌成立后受理的第一案——抖音短视频诉伙拍小视频侵害作品信息网络传播权纠纷案，更是触发了短视频行业高度关注的问题，即短视频服务提供者的责任边界问题。

二、短视频服务提供者的责任边界

（一）过错归责原则

短视频服务提供者既可以提供内容，亦可以提供技术。倘若提供内容，该内容损害他人民事权益，则可直接认定侵权。倘若提供技术，例如信息存储空间服务，是否构成侵权，则应分层次考量，即首先确认网络用户的内容提供行为是否构成侵权，如是，进一步分析短视频服务提供者是否存在过错；如否，因直接侵权不存在，则无须考量网络服务提供者是否构成间接侵权。

网络服务提供者承担共同侵权责任的过错状态包括"明知"与"应知"。对此，《中华人民共和国民法典》（以下简称《民法典》）第一千一百九十七条亦予明确。根据该条规定，网络服务提供者知道或者应当知道网络用户利用其网络服务侵害他人民事权益，未采取必要措施的，与该网络用户承担连带责任。前述条文中的"知道"即指"明知"，"应当知道"即指"应知"。

实践中，短视频服务提供者除主张自身不存在过错外，亦常以"合理使用"作为抗辩。本案中，被告即主张网络用户上传视频的行为属于《中华人民共和国著作权法》（2010 年修正）第二十二条第一款第（一）项规定的"为个人学习、研究或者欣赏，使用他人已经发表的作品"之情形，属于合理使用，不构成侵权，在此基础上，其作为平台亦不构成侵权。对此，应当厘清著作权法所规定的前述合理使用情形的具体含义。该种"合理使用"情形应仅限于纯粹为个人目的而进行的使用，且只允许在有限范围内为个人使用而利用他人作品，如使用具有商业动机或向公众传播，则不属于前述情形，仍应获得权利人的许可。本案所涉网络用户行为是将原告享有著作权的涉案作品片段上传至"配音秀"App 中，进而使公众能够在个人选定的时间和地点获得涉案作品片段，该行为已经落入原告信息网络传播权控制的范围，构成直接侵权。

在认定网络用户上传视频行为构成侵权的情况下，应进一步分析被告关于其不具有"明知"或"应知"过错的抗辩能否成立。

（二）"明知"与"应知"判断标准的区别

"明知"与"应知"在认定标准上存在区别。《最高人民法院关于审理侵害信息网络传播权民事纠纷案件适用法律若干问题的规定》第十三条系对"明知"认定标准的规定，根据该条规定，网络服务提供者接到权利人以书信、传真、电子邮件等方式提交的通知，未及时采取删除、屏蔽、断开链接等必要措施的，人民法院应当认定其"明知"相关侵害信息网络传播权行为。据此，实践中对于"明知"证据的把握，通常要求权利人在起诉前已向网络服务提供者发送了有效的侵权通知，且网络服务提供者收到通知后仍未及时采取措施。本案中，由于原告于诉前并未就被控侵权视频向被告发送通知，且被告在收到本案诉讼材料后及时删除了相关侵权视频，故现有证据不足以证明被告对于被控侵权行为存在"明知"的过错。

《最高人民法院关于审理侵害信息网络传播权民事纠纷案件适用法律若干问题的规定》第九条至第十二条则是对"应知"认定标准的规定。一般而言，"应知"是指推定知道，即虽无证据证明网络服务提供者确切知晓用户上传内容构成侵权，但依据其所具有的认知能力及所负有的注意义务，其应当意识到用户上传内容构成侵权，而不论其事实上是否知情。实践中，"应知"的认定需要结合个案具体情况进行分析。本案中，法官即从涉案软件的运营模式、涉案作品的知名度、被告从侵权视频中直接获利等方面对被告"应知"状态进行了综合考量。

（三）商业模式与"应知"过错认定

能否将短视频服务提供者采用的商业模式与侵权行为的关系作为认定过错的依据，实践中存在分歧，主要有两种观点。

一种观点认为，在我国当前的网络环境中，不尊重他人著作权、肆意实施侵害他人著作权行为的现象比较普遍。短视频网站中的视频虽短，但充斥着大量的影视、音乐作品片段，前述片段大都未经权利人许可上传，对此，短视频服务提供者心知肚明。而且，他们利用这些侵权视频吸引用户资源、增加流量，谋取不正当利益，明显属于以提供技术服务之名行内容服务之实。鉴于此，提供影视、音乐作品片段的短视频分享服务提供者的商业模式主要用于侵权用途，不能进入"避风港"，应当承担侵权损害赔偿责任。

另一种观点认为，短视频网站虽可以用于侵权用途，但同样也可用于非侵权用途，应当适用技术中立原则。此外，我国目前应当鼓励网络服务行业发展，短视频行业属于新兴网络服务行业，应当扶持。倘若让短视频服务提供者承担过高的法律义务，会令此类网络服务面临巨大的，甚至难以承受的运营成本，不利于行业发展。因此，除非短视频服务提供者对于具体的侵权内容明知或应知，否则应当适用"避风港"原则免除赔偿责任。

本案中，法院认为，"不能以一般知情代替具体知情"是认定网络服务提供者过错的基本判断标准，但随着网络技术的快速发展，新商业模式不断呈现，在认定网络服务提供者是否存在过错时，应当与时俱进，区分情形，实事求是作出判断。本案被告提供的"配音秀"服务属于 UGC 模式，即以分享用户上传内容为服务内容的商业模式，此种模式结合"配音秀"主题，客观上存在诱导用户上传侵权视频的极大风险。倘若不加制止，容易造成怂恿、放纵相关侵权行为蔓延的不良后果，既无法营造公平的行业竞争环境，亦与"避风港"原则促进产业发展的初衷相悖。因此，本案即使不宜依据涉案软件的运营模式直接得出被告存在过错的结论，至少应当结合案件具体情况，将此种商业模式作为被告存在"应知"过错的重要考量因素。

三、应对版权侵权风险的建议

法院在判决末尾对被告在今后的经营过程中，如何预防版权侵权风险，提出两点建议：一是加强内容审核；二是落实上传用户实名注册制度。

（一）加强内容审核

尽管目前的法律规定并不要求网络服务提供者负有事先审核著作权的义务，但随着互联网环境下商业模式的不断丰富，尤其是对于采用 UGC 模式的短视频服务提供者而言，仍建议依据相当性原则，设置与其商业模式相适应的内容审核机制。该项义务的设定并非要阻碍短视频服务的发展，而是从经济角度进行的考量。短视频服务提供者若想规避或降低版权侵权风险，则应当承担相应的事先审核成本，例如引入信息过滤技术。

（二）落实上传用户实名注册制度

《民法典》第一千一百九十六条第一款规定："网络用户接到转送的通知后，可以向网络服务提供者提交不存在侵权行为的声明，声明应当包括不存在侵权行为的初步证据及网络用户的真实身份信息。"可见，法律鼓励网络服务提供者在应对侵权通知时提供网络用户的真实身份信息。鼓励短视频服务提供者落实上传用户实名注册制度的益处在于，既可避免因无法提供上传用户真实身份信息而被推定提供内容，亦可在承担连带赔偿责任后及时向网络用户进行追偿。

网络著作权共同侵权行为认定的法律适用规则

——某出版社与浙江某电商有限公司、深圳某有限公司案[1]

张 倩[*] 杨超然[**]

典型意义

未经著作权人许可，利用内嵌软件对用户提供作品的浏览、下载及点读服务，影响著作权人的合法权益，侵害作品的信息网络传播权。由于本案中内嵌软件与机器生产者并非同一主体，因此本案判决明确了共同侵权的法律适用标准，有利于维护著作权人的权利，对我国知识产权保护起到积极的推动作用，为进一步建设知识产权保护体系奠定了基础。

关键词 信息网络传播权 共同侵权 赔偿

案情介绍

原告（某出版社）诉称：原告编纂的 12 本义务教育教科书，为义务教育阶段小学课程教科书，是目前国内小学使用最广泛的教科书，原告依法享有上述作品的完整著作权。被告二（深圳某有限公司）的行为侵犯了原告享有的

---

[1] 一审裁判文书字号：北京互联网法院（2021）京 0491 民初 22985 号民事判决书（2021 年 9 月 13 日）；二审裁判文书字号：北京知识产权法院（2021）京 73 民终 4028 号民事判决书（2021 年 12 月 18 日）。

一审审判员：张倩。

[*] 张倩，北京互联网法院综合审判二庭法官。

[**] 杨超然，中国社会科学院大学互联网法治研究中心研究助理。

信息网络传播权，同时被告二未经原告许可通过对上述作品进行商业化经营活动的行为，违反了经营者在市场交易中应当遵循的自愿、平等、公正、诚实信用原则，没有遵守公认的商业道德，损害了原告的合法权益，扰乱了社会经济秩序，已经构成不正当竞争行为。被告一（浙江某电商有限公司）作为网络交易平台经营者，对被告二收取保证金，未尽到必要的监管义务，与被告二构成共同侵权，应当承担连带侵权责任，故诉至法院。诉讼请求为：（1）判令被告二立即停止侵权及不正当竞争行为；（2）判令二被告赔偿原告经济损失1500000元、律师费36000元、公证费2010元、购买侵权产品费用4988元，以上共计1542998元。

被告一（浙江某电商有限公司）辩称：被告一作为网络服务提供者，未实施涉案侵权的行为，不应当承担侵权责任，同时不存在《中华人民共和国侵权责任法》第三十六条规定的情况，不应承担赔偿责任。本案中，被告一已经尽到了合理注意义务，不存在需要承担责任的情形，不存在接到通知后未及时采取必要措施的情形，事先不知晓涉案侵权事实，且被告一已经尽到了事先提醒和事后监督的义务。

被告二（深圳某有限公司）辩称：（1）根据相关证据，涉案机器人内App系案外人提供；（2）涉案机器人产品由于销量甚差，已于2021年3月9日自行下架，彼时被告二都未曾接收到任何有关于本案的通知，且原告亦未于先前向被告二提出过任何交涉，被告二主观上并无侵权故意，客观上也未曾因该机器人有所获益，原告所提出的赔偿请求无任何事实依据；（3）原告于多个法院起诉，律师费是否为本案支出无法确认，要求高额赔偿无相关依据。

裁判内容

北京互联网法院经审理认为，本案的主要争议焦点包括：一是本案法律适用问题；二是原告某出版社是否享有涉案作品的著作权；三是被告二深圳某有限公司是否侵犯了原告对涉案作品享有的信息网络传播权；四是涉案产品中使用涉案作品是否构成不正当竞争；五是被告一浙江某电商有限公司是否需承担连带责任；六是被告应承担何种民事责任。

一、本案法律适用问题

关于本案法律适用，《最高人民法院关于审理著作权民事纠纷案件适用法律若干问题的解释》（2020 年修正）第二十九条规定："除本解释另行规定外，人民法院受理的著作权民事纠纷案件，涉及著作权法修改前发生的民事行为的，适用修改前著作权法的规定；涉及著作权法修改以后发生的民事行为的，适用修改后著作权法的规定；涉及著作权法修改前发生，持续到著作权法修改后的民事行为的，适用修改后著作权法的规定。"本案中，深圳某有限公司虽提交说明记载涉案商品于 2021 年 3 月 9 日下架，再结合浙江某电商公司当庭陈述，对此北京互联网法院予以采信。涉案侵权行为发生在著作权法修改前，但深圳某有限公司未提交证据证明涉案商品中相关书目已经删除，故本案适用 2020 年修正的《中华人民共和国著作权法》（以下简称《著作权法》）。

二、原告某出版社是否享有涉案作品的著作权

根据著作权的相关法律规定，著作权属于作者，如无相反证明，在作品上署名的公民、法人或者其他组织为作者。当事人提供的涉及著作权的底稿、原件、合法出版物、著作权登记证书、认证机构的证明、取得权利的合同、符合行业惯例的权利人声明等可以作为证明权利归属的初步证据。本案中，原告提交了涉案作品的封面署名、情况说明、编写人员声明等，可以认定原告为涉案作品著作权人，享有涉案作品的相应著作权，有权提起本案诉讼。

三、被告二深圳某有限公司是否侵犯了原告对涉案作品享有的信息网络传播权

根据《著作权法》第十条第一款第（十二）项的规定，信息网络传播权，即以有线或者无线方式向公众提供作品，使公众可以在其个人选定的时间和地点获得作品的权利。信息网络则包括以计算机、电视机、固定电话机、移动电话机等电子设备为终端的计算机互联网、广播电视网、固定通信网、移动通信网等信息网络，以及向公众开放的局域网络。本案中，深圳某有限公司未经原告许可，通过其所开发的某机器人中内嵌的软件提供涉案作品的浏览、下载及点读服务，可以使用户在其选定的时间和地点获取涉案作品，深圳某有限公司

的行为已落入信息网络传播权控制的范畴。

关于深圳某有限公司辩称涉案作品内容来源于案外第三人，其不是侵权主体的意见。北京互联网法院认为，在案证据显示，在浏览、下载涉案作品时，机器人内嵌软件内并未标识内容来自第三方，点击时亦未发生跳转，用户无法得知涉案作品的真实来源。被告虽提交了软件签名比对及内容抓取，但其中显示涉案作品仍通过机器人中内嵌的"某标识"对外展示，不足以证明涉案应用来源于案外人，故深圳某有限公司应承担侵权责任。退一步讲，即使内容来源于案外人，也是其与案外人对运营涉案机器人内嵌软件系统的分工合作，二者具有主观意思联络，且实施了相应行为，构成共同侵权，不影响本案侵权责任的认定，原告向深圳某有限公司主张侵权行为，北京互联网法院予以支持。综上，北京互联网法院对深圳某有限公司的抗辩不予采纳，被告二侵犯了原告对涉案作品享有的信息网络传播权，应当承担停止侵害、赔偿损失等民事责任。

四、涉案产品中使用涉案作品是否构成不正当斗争

关于原告主张涉案产品中使用涉案作品进行商业化经营，构成不正当竞争行为的意见。在案证据显示，原告主张构成不正当竞争的行为与诉称侵犯其信息网络传播权的行为实质上属于同一行为。针对同一行为，原告同时提出了侵犯著作权和构成不正当竞争两项诉讼主张。根据我国现行知识产权法律体系的通说，反不正当竞争法对著作权法在使用次序和选择时具有兜底和补充作用，如果一项被诉侵权行为已经被认定为构成侵犯著作权的行为，则不宜再适用《中华人民共和国反不正当竞争法》第二条等条款予以救济。据此，本案已经认定深圳某有限公司侵犯原告就涉案作品享有的信息网络传播权，基于著作权法优先于反不正当竞争法的适用，故本案不应再行适用反不正当竞争法对涉案侵犯著作权行为进行处理和评价。

五、被告一浙江某电商有限公司是否需承担连带责任

关于原告主张的被告一未尽到监管责任，应当同被告二承担连带责任，北京互联网法院认为，本案的侵权行为发生在被告二销售的产品中，而并非被告一平台，不应认定其具有过错，且被告一对原告购买产品的链接已经进行了删

除处理。原告主张被告一承担连带责任，无事实及法律依据，北京互联网法院不予支持。

六、被告应承担何种民事责任

关于停止侵权，涉案产品虽已经下架，但深圳某有限公司未举证证明涉案产品中已经停止提供涉案作品内容，故对于该项主张，北京互联网法院予以支持。关于赔偿损失，原告主张参照其与案外人合作费用计算赔偿数额，但鉴于该合作模式与涉案侵权行为模式不同，涉案集范围不同，故对该主张北京互联网法院不予采纳，鉴于原告未提交证据证明其遭受的损失或深圳某有限公司的侵权获利，北京互联网法院将综合考虑涉案作品的受众群体、独创性程度、知名度、定价、侵权行为的性质和情节等因素，酌情予以确定。关于公证费及购买产品费，确系本案维权必要支出，且原告提交相应支付凭证，故北京互联网法院予以支持。关于律师费，原告未提交证据证明，北京互联网法院不予支持。

裁判结果

北京互联网法院依据《中华人民共和国著作权法》第十条第一款第（二）项、第（十二）项、第十二条第一款、第五十二条第（一）项、第五十四条之规定，判决如下：一、被告深圳某有限公司于本判决生效之日起立即停止涉案侵权行为；二、被告深圳某有限公司于本判决生效之日起十日内赔偿原告某出版社经济损失 150000 元及合理支出 6998 元；三、驳回原告某出版社其他诉讼请求。如果被告深圳某有限公司未按本判决指定的期间履行给付金钱义务，应当依照《中华人民共和国民事诉讼法》第二百五十三条的规定，加倍支付迟延履行期间的债务利息。案件受理费 9150 元，由原告某出版社负担 4000 元（已交纳），由被告深圳某有限公司负担 5150 元（于本判决生效之日起七日内交纳）。

深圳某有限公司不服原审理判决，提起上诉。北京知识产权法院受理后判决：驳回上诉，维持原判。判决已生效。

法官解读

一、著作权侵权的行为认定及法律适用标准

本案涉案作品为某出版社编纂的义务教育教科书，为义务教育阶段小学课程教科书，是目前国内小学应用最广泛的教科书。根据《最高人民法院关于审理著作权民事纠纷案件适用法律若干问题的解释》第七条的规定，当事人提供的涉及著作权的底稿、原件、合法出版物、著作权登记证书、认证机构出具的证明、取得权利的合同等，可以作为证据。在作品或者制品上署名的自然人、法人或者非法人组织视为著作权、与著作权有关权益的权利人，但有相反证明的除外。本案中，原告提交了涉案作品的封面署名、情况说明、编写人员声明等，可以认定原告为涉案作品著作权人，享有涉案作品的相应著作权。

根据《著作权法》第十条第一款第（十二）项的规定，信息网络传播权，即以有线或者无线方式向公众提供作品，使公众可以在其个人选定的时间和地点获得作品的权利。信息网络则包括以计算机、电视机、固定电话机、移动电话机等电子设备为终端的计算机互联网、广播电视网、固定通信网、移动通信网等信息网络，以及向公众开放的局域网络。本案中，深圳某有限公司未经原告许可，通过其所开发的某机器人中内嵌的软件提供涉案作品的浏览、下载及点读服务，可以使用户在其选定的时间和地点获取涉案作品，深圳某有限公司的行为已落入信息网络传播权控制的范畴。

根据《信息网络传播权保护条例》第二十三条的规定免除提供搜索、链接服务的网络服务提供者的损害赔偿责任的，应同时具备以下两个条件：一是提供搜索、链接服务的网络服务提供者对所链接的作品、表演、录音录像制品是否侵权不明知并且不应知；二是提供搜索、链接服务的网络服务提供者接到权利人的通知书后，根据本条例规定断开与侵权的作品、表演、录音录像制品的链接。被告一作为网络服务提供者，采取"通知－删除"规则对涉案侵权产品进行删除链接等处理，已经承担应有的注意义务，因此可以进行免责处理。

《最高人民法院关于审理涉及计算机网络著作权纠纷案件适用法律若干问

题的解释》对网络著作权侵权案件作出了如下解释：一是规定了网络服务提供者参与、教唆帮助他人实施侵权行为的责任，即"网络服务提供者通过网络参与他人侵犯著作权行为，或者通过网络教唆、帮助他人实施侵犯著作权行为的，人民法院应当根据民法通则第一百三十条的规定，追究其与其他行为人或者直接实施侵权行为人的共同侵权责任"。二是规定了网络服务提供者对网络用户侵权行为承担责任的条件，即"提供内容服务的网络服务提供者，明知网络用户通过网络实施侵犯他人著作权的行为，或者经著作权人提出确有证据的警告，但仍不采取移除侵权内容等措施以消除侵权后果的，人民法院应当根据民法通则第一百三十条的规定，追究其与该网络用户的共同侵权责任"。《北京市高级人民法院关于网络著作权纠纷案件若干问题的指导意见（一）》（试行）中提到，"网络服务提供者是否在合理期限内及时删除侵权的作品、表演、录音录像制品，或者断开与侵权作品、表演、录音录像制品的链接，应根据权利人提交的通知的形式、通知的准确性、通知中涉及的文件数量、删除或者断开链接的难易程度、网络服务的性质等因素综合认定"。

根据现有案例及法律规定，网络服务提供者承担责任的基础在于过错，即主观上有可以归责的事由（故意或过失）。在故意侵权的情况下，网络服务提供者违反的是不得侵害他人合法权益的义务；在过失侵权的情况下，网络服务提供者违反的是对他人合法权益应尽到的注意义务。[1] 我国相关立法文件对"知道"一词并没有准确定义，如 1986 年《中华人民共和国民法通则》（已废止）、1991 年《计算机软件保护条例》（已废止）采用"知道"与"应当知道"并称的办法。2006 年《信息网络传播权保护条例》则分别对信息存储空间的提供者与搜索、链接的提供者采取了"知道"、"应当知道"与"明知"、"应知"的不同说法。[2] 《中华人民共和国侵权责任法》（已废止）第三十六条则以"知道"一词指称网络服务提供者的主观认识状态。《〈中华人民共和国侵权责任法〉解读》中提到，将"知道"解释为"明知"和"应知"两种主观状态，即"要求网络服务提供者在过错而不仅在故意的情形下承担侵权

---

❶ 参见张新宝：《互联网上的侵权问题研究》，中国人民大学出版社 2003 年版，第 25 页。

❷ 参见吴汉东：《论网络服务提供者的著作权侵权责任》，载《中国法学》2011 年第 2 期，第 43 页。

责任"。❶

笔者认为，网络服务提供者对于"知道"的认定，主要根据网络服务提供者视角对相关侵权行为是否处于"明知"和"应知"范围。而"明知"和"应知"范围的界定主要由网络服务提供者自身能力决定，即网络服务提供者是否有注意义务预测到网络内容提供者发生的侵权行为。同时"通知－删除"规则仍需要根据目前网络发展态势进行重新考量，其中也包括一系列的规范或程序：侵权通知应具备的条件、网络服务提供者的免责条件、反通知制度、错误通知的责任承担、网络服务提供者对网络用户违约责任的免除等。❷

二、教材类作品的特殊意义及影响

中华人民共和国教育部指出："教材建设是事关'两个大计'的战略工程、基础工程。青少年是国家的未来和希望，担负着实现中华民族伟大复兴中国梦的历史重任。他们的健康成长成才，离不开教育的引导培育，离不开教材的基础支撑。"❸

教材，一般是指教学材料的总称，根据功能作用的侧重点不同，又包括基本教材和教辅材料。教材很大程度上反映着国家的意志，代表着国家对基础教育的要求。本案涉案作品为义务教育阶段小学课程教科书，具有服务于公共教育活动的特殊性，因此其著作权更应受到保护，以免侵权行为的发生。

三、小结

本案中主要针对某出版社出版的义务教育阶段小学课程教科书著作权侵权问题进行讨论。本案中深圳某有限公司产品在未经某出版社允许的情况下，对涉案书籍的内容进行获取，损害了涉案书籍的信息网络传播权，从而造成侵权。正因为教材具有服务于公共教育活动的特殊性，所以本案例具有重大意义。

同时本案例中也对浙江某电商有限公司这类网络服务提供者是否承担应有

---

❶ 参见王胜明：《〈中华人民共和国侵权责任法〉解读》，中国法制出版社，2010年版，第185页。

❷ 参见吴汉东：《论网络服务提供者的著作权侵权责任》，载《中国法学》2011年第2期，第43页。

❸ 参见田慧生：《中国特色高质量教材体系要坚定和彰显文化自信》，载《光明日报》2021年12月7日。

的监管义务、是否构成共同侵权行为进行讨论。其核心在于对网络服务提供者
"明知"及"应知"范围的界定。因此笔者认为,"明知"和"应知"范围的
界定主要由网络服务提供者自身能力决定,即网络服务提供者是否有注意义务
预测到网络内容提供者发生的侵权行为。本案中,浙江某电商有限公司一定程
度上对涉案产品实施监管义务,在得知涉案产品存在侵权时及时对涉案产品购
买链接进行删除处理,一定程度上履行了"通知-删除"义务。因此,浙江
某电商有限公司不构成共同侵权。

网络平台帮助侵权及侵权责任的认定标准

——湖南某传媒有限公司与北京某网讯科技有限公司、上海某网络科技有限公司侵害作品信息网络传播权纠纷案[①]

崔　璐[*]　侯高悦[**]

典型意义

如果网络服务提供者基于其所提供的服务及其所具备的信息管理能力针对侵权作品的传播积极采取合理措施制止侵权，有效地制止了侵权行为的再次发生，应认定网络服务提供者对侵权作品的传播不承担侵权责任。而对第三方平台的网盘资源分享链接及标题进行全网抓取，并进行了推荐、选择和编辑的行为，客观上汇总了侵权链接，并导致侵权范围扩大的法律后果，构成帮助侵权。本案判决明确了网络服务提供者所提供的服务是否构成帮助侵权的判断原则及标准，有利于制止和打击帮助侵犯著作权的行为及相关网络服务提供者，更好地保护知识产权。

关键词　信息存储服务　帮助侵权　著作权　信息网络传播权

[①]　一审裁判文书字号：北京互联网法院（2019）京0491民初2826号民事判决书（2019年8月28日）；二审裁判文书字号：北京知识产权法院（2020）京73民终1680号民事判决书（2020年12月24日）。

一审合议庭组成人员：审判长卢正新、审判员张连勇、审判员崔璐。

[*]　崔璐，北京互联网法院综合审判三庭法官。

[**]　侯高悦，中国社会科学院大学互联网法治研究中心研究助理。

案情介绍

原告湖南某传媒有限公司（以下简称湖南某公司）独家享有综艺节目《歌手》的信息网络传播权，被告北京某网讯科技有限公司（以下简称北京某公司）为某网盘的运营商，被告上海某网络科技有限公司（以下简称上海某公司）为某搜索引擎网站的运营商。被告上海某公司的搜索引擎网站针对被告北京某公司网盘的分享链接提供搜索服务。在被告网站的搜索框中输入并查找"歌手2019"，可得到"相关被告云盘资源推荐"。原告湖南某公司认为被告上海某公司和北京某公司的行为侵害了其作品的信息网络传播权。

原告湖南某公司诉称：原告依法取得涉案节目的独家信息网络传播权。被告北京某公司产品存在大量侵害原告作品著作权的行为。被告上海某公司经营的搜索引擎网站向用户提供了涉案节目的定向链接服务，引导用户直接链接至被告网盘中的侵权作品。在节目播出前，原告曾向被告北京某公司发送预警函，要求其针对涉案节目及时采取相关技术预防措施，防止侵权行为的发生，但被告北京某公司未采取相关技术措施。被告北京某公司在本案中存在应知及明知涉案节目侵权的情节。原告认为二被告主观上具有过错，客观上扩大了侵权行为的传播范围，给原告造成了损害后果，构成侵权，应当承担停止侵权、赔偿损失等相应的民事责任。

被告北京某公司辩称：被告网盘系提供信息存储空间服务的产品。网盘禁止任何搜索引擎抓取网盘中存储的内容，包括被告自己的搜索引擎。在被告自己的搜索引擎中输入网盘的域名或者中文关键字，只能进入网盘的首页，该首页系注册页，没有任何内容。网盘本身也没有设置站内搜索框，在网盘网站内也不能搜索任何网盘存储的内容。网盘用户个人的使用构成著作权法中的合理使用，涉案作品是通过被告上海某公司网站搜索到的，与被告北京某公司无关，其公司没有过错，不同意针对其公司的诉讼请求。

被告上海某公司辩称：其公司运营的搜索引擎网站仅对第三方网盘站点的公开页面的标题做简单搜索，对第三方网盘页面上的实际内容并不知情，也并不向网站的访问用户提供内容存储、播放、下载等涉及传播或侵权的服务。且整个使用过程全部免费，不收取任何费用。被告上海某公司网站的搜索结果仅为方便用户对网络中已存在的公开信息进行查询参考，不对搜索结果进行任何干预，故上海某公司并未提供涉案作品的定向链接服务，不存在任何形式的主动传播及引导行为。被告网站上公示了对搜索结果的举报渠道，原告没有通过网站公示的途径及时通知被告上海某公司断开搜索结果。被告上海某公司收到起诉状后才得知情况，并且在第一时间断开和删除了涉案作品的搜索结果，不存在任何主观故意传播涉案作品的行为。请求法院依法驳回原告对被告上海某公司的诉讼请求。

裁判内容

北京互联网法院经审理认为，本案的争议焦点有二：第一，被告北京某公司是否构成帮助侵权及是否应承担侵权责任；第二，被告上海某公司是否构成帮助侵权及是否应承担侵权责任。

一、被告北京某公司是否构成帮助侵权及是否应承担侵权责任

（一）被告北京某公司在本案中的法律适用

《信息网络传播权保护条例》和《中华人民共和国侵权责任法》（以下简称《侵权责任法》，已废止）第三十六条均就侵害作品信息网络传播权的行为作出了规定，《侵权责任法》属于上位一般法，《信息网络传播权保护条例》属于特别法。在选择适用时，应优先适用特别法即《信息网络传播权保护条例》，当特别法无法适用时，则应根据被诉侵权行为性质认定是否适用《侵权责任法》第三十六条。

《信息网络传播权保护条例》第二十二条规定了网络服务提供者为服务对象提供信息存储空间，供服务对象通过信息网络向公众提供作品、表演、录音录像制品，无须承担赔偿责任的若干条件。

《侵权责任法》第三十六条规定，网络用户、网络服务提供者利用网络侵害他人民事权益的，应当承担侵权责任。网络用户利用网络服务实施侵权行为的，被侵权人有权通知网络服务提供者采取删除、屏蔽、断开链接等必要措施。网络服务提供者接到通知后未及时采取必要措施的，对损害的扩大部分与

该网络用户承担连带责任。网络服务提供者知道网络用户利用其网络服务侵害他人民事权益，未采取必要措施的，与该网络用户承担连带责任。该条款针对的是一切发生于网络空间的侵权行为。其中第二款、第三款规范的是网络用户利用网络实施侵权行为时，网络服务提供者在何种情况下需要与网络用户承担连带责任。第二款和第三款将《信息网络传播权保护条例》确定的"避风港"原则、"通知－删除"规则等扩展到了涉及网络的民事侵权行为。对于被告北京某公司在本案中的裁判依据，应当在上述条款中进行选择适用，作出责任判定。

（二）被告北京某公司提供网盘服务的行为是否构成侵权以及相应的法律责任

由于被告网盘主要用于个人文件的存储和备份，并不直接向公众提供用户所存储的文件，具有私密性和封闭性的本质特征，因而对用户在个人账户空间存储的文件是否侵犯他人著作权不应负有主动审查的义务。且被告网盘网页公开了网盘服务提供者被告北京某公司的信息，明确不对用户上传的作品进行任何形式的更改。虽然网盘用户可以设置分享链接，但多仅用于与亲友进行分享。与此同时，被告网盘为保护网盘用户隐私，保护包括著作权在内的知识产权，设置了 robots 协议，禁止任何搜索引擎包括本公司自有搜索引擎抓取网盘分享页面的内容。被告网盘采取的上述措施，已经尽到了网络服务提供者的义务。如果相关权利人发现了侵权行为，可以按照公开的网盘服务提供者信息发出通知，则被告北京某公司负有采取及时删除、屏蔽等必要措施的义务。本案中，原告向被告北京某公司发出的预警函中并没有具体侵权的事实和相应的用户账号信息，不构成有效通知。被告公司在接到本案应诉通知后，删除了涉案侵权作品的分享链接，履行了"通知－删除"义务，不应承担赔偿责任。原告主张被告公司的行为已经超出其为个人文件提供存储与备份服务的范围。对此，法院认为，被告网盘的运营模式系其整体运营模式，而未专门针对涉案节目；被告网盘提供的播放功能旨在提高用户使用体验，属于基础技术服务，具备实质性的非侵权用途。因此，综合全案证据，涉案节目系用户上传并分享链接，没有证据证明被告北京某公司有促成他人侵权的言论或行为，公司对用户上传和分享行为不属于明知或应知，其在接到应诉通知后及时采取了必要措施，故该公司不构成帮助侵权，不应承担侵权责任。

二、被告上海某公司是否构成帮助侵权及是否应承担侵权责任

被告上海某公司运营的某搜索引擎网站系针对被告网盘及微盘的资源分享链接提供搜索服务的网站，根据《信息网络传播权保护条例》第二十三条的规定，如果其明知或者应知所链接的作品侵权的，应当承担共同侵权责任。原告提交的可信时间戳及公证书显示，在被告搜索引擎网站首页输入与涉案节目相关的搜索关键词，出现搜索结果列表，点击该列表其中一个搜索结果，不同于一般搜索引擎，并不直接跳转至第三方网页展示搜索内容，而是仍停留在被告网站页面。该页面右侧显示"相关云盘资源推荐"，其下有推荐列表，内容均与搜索关键词相关。这足以证明被告上海某公司针对搜索结果对网盘资源链接进行了推荐、选择和编辑。被告搜索引擎的搜索范围并非直接针对被告网盘的内容，而是针对被告网盘用户在互联网上分享的网盘文件链接进行的搜索。被告网盘为封闭性私人空间，并非用于公共分享。虽然网盘用户可以分享链接，但出于保护知识产权和网络用户隐私的考量，包括被告网盘自有的搜索引擎在内的通用搜索引擎并不对网盘用户放置在第三方站点的分享链接提供信息定位服务。被告上海某公司作为从事相关搜索业务的从业者，对被告北京某公司及其他通用搜索引擎不提供前述信息定位服务的原因应当知晓。其运营的搜索引擎网站，对发布在第三方平台的网盘资源链接及标题进行全网抓取，客观上汇总了侵权链接，并会导致侵权范围进一步扩大的法律后果。如果对被告上海某公司这种搜索链接服务不予以制止，将会使被告网盘成为侵权作品存储和分享的"乐园"，极大地损害著作权人的合法权利。因此，被告上海某公司作为搜索服务提供者，具有过错，违反了《信息网络传播权保护条例》第二十三条之规定，构成帮助侵权，应当承担侵权责任。

《中华人民共和国著作权法》（以下简称《著作权法》）旨在保护作者的著作权以及与著作权有关的权益，鼓励有益于社会主义精神文明、物质文明建设的作品的创作和传播。虽然从表面上看，被告上海某公司提供的搜索服务有利于对被告网盘用户分享的存储文件的传播，但一方面，如果网盘用户需要分享其个人存储的文件，其无须存储到被告网盘，仅需将相关文件直接上传至常见的信息存储空间如微博、BBS或视频网站等综合性门户平台进行发布分享，并

不需要通过被告搜索引擎此类针对被告网盘的搜索引擎进行传播。另一方面，在有前述各类常见平台提供传播分享服务的情况下，一部分网盘用户却选择了以在公共平台公开发布网盘分享链接的方式向公众传播其存储的内容，而其分享的内容在多数情况下有可能涉嫌侵犯他人的合法权利。被告此类搜索引擎对资源分享链接汇总后供公众搜索，将产生对涉嫌侵权作品传播的后果，这不仅不是《著作权法》鼓励的对作品的传播，相反是法律要禁止的行为。因此，对被告搜索引擎网站此种运营模式的制止和打击，不仅不会影响作品的正常传播，反而有利于保护知识产权。

《著作权法》（2010 年修正）第四十九条第一款规定："侵犯著作权或者与著作权有关的权利的，侵权人应当按照权利人的实际损失给予赔偿；实际损失难以计算的，可以按照侵权人的违法所得给予赔偿。赔偿数额还应当包括权利人为制止侵权行为所支付的合理开支。"在权利人实际损失数额无法精确计算的情况下，确定权利人的实际损失数额应当考虑涉案作品的许可使用费、知名度、市场价值及预期的市场收益、广告费收入等因素，还应考虑被告实施侵权行为的主观目的、行为性质、持续时间、损害后果等因素。本案中，由于涉案节目关注度、市场热度及商业价值较高，法院综合考虑涉案节目的独创性程度、知名度、热播程度以及被告上海某公司的过错程度、侵权情节、侵权后果等因素，酌定赔偿数额 30000 元。

原告主张律师费和公证费的合理支出，并提交了公证费票据，但未提交实际支出律师费的票据。考虑本案有律师出庭的情况，故结合费用支出的必要性、合理性、相关性，法院酌情予以支持。

裁判结果

北京互联网法院依据《中华人民共和国著作权法》第四十八条第（一）项、第四十九条，《中华人民共和国侵权责任法》第三十六条，《信息网络传播权保护条例》第二十三条之规定，判决如下：一、被告上海某公司于本判决生效之日起七日内赔偿原告湖南某公司经济损失 30000 元；二、被告上海某公司于本判决生效之日起七日内赔偿原告湖南某公司合理开支 5000 元；三、驳回原告湖南某公司的其他诉讼请求。被告上海某公司如未按本判决所指定的期间履行给付金钱义务，则应依据《中华人民共和国民事诉讼法》第二百五十三条的规定，加倍支付迟延履行期间的债务利息。案件受理费22800元，由原告湖南某公司负担7800元（已交纳），由被告上海某公司负担15000元（于本判决生效之日起七日内交纳）。如不服本判决，可在判决书送达之日起十五日内向本院递交上诉状，并按对方当事人的人数提出副本，上诉于北京知识产权法院。

湖南某公司、上海某公司不服原审判决，提起上诉。二审法院判决湖南某公司及上海某公司的上诉请求不能成立，法院不予支持。二审法院认为，一审判决虽部分事实未予认定，适用法律存有错误，但裁判结果正确，应予维持。依照《中华人民共和国民事诉讼法》第一百七十条第一款第（一）项，《最高人民法院关于适用〈中华人民共和国民事诉讼法〉的解释》第三百三十四条之规定，判决：驳回上诉，维持原判。

法官解读

一、"避风港"原则在本案中的适用

"避风港"原则最早出现在美国1998年制定的《数字千年版权法案》（DMCA法案），即如果网络服务提供者仅提供空间服务，本身并不制作内容，则当网络服务提供者被权利人告知涉及侵权，便有义务及时删除相关侵权内容，否则，网络服务提供者会被视为侵权；如果侵权内容既不在网络服务提供者的服务器上存储，又没有被权利人告知哪些内容应该删除，则网络服务提供者无须承担侵权责任。该原则通常也被称为"通知－删除"规则，其立法初衷在于限制网络服务提供者的责任范围，平衡权利人、网络服务提供者、网络用户之间的权利义务关系，维护网络服务提供者的合理利益。

本案中，被告北京某公司主张其属于网络信息存储空间服务提供者，涉案作品系由该平台特定用户上传，平台本身仅提供基础网络服务，并无过错，并提供相应证据予以证明，得到法院认可。被告北京某公司网盘属于提供信息存储空间服务的网络服务提供者，在网盘空间内存储的作品、表演、录音录像制品等是否经过权利人许可，被告北京某公司不具有对其全面审查的义务。要求

被告北京某公司定位删除有关内容，极有可能会对已获授权或以合法渠道获得作品、表演、录音录像制品并上传至被告网盘空间的用户的合法权利造成损害。按照法律规定，网络服务提供者应基于其所提供的服务的性质、方式、引发侵权可能性的大小以及其所具备的信息管理能力，积极采取合理措施制止侵权。在本案中，被告北京某公司已提供充分证据证明涉案节目系被告网盘的用户上传并分享链接，并没有证据证明被告北京某公司有促成他人侵权的言论或行为，故被告北京某公司对用户上传和分享的侵权行为不属于明知或应知；被告北京某公司在接到本案应诉通知后，及时删除了涉案侵权作品的分享链接，履行了"通知－删除"义务——通过屏蔽的方式禁止用户利用被告网盘创建链接对外分享，属于有效制止本案被诉侵权行为的再次发生，应认定被告北京某公司针对侵权行为采取了合理必要的处置措施，尽到了其应尽的义务。根据上述案件事实，被告北京某公司符合援引"避风港"原则进行免责认定的条件，无须承担侵权责任。

二、搜索引擎类网络平台服务边界及侵权认定

网络信息时代，互联网成为人们获取信息资料的重要来源。为了更加快捷精准地筛选出自己所需要的信息，搜索引擎发展日渐成熟。所谓搜索引擎，就是根据网络用户需求设计一定算法，运用特定策略从互联网检索出指定信息并反馈给用户的一门检索技术，为用户提供快速、高相关性的信息检索服务。面对体量庞大的互联网信息流，提供全网范围内检索抓取服务的搜索引擎显然难以对自己所提供的检索结果是否涉及侵权进行细致全面的辨别。对其课以严苛的筛选义务显然不具有道德上的合理性和技术上的可行性。本案中，被告上海某公司的搜索引擎网站即提供针对全网信息的检索抓取服务，利用计算机爬虫程序从第三方公开站点自动抓取分享链接。

我国《信息网络传播权保护条例》第二十三条规定，网络服务提供者为服务对象提供搜索或者链接服务，在接到权利人的通知书后，根据本条例规定断开与侵权的作品、表演、录音录像制品的链接的，不承担赔偿责任；但是明知或者应知所链接的作品、表演、录音录像作品侵权的，应当承担共同侵权责任。《最高人民法院关于审理侵害信息网络传播权民事纠纷案件适用法律若干问题的规定》第九条规定："人民法院应当根据网络用户侵害信息网络传播权

的具体事实是否明显，综合考虑以下因素，认定网络服务提供者是否构成应知：……（三）网络服务提供者是否主动对作品、表演、录音录像制品进行了选择、编辑、修改、推荐等。"

本案被告上海某公司运营的搜索引擎作为提供搜索服务的网站系针对被告北京某公司网盘及微盘资源分享链接提供搜索服务。在案证据显示，在被告上海某公司运营的网站搜索涉案节目时，其网站页面会显示"相关云盘资源推荐"，下有推荐列表，内容均与搜索关键词相关。由此可见，被告上海某公司除提供搜索服务外，还根据其搜索结果对网盘资源链接进行了推荐、选择和编辑。被告上海某公司的搜索引擎的搜索范围并非直接针对被告北京某公司网盘的内容，而是针对被告北京某公司网盘用户在互联网上分享的网盘文件链接及标题进行全网抓取，客观上汇总了侵权链接，并会导致侵权范围进一步扩大的法律后果。该行为已经超过了提供检索定位和空间服务的范畴。对这种超越边界的搜索链接服务行为不予以制止，将会使网盘空间成为侵权作品存储和分享的聚集地，无疑会极大地损害著作权人的合法权利。作为搜索服务提供者，被告上海某公司显然具有过错，其违反了《信息网络传播权保护条例》的规定，构成帮助侵权。

《著作权法》旨在保护作者的著作权以及与著作权有关的合法权益，鼓励有益于社会主义精神文明、物质文明建设的作品的创作和传播。如果网盘用户以在公共平台公开发布网盘分享链接的方式向公众传播其存储的有可能涉嫌侵犯他人的合法权利的内容，以被告上海某公司为代表的搜索引擎网站对资源分享链接进行汇总后供公众搜索，无疑会产生帮助涉嫌侵权作品进一步传播的后果，这非但不是《著作权法》鼓励的作品传播方式，反而属于法律要禁止的违法行为。因此，对被告上海某公司搜索引擎网站此种运营模式的制止和打击，不仅不会影响作品的正常传播，反而有利于保护知识产权。

第三编

权利的限制

"图解电影"的侵权认定规则

——某网络技术（北京）有限公司与深圳市某科技有限公司侵害作品信息网络传播权案[1]

颜　君[*]　陈之杞[**]

典型意义

　　本案是全国首例"图解电影"侵权案，入选国际保护知识产权协会（AIPPI）中国分会"2019年度版权十大热点案件"。本案明确了通过网络提供将他人类电作品进行截图制作成的图片集的行为，使用了原作品具有独创性表达的部分，落入原作品信息网络传播权的控制范围。合理引用的判断标准应取决于介绍、评论或者说明的合理需要，以替代为目的提供作品并非评论性引用，不构成合理使用。该判决明确了影视市场商业化开发和合理使用的边界，有利于推进影视频产业创新激励和健康发展。

关键词　图解电影　信息网络传播权　合理使用

案情介绍

　　原告某网络技术（北京）有限公司起诉称：电视剧《三生三世十里桃花》

---

[1]　一审裁判文书字号：北京互联网法院（2019）京0491民初663号民事判决书（2019年8月6日）；

　　二审裁判文书字号：北京知识产权法院（2020）京73民终187号民事判决书（2020年5月11日）。

　　一审合议庭组成人员：审判长姜颖、审判员卢正新、审判员颜君。

[*]　颜君，北京互联网法院综合审判三庭副庭长。

[**]　陈之杞，中国社会科学院大学互联网法治研究中心研究助理。

（以下简称涉案剧集）是一部优秀视听作品，原告花费巨额成本取得了涉案剧集的独家信息网络传播权和维权权利。原告发现在授权期内，被告在其开发运营的"图解电影"平台上的剧集栏目中提供涉案剧集的连续图集，基本涵盖了涉案剧集第一节的主要画面和全部情节，构成对原告信息网络传播权的侵害。故原告诉至法院，请求判令被告赔偿原告经济损失及合理费用共计 50 万元，其中经济损失 45 万元，合理费用包含律师费 4 万元和公证费 1 万元。

被告深圳市某科技有限公司辩称：不同意原告的诉讼请求。第一，"图解电影"平台是一个用户自行上传信息的分享平台，是信息存储空间，平台有声明要求上传的内容必须合法合规，尽到了平台注意义务；第二，视频播放通常情况下一秒就有 24 帧画面，"图解电影"并非连续使用图片，不会对视频造成直接的侵权，并且"图解电影"是图片和文字结合的再创作，核心在文字本身，文字是作者根据视频进行诠释的再创作，并非视频所表达的本身，观众仅观看去掉文字连续播放的图片没有意义；第三，"图解电影"的作者看完电影进行文字分享，需要有图片去配合他的文字去做对应的陈述，且如果图片连续播放，300 多张图仅能播放几秒钟，对整个视频来说，属于一种合理引用行为，并且《三生三世十里桃花》总剧集是 58 集，其作者仅将上述剧集的第一集换了一个形式，可以说是一个预告片，起到了宣传的作用。

法院经审理查明，原告享有涉案剧集的信息网络传播权。"图解电影" App 和"图解电影"网站为在线图文电影解说软件，被告为上述软件和网站的运营商，该公司网站首页上标明，"十分钟品味一部好电影"。2018 年 9 月，代理人陈某玉在公证员的见证下，使用见证实录浏览器进入"图解电影"网站（网址为：www.graphmovie.com）首页，点击"剧集"，再点击"最热门""古装""大陆"，下拉到约第十排，出现《三生三世十里桃花作品 01》图标，作者昵称为"青青酱"，观看 6.9 万，喜欢 501，豆瓣评分 6.4 分，介绍文字为"杨幂的仙气和狐狸的灵动，赵又廷整容式……"，点击进入该"图解电影"内容播放页面。经比对，《三生三世十里桃花》"图解电影"图片集（以下简称涉案图片集）共包含图片 382 张，均截取自涉案剧集第一集，图片内容涵盖涉案剧集第一集视频内容的主要画面，下部文字为被控侵权图片集制作者另行添加。通过"图解电影"软件观看图片集可选择 5 秒每张、8 秒每张等速度进行自动播放，也可以自行点击下一张的方式手动播放。

裁判内容

北京互联网法院经审理认为，本案主要的争议焦点包括：一是将他人类电作品进行截图制作图片集的行为是否属于提供该类电作品的行为；二是被控侵权行为是否构成合理使用。

一、将他人类电作品进行截图制作图片集的行为是否属于提供该类电作品的行为

法院认为，《中华人民共和国著作权法》（2010 年修正，以下简称《著作权法》）第十条第一款第（十二）项规定的"以有线或者无线方式向公众提供作品"的行为，不应狭隘地理解为向公众提供的是完整的作品，因为著作权法保护的是独创性的表达，只要使用了作品具有独创性表达的部分，均落入作品信息网络传播权的控制范围。

涉案剧集是连续动态的影视画面，而涉案图片集是静态图片，虽然两者表现形式不同，但判断是否存在提供作品的行为，关键需要考察涉案图片集是否使用了涉案剧集具有独创性的表达。类电作品动态影像画面的表达效果，系通过对视觉滞留原理的应用，将一系列独立的画面组合起来，让观众视觉感受到连续运动的视像。根据现有制作技术，流动画面的类电作品的实质，是静止画面的集合和连续播放，类电作品中一帧帧的画面是该作品的组成部分。

本案中，涉案图片集过滤了涉案剧集的音效内容，截取了涉案剧集中的382 幅画面，其截取的画面并非进入公有领域的创作元素，而为原涉案剧集中具有独创性表达的部分内容，因此，提供涉案图片集的行为构成提供作品的行为。该行为使得公众可以在选定时间和地点获得涉案图片集，落入涉案剧集信息网络传播权的控制范围。

二、被控侵权行为是否构成合理使用

首先，涉案行为不属于适当引用。从使用手段来说，涉案图片集几乎全部为原有剧集已有的表达，或者说，虽改变了表现形式，但具体表达内容并未发生实质性变化，远远超出以评论为目的适当引用必要性的限度。从使用目的来

说，提供涉案图片集的目的并非介绍或评论，而是在当今"快餐文化"的背景下，通过三百多张图片集的连续放映，迎合用户在短时间内获悉剧情、主要画面内容的需求。

其次，涉案行为影响该作品的正常使用。本案中，涉案图片集分散地从整部作品中采集图片，加之文字解说对动态剧情的描述，能够实质呈现整部剧集的具体表达，包括具体情节、主要画面、主要台词等，公众可通过浏览上述图片集快捷地获悉涉案剧集的关键画面、主要情节，提供图片集的行为对涉案剧集起到了实质性替代作用，影响了作品的正常使用。

最后，涉案行为不合理地损害著作权人合法权益。虽被告认为涉案图片集部分提供的行为对原作品具有"宣传效果"，但从市场角度，以宣传为目的与以替代为目的的提供行为存在显著区别。就涉案图片集提供的主要功能来看，其并非向公众提供保留剧情悬念的推介、宣传信息，而涵盖了涉案剧集的主要剧情和关键画面，在一般情况下，难以起到激发观众进一步观影兴趣的作用，不具备符合权利人利益需求的宣传效果，损害了权利人的合法权益。

综上，被告提供涉案图片集的行为已超过适当引用的必要限度，影响涉案剧集的正常使用，损害权利人的合法权益，不属于合理使用。

裁判结果

北京互联网法院依照《中华人民共和国著作权法》第三条、第十条第一款第（十二）项、第十五条、第四十八条第（一）项、第四十九条，《中华人民共和国著作权法实施条例》第二十一条，《信息网络传播权保护条例》第二十二条之规定，判决如下：一、被告深圳市某科技有限公司于本判决生效之日起7日内，向原告某网络技术（北京）有限公司赔偿经济损失3万元；二、驳回原告某网络技术（北京）有限公司的其他诉讼请求。

深圳市某科技有限公司向北京知识产权法院提出上诉。北京知识产权法院判决：驳回上诉，维持原判。

法官解读

近些年，短视频、自媒体等各种新兴传播载体迅猛发展，视听作品合理使用的边界成为作品权利人、二次创作者，以及广大自媒体从业者等关注的焦点。2020年4月30日，《中华人民共和国著作权法修正案（草案）》对合理使用制度进行了修正，引发了社会广泛的讨论。本案是全国首例"图解电影"侵权案，该案判决厘清了影视市场商业化开发和合理使月的边界，为影视产业健康发展提供了明确的规范指引。

本案的焦点在于：第一，视听作品权利人对其中单张画面是否享有权利，以及利用他人视听作品中的画面制作图片集的行为是否属于使用该作品的行为；第二，影评类使用剪辑行为合理使用的认定条件。上述争议焦点虽仅涉及个案判断，但由于互联网存在广泛的类似利用形式，产业界亟待司法对此类行为作出明确指引。因此，此案的裁判将传递对影视衍生品再创作和利用行为的司法态度，将对影视行业和文化传播市场的健康发展，发挥规则树立和行为指引的作用。

一、殊途同归：视听作品各种形式利用行为的定性规则

随着网络技术的迭代更新，"混剪视频""图解电影"等新型影视衍生品利用行为层出不穷。通过对各种利用行为进行类型化梳理发现，主要存在两类情形：一类是对视听作品中的元素进行二次利用，例如、"豆瓣网"模式，在影评文章中添加剧照、截图；"图解电影"模式，将影视截图做成图片集；"谷阿莫"模式，将视频片段进行混剪改编。另一类是将图片作为元素置入视听作品中，例如，"延时摄影"将多张照片组合成为视频。对于上述利用行为是否构成侵权、是否属于合理使用的评判，首要需要确定的是，涉案利用行为是否属于对原作品的使用，是否落入原作品著作权的控制范围。

（一）视听作品的权利基础及侵权救济的路径选取

由于视听作品动态影像画面的表达效果，是通过对视觉滞留原理的应用，由一系列独立画面组合而成。因比，在视听作品权利选取和侵权救济路径上，天然地存在与美术作品、摄影作品相重合的部分。因此，一般情况下，此类案件权利人会考虑两种路径：一种主张对视听作品享有著作权，被告使用视听作品部分元素的行为属于利用视听作品的行为；另一种主张对涉案影视截图、画作享有摄影、美术作品著作权，被告使用行为构成侵权。

（二）著作权"实质性相似"侵权认定标准

流动画面的视听作品，与静止图片的表达效果虽呈现不同的表现形式和表达效果，但判断是否侵权，仍应适用"接触 + 实质性相似"标准，考察涉案图片集是否使用了涉案剧集具有独创性的表达。此处对前文提及的两种救济路径分别论述如下。

1. 视听作品权利人对使用其作品元素行为的救济路径

对于视听作品元素的使用行为，被控侵权人往往抗辩称，该行为由于改变了视听作品原有的表现形式，并非对原视听作品的利用行为。该抗辩意见涉及视听作品著作权的控制范围，亦即，视听作品权利人是否当然包括对其中截图等元素的权利。对此，本案裁判明确了，认定侵权不应狭隘地限定为以不改变作品形式使用完整作品的行为，只要再度利用行为使用了原视听作品具有独创性表达的部分，均落入视听作品著作权控制的范围。该裁判规则将消减视听作品中元素版权归属的纷争，对版权市场权利划分起到积极的指导意义。

2. 美术、摄影作品权利人对将其作品制作成视频行为的救济路径

正如前文所述，视听作品著作权人可能通过主张对其作品元素享有美术作品著作权的方式寻求救济。与此同时，摄影作品权利人亦可能主张对照片组成的视听作品享有著作权。由于上述各种权利主张方式的认定条件不同，需根据权利人的选择和具体案情，作出不同的认定。但不论权利人选取的请求权基础为何、具体的利用形式存在何种差别，但认定侵权的关键均为"实质性相似"原则，即被控侵权内容是否构成原作品中具有独创性表达的部分，而利用方式是否改变形式、是否只进行了部分使用，以及转换性程度的高低，均为关于是否属于合理使用的讨论。

二、利益平衡：合理使用的裁判方法和认定标准

在此类案件审理过程中，认定被控侵权内容存在"实质性相似"、属于原作品著作权控制的范围之后，则需评判被控侵权人关于合理使用的抗辩意见是否成立。在立法层面，《著作权法》（2010 年修正）第二十二条和《中华人民共和国著作权法实施条例》（以下简称《著作权法实施条例》）第二十一条对合理使用的条件进行了规定，但从法律规定到具体纠纷事实的过程中，判断某

一行为是否属于"适当引用"、是否"影响该作品正常使用"、是否"不合理地损害著作权人合法利益",仍存在较大的诠释空间,需要进一步厘清司法实践中的裁判标准。

(一) 司法过程中合理使用条款的裁判方法

司法过程中,法官裁判案件通常用到法律解释、不确定概念价值补充和法律漏洞价值填补等裁判方法,由于合理使用法律适用问题一般不需要进行法律漏洞的填补,故下文就前两种方法的适用分别展开论述。

1. 通过法律解释的裁判方法阐释法律规定具体内涵

关于合理使用条款的适用,通常会用到目的解释、扩张解释等法律解释的方法。学术界有观点认为,我国合理使用制度采取封闭式的立法技术过于僵化,不能促进数字化和网络技术的发展。司法实践中,有案例通过目的解释的方式,对合理使用条款列举的内容进行扩张。例如,有观点认为,合理使用制度的立法本意是平衡保护著作权人合法权益与鼓励、促进作品的创作和传播的关系,现有法律列举的 12 种合理使用情形无法完全解决现实需求,因此,以《著作权法实施条例》第二十一条规定的合理使用要件来衡量某一行为是否属于合理使用,是合乎著作权法立法原意与合理使用制度设计初衷的。

与此同时,面临合理使用范围过窄的问题,也有法院通过扩张解释的方式,扩大介绍和评论的语义范围。实际上,合理使用条款中关于"为介绍、评论某一作品或者说明某一问题"的规定,对网络和新媒体发展中很多使用行为有着很强的诠释力和涵盖度。

就上述两种方法,笔者认为,法官是法律的解释和适用者,不是法律的创造者,应力求在法律框架内,通过对法律的阐释,缓解成文法滞后性与产业发展之间的紧张关系。在能够通过文义解释,以及对现有文义进行扩大或限缩解释的基础上,能结合具体案件解释出符合立法意图的结果,应当优先适用文义解释,慎用超出立法文义射程的目的解释。

《著作权法实施条例》第二十一条明确规定了,其适用的前提是符合《著作权法》(2010 年修正)第二十二条规定的情形,因此,按照立法原意,认定合理使用条件时,上述两条款之间应当是同时具备,而非选择适用的关系。故在此案的处理上,亦采纳了上述法律适用的方法,首先评述涉案利用行为是否符合以介绍、评论为目的使用的范围，然后根据《著作权法实施条例》第二十一条规定的构成要件进行衡量。

2. 结合具体案件事实对不确定概念进行价值补充

司法过程中，在法律规定不具体，其构成要件和适用范围不确定时，往往采用价值补充的方法对法律条款中的不确定概念进行价值填补。此处结合本案的具体情况，对比较法方法、社会学方法和利益衡量等方法进行运用。

第一，通过比较法方法，引入域外相关规定辅助说理。从比较法研究的角度看，合理使用的考量因素包括《保护文学和艺术作品伯尔尼公约》"三步检验法"标准和《美国版权法》"四要素"标准。除非作为涉外案件准据法，域外法律规定一般不能直接作为案件裁判的依据，但可作为一项法理规则辅助说理。存在不确定概念的场合，法院可参考外国法中的主流观点，作为认定构成要件、利益衡量的参考因素。本案在说理时，即借用了"三步检验法"的标准，分别从三方面分析涉案行为是否构成合理使用。

第二，通过社会学方法，对比衡量不同司法决策引致的社会效果。此方法类似于波斯纳关于司法行为决策理论中的实用主义理论，根据司法判决可能产生效果的利弊权衡作出抉择。运用此种方法，一般需要对社会效果作出实证调查，例如，根据案件具体情况，通过研究机构就某一行为是否有利于增进社会总福祉进行调研；或者，对案件涉及的行业情况、市场主体间利益冲突进行了解和分析，进而作出合乎产业发展和利益平衡的判决。

本案中，合议庭即运用了此种裁判方式，在案件审理过程中，走访调查了影视行业，把握长、短视频产业发展动向，了解视听作品权利人的营利模式和经营痛点，以及二次创作市场的利用需求。在此基础上，合议庭认定，涵盖了视听作品主要剧情和关键画面的利用行为，并非富有悬念的宣传推介，难以起到激发观众进一步观影兴趣的作用，不具备符合权利人利益需求的宣传效果，并据此认定此种使用行为损害了权利人的合法利益。

（二）合理使用的具体认定标准

通过对裁判方法的运用，依据法律解释方法对《著作权法》及其实施条例的规定进行阐释，参照比较法的相关规定，并考量相关市场调查情况和产业政策动向，下面分为三个维度对合理使用制度涉及的主要司法观点和具体标准进行总结。

第一，关于使用目的。在现有立法框架下，使用目的应当仅限于《著作权法》（2010 年修正）第二十二条所列举的使用范围。当然，也有在极个别案件中，超出上述规定，仅适用《著作权法实施条例》第二十一条的规定对使用行为进行衡量的情况。不同于美国"四要素"标准，在我国司法实践中，法院虽更倾向于认定商业使用行为不属于合理使用，但认为以公益或营利性为目的的区分并非构成合理使用的关键衡量因素。本案亦首先分析了涉案行为的使用目的，认为其并非评论性引用，而是为了在"快餐文化"背景下迎合用户快速消费的需求。

第二，关于使用手段。就使用手段而言，引用比例是最常用的衡量方式，包括引用部分占原作品的比例和占二度创作作品的比例。具体到本案中，"图解电影"虽绝对引用原作品比例仅占到 0.5%，但该部分内容占据图解图片集的绝大部分内容，因此超过了合理引用的比例。

同时需要指出，合理使用的判断标准并非单纯取决于引用比例，决定性因素为引用作品是否出于介绍、评论之必要。引用部分与二次创作作品的融合度、二次创作作品的转换性程度等往往作为必要性的衡量因素。在某些案件中，还会考虑引用作品时，是否产生了类似"致敬"的使用方式，因此产生了映照式的美感。本案中，由于图片集的利用形式转换性程度不高，亦未体现其再创作时的合理融合，故该使用方式超出了介绍、评论的必要性限度。

第三，关于使用效果。根据《著作权法实施条例》第二十一条的规定，以及"三步检验法"的规则，一般通过是否影响作品正常使用和是否损害权利人利益两方面考量社会效果。

一方面，是否影响作品的正常使用通常取决于是否产生了替代效果。例如，在"我是歌手"案[1]中，法院认为公众难以通过观看该部分视频获悉全部内容，未起到实质性替代的作用。相反地，在本案中，法院认为使用的截图包含了具体情节和关键画面，能够实质呈现整部剧集的具体表达，起到了实质性替代作用。

另一方面，对于是否损害著作权人合法利益的认定，司法实践中存在较大

---

[1] 参见北京知识产权法院（2019）京73民终1768号民事判决书。

差异，曾考量的因素包括：是否起到宣传效果、是否指明作品来源、是否与权利人的经济利益相竞争，以及是否造成原作品的负面评价等。笔者并不赞同对该问题作出较为泛化的扩张适用，但一般来说，是否起到符合权利人期待的宣传效果，可作为考量的因素之一。此种观点亦被多份判决所采纳。有鉴于此，本案也吸收了该观点，并明确指出替代与宣传的关键区别是，对关键画面进行剧透还是留有悬念。

总而言之，著作权法的永恒困境是决定著作权人专有权的止境和公众获取作品自由的起点，如何在保护权利的同时平衡再次创作者、公众使用者之间的利益，司法需要在权利人与公共利益之间找到一个恰当的平衡点。此案为进一步厘清合理使用的具体裁判方法和认定标准作出了有益探索，精准划定了影视市场商业化开发和二次创作的边界，为此类案件裁判作出了规则指引，有利于推进影视产业创新激励和健康发展。

无障碍电影在线播放的合理使用认定规则

——北京某科技有限公司与上海某文化传媒有限公司侵害作品信息网络传播权纠纷一案[❶]

郭　晟[*]　陈之杞[**]

典型意义

本案明确：未对受众加以明确区分、向不特定公众提供无障碍版本电影在线播放服务的行为，影响了对应普通版本电影的正常使用，也损害了著作权人的合法权益，因此不构成合理使用，属侵权行为。本案判决明确了无障碍电影合理使用的构成要件及边界，有助于维护著作权人的权利，同时对国家无障碍环境建设起到积极的推动作用，为进一步保障阅读障碍人士权益奠定了重要基础。本案入选国际保护知识产权协会（AIPPI）中国分会"2021年度版权十大热点案件"。

关键词　无障碍电影　信息网络传播权　合理使用

案情介绍

原告主张其享有涉案影片的独占专有信息网络传播权。原告发现被告未经

---

❶　一审裁判文书字号：北京互联网法院（2020）京0491民初14935号民事判决书（2021年4月26日）；二审裁判文书字号：北京知识产权法院（2021）京73民终2496号民事判决书（2022年9月26日）。

　　一审审判员：郭晟。

＊　郭晟，北京互联网法院综合审判一庭法官。

＊＊　陈之杞，中国社会科学院大学互联网法治研究中心研究助理。

授权，擅自通过其开发运营的 App 向不特定公众提供涉案影片无障碍版的在线播放服务，原告认为被告的行为不符合我国现行著作权法合理使用的规定，亦不适用于《残疾人权利公约》《关于为盲人、视力障碍者或其他印刷品阅读障碍者获得已出版作品提供便利的马拉喀什条约》（以下简称《马拉喀什条约》）精神及内容，其行为侵害了原告对涉案影片享有的独占性信息网络传播权。故请求法院判令被告停止侵权，赔偿经济损失及合理开支。

被告辩称：涉案 App 是被告与某盲文出版社合作的专为残障人士服务的无偿公益网络平台，平台上的影视节目均为该出版社制作出版发行，版权归该出版社所有。根据著作权法的规定，将已经发表的作品改成盲文出版属于合理使用。被告在涉案 App 中无偿向残障人士提供无障碍电影符合上述情形，不构成侵权。我国已正式加入《残疾人权利公约》，作为缔约国有义务确保残疾人获得以无障碍模式提供的电视节目、电影、戏剧和其他文化活动，有义务确保保护知识产权的法律不构成不合理或歧视性障碍，阻碍残疾人获得文化材料。我国应当履行公约义务，限制著作权人的权利。

法院经审理查明，涉案影片于 2016 年 11 月上映，原告经授权获得涉案影片的独占性信息网络传播权。2020 年 1 月，原告通过手机号登录方式进入被告运营的涉案 App，通过查找可找到并正常播放与涉案影片同名的影片，该影片播放过程中展示有"无障碍电影"字样，并同步配有声音朗读，且在影片片头，有对影片的简短介绍，包括影片名称、导演及主演姓名、出品单位名称等，并进行同步配音。影片播放中如有人物对话则屏幕右下角会出现手语翻译同步手语解说画面，如有无对话的画面则会添加配音，对画面中的人物表情动作、场景、情景转换等进行同步描述，并附有声源字幕。

经比对，涉案 App 提供的同名影片播放内容，系仅在涉案影片画面及声效基础上添加相应配音、手语翻译及声源字幕，并在片头、片尾添加署名内容。

裁判内容

北京互联网法院经审理认为，本案的争议焦点包括以下三个问题：一是双方当事人是否属于本案的适格主体；二是被诉侵权行为是否构成侵权；三是被告是否应当承担原告主张的侵权责任。

一、双方当事人是否属于本案的适格主体

《中华人民共和国著作权法》（2010 年修正，以下简称《著作权法》）第十一条规定："著作权属于作者，本法另有规定的除外……如无相反证明，在作品上署名的公民、法人或者其他组织为作者。"第十五条第一款规定："电影作品和以类似摄制电影的方法创作的作品的著作权由制片者享有，但编剧、导演、摄影、作词、作曲等作者享有署名权，并有权按照与制片者签订的合同获得报酬。"本案中，原告提供了涉案影片片尾署名截图、授权链条完整的著作权授权文件等，可以证明原告在授权区域及授权期间内享有涉案影片的独占性信息网络传播权，有权提起本案诉讼。

根据 ICP 备案信息，被告系"无障碍影视"网站的主办单位，负责提供"无障碍影视"App 的运营服务，被告亦认可上述情况。且被告提交的合作协议显示该公司与案外人某盲文出版社共同承担上传资源服务，属于与案外人以分工合作的方式提供影视作品的在线播放服务，应对可能造成的侵权后果承担连带责任，故原告选择单独起诉被告符合法律规定，被告系本案适格被告。

二、被诉侵权行为是否构成侵权

本案中，被告运营的"无障碍影视"App 提供了涉案影片，但本案的特殊之处在于，在原有影片的基础上添加了配音、手语翻译及声源字幕等，即无障碍电影模式。明确被诉侵权行为是否构成侵权，首先需要确认被诉侵权行为是否取得合法授权、是否属于合理使用，以及是否有其他法定依据作为支持。

（一）被诉侵权行为是否取得合法授权

被告抗辩涉案影片无障碍版的著作权由案外人某盲文出版社享有，其具有合法授权。对此法院认为，涉案影片无障碍版系在涉案影片画面及声效基础上添加相应配音、手语翻译及声源字幕形成的，未在原有表达的基础上融入新的表达，并未形成新的作品。虽然涉案影片无障碍版的片尾署名较原版相比增添"制作单位：某盲文出版社、上海某股份有限公司、某无障碍影视发展中心"的内容，但上述署名信息系后期制作单位自行添加，在涉案影片无障碍版相对

于涉案影片未形成新作品的情形下，不能基于上述署名信息认定涉案影片无障碍版的著作权归属于案外人某盲文出版社。且即便是形成了新的演绎作品，亦需获取原著作权人的合法授权，而现并无证据证明案外人某盲文出版社取得了涉案影片著作权人的相应授权。故被告有关涉案影片无障碍版的著作权由案外人某盲文出版社享有，其具有合法授权的抗辩意见，缺乏事实和法律依据，法院不予采纳。

（二）被诉侵权行为是否属于合理使用

我国《著作权法》（2010年修正）第二十二条第一款第（十二）项规定，将已经发表的作品改成盲文出版，可以不经著作权人许可，不向其支付报酬，但应当指明作者姓名、作品名称，并且不得侵犯著作权人依照本法享有的其他权利。《信息网络传播权保护条例》第六条第（六）项规定，不以营利为目的，以盲人能够感知的独特方式通过信息网络向盲人提供已经发表的文字作品，可以不经著作权人许可，不向其支付报酬。《中华人民共和国著作权法实施条例》第二十一条规定，依照著作权法有关规定，使用可以不经著作权人许可的已经发表的作品的，不得影响该作品的正常使用，也不得不合理地损害著作权人的合法利益。上述法律法规明确规定了合理使用的原则性条款及具体情形，以平衡著作权人利益与公共利益。合理使用是对专有权利的限制，也正是由于这种限制的存在，阻却了将特定未经许可使用作品的行为认定为侵权行为。

本案中，判断被诉侵权行为是否构成合理使用，应当考虑以下因素：第一，是否属于将已经发表的作品改成盲文出版；第二，是否属于通过信息网络向盲人提供已经发表的文字作品；第三，是否影响涉案影片的正常使用；第四，是否不合理地损害著作权人合法权益。

法院认为，涉案影片不属于文字作品，被诉侵权行为也不属于将已经发表的作品改成盲文出版，因此被诉侵权行为既不符合著作权法所规定的合理使用情形，亦不符合《信息网络传播权保护条例》规定的通过信息网络进行合理使用的情况；此外，被诉行为影响了涉案影片的正常使用，同时不合理地损害了著作权人的合法利益，故法院认定该行为不属于合理使用。

（三）被诉侵权行为是否有其他法定依据予以支持

本案中，双方当事人均主张对被诉侵权行为的认定应考虑《残疾人权利公约》、《马拉喀什条约》及2020年修订的《著作权法》的相关规定。法院认为，根据在案证据，"无障碍影视" App 初衷确系向残障人士提供无障碍电影的观影服务。然而国际条约的作用是协调各国的知识产权国内法，一国缔结或者加入国际条约，只是承诺对成员国国民的知识产权予以保护，但保护的具体根据不是国际条约，而主要是本国法。只有在本国法的保护水平低于国际条约的要求时，才依据国际条约。

《残疾人权利公约》第三十条第一款规定："缔约国确认残疾人有权在与其他人平等的基础上参与文化生活，并应当采取一切适当措施，确保残疾人：（一）获得以无障碍模式提供的文化材料；（二）获得以无障碍模式提供的电视节目、电影、戏剧和其他文化活动……"第三款规定："缔约国应当采取一切适当步骤，依照国际法的规定，确保保护知识产权的法律不构成不合理或歧视性障碍，阻碍残疾人获得文化材料。"

《马拉喀什条约》第二条第（二）项规定："'无障碍格式版'是指采用替代方式或形式，让受益人能够使用作品，包括让受益人能够与无视力障碍或其他印刷阅读障碍者一样切实可行、舒适地使用作品的作品版本。无障碍格式版为受益人专用，必须尊重原作的完整性，但要适当考虑将作品制成替代性无障碍格式所需的修改和受益人的无障碍需求。"第三条规定："受益人为不论有无任何其他残疾的下列人：（一）盲人；（二）有视觉缺陷、知觉障碍或阅读障碍的人，无法改善到基本达到无此类缺陷或障碍者的视觉功能，因而无法以与无缺陷或无障碍者基本相同的程度阅读印刷作品；（三）在其他方面因身体伤残而不能持书或翻书，或者不能集中目光或移动目光进行正常阅读的人。"

2020年修订的《著作权法》将《著作权法》（2010年修正）中的"将已经发表的作品改成盲文出版"修改为"以阅读障碍者能够感知的无障碍方式向其提供已经发表的作品"，这大大拓展了权利限制的范围。

根据上述规定，可知《残疾人权利公约》关于使用无障碍格式版本作品的规定较为笼统宽泛，2020年修订的《著作权法》及《马拉喀什条约》则较为细化，均将无障碍格式版本作品的受众限定为阅读障碍者。而具体到本案中，被告经营的"无障碍影视"App 在登录使用过程中未见任何有效验证机制，以保障观看其所提供的无障碍影片的受众群体为阅读障碍者，不特定公众通过手机获取验证码的方式均可随意通过该 App 获取内置影视资源。可见，即便是在 2020 年修订的《著作权法》正式施行及《马拉喀什条约》在我国正式生效后，被告经营的"无障碍影视"App 对不特定公众提供涉案影片无障碍版在线播放服务的行为亦不属于合理使用的范畴。

综上，法院认定被告面向不特定公众通过"无障碍影视"App 提供涉案影片无障碍版在线播放服务的行为构成侵权。

三、被告应否承担原告主张的侵权责任

根据《著作权法》（2010 年修正）第四十八条第（一）项的规定，未经著作权人许可，通过信息网络向公众传播其作品的，应当根据情况，承担停止侵害、消除影响、赔礼道歉等民事责任。如前所述，被告的行为侵害了原告对于涉案影片享有的信息网络传播权，原告有关判决停止侵害、赔偿损失的诉请具备事实和法律根据，法院予以支持。

根据《著作权法》（2010 年修正）第四十九条的规定，侵权人应当按照权利人的实际损失予以赔偿；实际损失难以计算的，可以按照侵权人的违法所得给予赔偿。权利人的实际损失或者侵权人的违法所得不能确定的，由人民法院根据侵权行为的情节，判决给予五十万元以下的赔偿。根据《最高人民法院关于审理著作权民事纠纷案件适用法律若干问题的解释》第二十五条第二款的规定，人民法院在确定赔偿数额时，应当考虑作品类型、合理使用费、侵权行为性质、后果等情节综合确定。

本案中，双方当事人均未提交关于权利人实际损失或侵权人违法所得的具体证据，原告关于适用法定赔偿的主张予以准许。法院综合以下因素酌情确定赔偿数额：第一，从作品市场价值方面考虑，涉案影片具有一定的知名度，但公映时间较早，截至侵权时已过热播期；第二，从侵权行为性质考虑，被告提供涉案影片无障碍版的在线播放服务的初衷是方便残障人士，侵权的主观恶意相对较小，且点击量较少。同时，本案原告虽主张律师费、公证费，但并未提供相应票据予以佐证，无法证明其就本案的具体支出，法院不予支持。

裁判结果

北京互联网法院依照《中华人民共和国著作权法》（2010 年修正）第十条第一款第（十二）项，第十一条第一款、第四款，第十五条第一款，第二十二条第一款第（十二）项，第四十八条第一项，第四十九条，《最高人民法院关于审理著作权民事纠纷案件适用法律若干问题的解释》第二十五条之规定，判决如下：一、被告上海某文化传媒有限公司于本判决生效之日起，立即停止通过其运营的"无障碍影视"App 安卓手机端、苹果手机端、安卓平板端提供影片《我不是潘金莲》（又名《我叫李雪莲》）的在线播放服务；二、被告上海某文化传媒有限公司于本判决生效之日起十日内，赔偿原告北京某科技有限公司经济损失 10000 元；三、驳回原告北京某科技有限公司的其他诉讼请求。

上海某文化传媒有限公司不服上述判决，上诉至北京知识产权法院。2022 年 9 月 26 日，北京知识产权法院依照《中华人民共和国民事诉讼法》第一百七十七条第一款第（一）项的规定，作出（2021）京 73 民终 2496 号判决：驳回上诉，维持原判。判决已生效。

法官解读

本案中，核心争议点在于被告对涉案电影"无障碍化"的行为是否构成侵权。广义的无障碍电影，是指通过在原版电影中增加大量配音解说，并配有手语翻译及场景描述字幕，让视听障碍者可以无障碍感知的电影。其通过视听元素之间的翻译和转换，打造文化艺术领域的无障碍环境，让视听障碍者能够与健全人同等享受文化滋养和分享科技进步成果，这是无障碍电影的价值和意义所在。然而，在大力推动无障碍电影行业发展的同时，也要关注和加强对著作权的保护，防止出现以发展无障碍电影行业之名，行侵犯著作权之实的情况。本案即为司法实务中识别这一类型的风险提供了参考。

在现行法律法规体系内，本案对"无障碍化"行为的合理使用边界提出了四条标准：是否属于将已经发表的作品改成盲文出版、是否属于通过信息网络向盲人提供已经发表的文字作品、是否影响涉案影片的正常使用，以及是否不合理地损害著作权人合法权益。

第一，是否属于将已经发表的作品改为盲文出版。《现代汉语词典》将"盲文"定义为作品的文字形式，即供盲人触摸感知的，"由不同排列的凸出的点"表现的文字形式，可见，在现行著作权法规定的合理使用范围内，仅限于以盲文形式提供的文字作品，涉及著作权的例外限制也仅限于复制权、发行权。具体到本案中，涉案影片无障碍版作为电影作品，并非文字作品的范畴，被诉侵权行为亦不属于将已经发表的文字作品改成盲文出版，故不构成《著作权法》（2010年修正）第二十二条第一款第（十二）项所规定的合理使用。

第二，是否属于通过信息网络向盲人提供已经发表的文字作品。《信息网络传播权保护条例》所允许的合理使用行为，系通过网络向盲人传播电子版盲文，供盲人打印后使用的行为。本案中，涉案影片无障碍版并非文字作品，被诉侵权行为亦不属于该种行为，不构成《信息网络传播权保护条例》第六条第（六）项所规定的合理使用。

第三，是否影响涉案影片的正常使用。这一点需要针对具体案例的实际情况进行分析，例如在本案中，根据原告的公证取证材料，通过手机获取验证码的方式即可成功登录"无障碍影视"App，并未提供任何验证机制以保障登录用户为特定的残障人士，不特定社会公众均可登录该App获取内置影视资源。且"无障碍影视"App在本次诉讼过程中经改版后仍不能对登录用户身份进行有效核验。此外，涉案影片无障碍版系在涉案影片画面及声效基础上添加相应配音、手语翻译及声源字幕，能够实质呈现涉案影片的具体表达，公众可通过观看或收听的方式完整地获悉涉案影片的全部内容，故被诉侵权行为对涉案影片起到了实质性替代作用，影响了涉案影片的正常使用。

第四，是否不合理地损害著作权人合法权益。本案中，原告作为视频播控平台运营方，通过对外授权获取著作权收益是其重要的获利渠道。"无障碍影视"App面向不特定的社会公众开放，导致原属于授权播控平台的相关流量被分流，势必会影响原告通过授权涉案影片使用获得的经济利益，造成了对著作权人合法权益的损害。

明确上述标准的意义不在于限制为盲人和阅读障碍人士提供文化生活资料

的行为，而是在于防止各种以"无障碍化"为名侵害知识产权人合法权益的行为。

阅读障碍人士在政治、经济、文化、社会和家庭生活等方面享有同其他公民平等的权利。国家和社会应当依法采取多种措施，为阅读障碍人士平等享受社会文化生活提供便利。作为信息无障碍的重要组成部分，无障碍电影的发展将对国家无障碍环境建设起到积极的推动作用，有助于弥合数字鸿沟，是帮助残障人士融入社会、自立自强的重要渠道。相关团体及公司企业可积极探索在通过技术手段保证使用受众为特定残障人士的前提下，通过信息网络合法合规地提供无障碍电影。

为实现我国《著作权法》与《马拉喀什条约》规范衔接，更好地保障阅读障碍者平等获取文化的权益，《著作权法》第三次修正中明确规定以阅读障碍者能够感知的无障碍方式向其提供已经发表的作品构成合理使用法定方式之一，这为无障碍电影作品的发展提供了有效的法律支撑。但无障碍电影的发展应当是建立在尊重和保护知识产权的基础上，只有依法保障著作权人的合法权利，才能更好地激发创新活力，创作更多的优秀作品，为无障碍电影提供更好的素材来源，不断满足阅读障碍人士的文化需求，进而实现全面加强知识产权保护与残障人士权益保护的双赢。

利用美术形象拍摄短视频
上网传播能否构成合理使用

——上海某文化发展有限公司与某影视文化传播
有限公司知识产权与竞争纠纷案❶

张　博* 曹　爽** 王一婷***

典型意义

　　该案明确了利用美术形象拍摄短视频上网传播能否构成合理使用的裁判规则。判断是否为合理使用，可以在使用场景、使用程度、使用目的上予以考量。使用具有明显的商业目的，不属于合理使用。通过运营的微信公众号等平台吸引用户流量，达到提升自有品牌形象的目的，属于商业属性明显，不构成合理使用。同时，物权的客体主要是有体物，而知识产权是基于无形客体产生的民事权利，其客体是智力成果或者知识产品，是一种无形财产或者精神财富，是创造性的智力劳动所创造的智力成果，享有物权意义上的所有权，并不能想当然地延伸至美术形象作品所拥有的著作权范畴之中。

关键词　美术形象　合理使用　信息网络传播权　著作权

---

　　❶　一审裁判文书字号：北京互联网法院（2020）京0491民初2234号民事判决书（2020年12月30日）；二审裁判文书字号：北京知识产权法院（2021）京73民终1393号民事判决书（2021年8月25日）。

　　一审审判员：张博。

　*　张博，北京互联网法院立案庭副庭长。

　**　曹爽，原北京互联网法院综合审判二庭法官助理。

　***　王一婷，中国社会科学院大学互联网法治研究中心研究助理。

案情介绍

原告（上诉人）上海某文化发展有限公司（以下简称上海某公司）在中国大陆地区范围内对"奥特曼"系列影视作品及其人物形象独占享有复制权、发行权、信息网络传播权等相关著作权。被告（上诉人）某影视文化传播有限公司（以下简称某影视公司）制作、拍摄包含有"奥特曼"系列人物形象的视频和图片，并将其上传至互联网，供公众观看或下载，涉嫌侵权视频多达800多部，每部时长约1至5分钟，总播放量超过7.3亿次，被告自主品牌节目的订阅量超过43.2万次。

原告诉称：涉案作品是日本圆谷制作株式会社制作的系列影视作品，作品及其人物形象有极高的人气和知名度，具有较高的市场经济价值。经授权，原告在中国大陆地区对52部"奥特曼"系列影视作品及其人物形象独占享有复制权、发行权、信息网络传播权等相关著作权。被告未经原告授权许可，擅自制作、拍摄包含有"奥特曼"系列人物形象的视频和图片，并将其上传至互联网，供不特定公众在个人选定的时间和地点观看或下载。被告的行为侵犯了原告对涉案作品及其人物形象所享有的著作权，同时也是一种不正当竞争行为，请求法院判令被告立即停止侵犯涉案作品及其人物形象著作权的侵权行为，并立即停止不正当竞争行为，判令被告赔偿原告经济损失以及合理开支并承担本案诉讼费。

被告辩称：原告主体不适格，依据公开资料和相关判决信息，还存在其他宣称独占涉案作品的权利人，无法证明原告为涉案作品的著作权人。本案只涉及卡通虚拟形象，和影视作品无关，原告应举证得到美术作品的作者授权。涉案作品的玩具使用属于合理使用，未侵犯相关作品著作权。涉案视频不会引起混淆，被告使用自行购买的正版玩具不属于擅自使用的行为，被告不生产销售任何玩具产品，涉案玩具视频和正版的玩具商品之间不存在任何竞争关系，也不会对市场秩序带来损害，不属于不正当竞争行为，被告一直处于亏损状态，并未因涉案视频获得收入。请求法院驳回原告全部诉讼请求。

裁判内容

北京互联网法院经审理认为，本案主要的争议焦点可以归纳为：一是上海某公司是否为本案适格原告；二是某影视公司的行为是否构成合理使用；三是某影视公司是否侵害了上海某公司的复制权、摄制权、信息网络传播权；四是某影视公司的行为是否构成不正当竞争。

一、上海某公司为本案适格原告

上海某公司在本案主张的作品类型是奥特曼系列人物美术作品。圆谷制作株式会社是奥特曼系列形象美术作品的著作权人，上海某公司在授权期限内获得了奥特曼形象系列美术作品即涉案作品的著作权，享有奥特曼形象系列美术作品的著作权，有权以自己的名义提起诉讼。圆谷制作株式会社的授权证明显示，圆谷制作株式会社在全球范围内独占性拥有"奥特曼"系列影视作品及人物形象的著作权，其将该作品在中华人民共和国大陆地区的著作权授予上海某公司，因此上海某公司经授权，在取得奥特曼系列影视作品的著作权的同时也取得了该系列影视作品中所涵盖的人物形象的著作权。

关于某影视公司主张上海某公司非本案适格原告并提交在先民事判决书等证据载明的情况，北京互联网法院认为，上述证据不能构成相反的证据，理由有二：第一，某影视公司提交的在先判决中当事人所争议的事实与本案争议事实不同，涉案作品形象也不具有同一性；第二，奥特曼形象创作历史悠久，该系列形象涵盖电影、电视、漫画、舞台剧等多种艺术表现形式，且经过漫长的历史发展与演变，有诸多主体参与创作亦是这一系列形象传承时间久、影响力大的原因之一，且此种情形亦属于系列作品开发的固有模式，因此判断系列作品权利归属时不能仅仅根据漫画分有不同作者署名来确认一系列作品的权利人。

二、某影视公司的行为不构成合理使用

判定是否构成合理使用，可以根据使用行为的目的和性质、被使用作品的性质、被使用作品的数量和程度、对作品的潜在市场或价值的影响等因素综合

予以考量。

本案中，某影视公司使用奥特曼形象的主要表现形式为，某影视公司以诸如像奥特曼、小猪佩奇等耳熟能详的卡通形象以及某影视公司的自主品牌某形象为角色，通过设置一定的场景编写剧本，插入旁白，使得这些角色之间发生关联，演绎出不同的情景小故事，并拍摄成小视频上传至网络。通过二维码、链接等拓宽了微信公众号、喜马拉雅平台的用户流量，对于提升某形象的知名度、推广其自主品牌有很大的积极、促进作用，该种使用具有一定的商业目的。另外，某影视公司系列视频中带有"奥特曼"系列人物形象的有 437 段，共涉及 33 个奥特曼形象，无论是使用的涉案作品数量还是拍摄视频的数量都较多。不论某影视公司使用的目的还是使用的数量，都不符合合理使用的要件。

此外，虽然某影视公司使用的奥特曼形象玩具系其购买或获赠，但无论以何种方式取得，其所享有的占有、使用、收益、处分等权利属于物权范畴，物权的客体主要是有体物，包括动产和不动产。而知识产权是基于无形客体产生的民事权利，其客体是智力成果或者知识产品，是一种无形财产或者精神财富，是创造性的智力劳动所创造的智力成果。某影视公司对奥特曼形象玩具享有物权意义上的所有权，并不能当然地延伸至奥特曼美术形象作品所拥有的著作权范畴之中。

三、某影视公司侵害了上海某公司的复制权、摄制权、信息网络传播权

某影视公司的涉案行为有二：其一，某影视公司使用包含奥特曼系列人物形象的玩具拍摄视频并上传至网络的行为；其二，某影视公司在涉案微信公众号中发布带有奥特曼形象的图片、动图、短视频的行为。

某影视公司对上海某公司享有著作权的奥特曼系列人物形象，通过编写剧本、加入旁白并加以录制的方式进行使用，其行为已构成以类似摄制电影的方法将作品固定在载体上，该行为侵犯了上海某公司对涉案作品享有的摄制权。同时某影视公司还截取了视频中带有涉案作品的图片发布在其公众号上。上述视频和图像被某影视公司上传至网络后，使得公众可以在其个人选定的时间和地点获得涉案作品，该一系列行为侵害了上海某公司享有的复制权、信息网络传播权。

四、某影视公司的行为不构成不正当竞争

某影视公司的行为系直接使用上海某公司享有著作权的奥特曼系列人物形象为角色进行拍摄，该行为并非属于擅自使用与他人有一定影响的商品名称、包装、装潢等相同或者近似的标识，也未造成消费者误认和混淆。该行为虽然含有对奥特曼形象的使用，但该种使用方式仍在著作权法所规范的范畴内，通过著作权法已然能够对上海某公司的权益予以保护，故某影视公司的行为不构成不正当竞争。

裁判结果

北京互联网法院依照《中华人民共和国著作权法》第十条第一款第（五）项、第（十二）项、第（十三）项、第二十二条第一款第（二）项、第四十八条第（一）项、第四十九条，《中华人民共和国著作权法实施细则》第二十七条的规定，判决如下：一、被告某影视公司于本判决生效之日起立即停止在腾讯视频及涉案微信公众号中使用"奥特曼"系列作品的人物形象；二、被告某影视公司于本判决生效之日起十日内赔偿原告上海某公司经济损失320000元及公证费2500元；三、驳回原告上海某公司的其他诉讼请求。

上海某公司和某影视公司不服原审判决，提起上诉。北京知识产权法院判决：驳回上诉，维持原判。判决已经生效。

法官解读

一、物权的民事权利不能延伸至著作权的范畴

（一）物上并存的所有权与知识产权

在日常消费过程中，一些产品除其所体现的实用价值、观赏价值外，往往还凝结着智力成果，而这种智力成果恰恰是该种产品区别于其他同类产品的显著特征，是构成其实用价值和观赏价值的核心要素。由于在市场中附载知识产

权的有形商品通过市场购买行为而实现了物权转移，在知识产权人能够对知识产品首次流通后的流通行为加以控制的情况下，显然会出现有形商品的所有权与该商品附载的知识产权之间的碰撞与冲突。❶

对于这些凝结着智力成果的物品等而言，它们具有双重属性：首先，它们有长、宽、高，占据一定物理空间，能够为人力所控制和支配，是物权法意义上的"有体物"，是物权的客体，这些物品的购买者对其享有物权法上的所有权；其次，它们又承载着作为智力创造成果的作品，而使用作品的特定行为受到著作权专有权利的控制。这样，对此类物品的使用，就可能同时涉及所有权与著作权。❷ 在正常情况下，同一物体之上，物权人的所有权和知识产权人的权利并不会产生冲突，正常的使用，例如阅读书籍，只要此种行为没有落入著作权的权利范畴，就不会侵犯著作权人的权利，法无禁止即自由，除此以外对物的利用方式都是物权人的自由。

（二）作为禁止权的著作权

知识产权是一种专有的、排他的禁止权，也即禁止他人实施某种行为的权利，而与"自用权"无关。作为专有权利的知识产权的作用并不在于确认权利人有为某种行为的自由，而在于排斥他人为特定行为。❸ 而享有所有权就意味着"权利人可以对其所有物占有、使用、收益、处分"，所有权天然就是排他的，权利人的占有、使用、收益或处分天然就排斥着他人的占有、使用、收益或处分。如果只是确认权利人享有的权利而不去禁止未经许可的权利使用，必然会导致知识产权权利的失控与保护的落空。因此，享有著作权的意义就在于，他人未经许可不得以特定方式使用作品。

（三）物权人行使权利时不得侵害他人利益

在本案中，虽然被告使用的奥特曼形象玩具系其通过购买或受赠取得的经授权的正版产品，但无论是何种方式取得，其所享有的占有、使用、收益、处

---

❶ 参见冯晓青：《知识产权的权利穷竭问题研究》，载《北京科技大学学报》（社会科学版）2007 年第 3 期。

❷ 参见王迁：《知识产权法教程》，中国人民大学出版社 2021 年版，第 176 页。

❸ 参见王迁：《知识产权法教程》，中国人民大学出版社 2021 年版，第 9 页。

分等权利属于物权范畴，物权的客体主要是有体物。而知识产权是基于无形客体产生的民事权利，其客体是智力成果或者知识产品，是一种无形财产或者精神财富，是创造性的智力劳动所创造的智力成果。

被告对奥特曼形象玩具享有的是物权意义上的所有权，享有对所拥有的玩具进行占有、使用、收益和处分的权能，然而，这种对玩具的利用行为和其他所有行为一样，需要限制在法律所允许的范围内，不能违反法律的强制性规定。作为智力成果的固定形式的物体，其上承载着权利人的知识产权，是知识产权的具象化，出于对这种智力成果价值的需要，所有者通过市场交易等渠道获得该物体的所有权，但并不能想当然地认为对所有权的取得可以延伸至物上所体现的知识产权范畴之中，知识产权的归属并不会因为其中一个物质载体的所有权转移而发生变动，知识产权人依旧享有禁止他人未经许可的特定行为。

二、利用美术形象拍摄短视频上网传播不构成合理使用

《中华人民共和国著作权法》（以下简称《著作权法》）中被习惯称为合理使用的条款是一个权利例外列举。从比较法的角度考察，其更接近于大陆法系著作权法中的"权利限制与例外（limitations and exceptions）"，即由立法者创制著作权例外类型，司法机关只能基于法定类型进行法律解释。[1] 2020 年《著作权法》修正后，除了原来的十二种适用合理使用制度的具体情形，又增加了一个弹性的开放式条款，即"法律、行政法规规定的其他情形"。承继了《中华人民共和国著作权法实施条例》第二十一条的规定，在列举加开放式条款外增加了"不得影响该作品的正常使用"和"不得不合理地损害著作权人的合法利益"两个一般判定要件，这契合了《保护文学和艺术作品伯尔尼公约》"三步检验法"中的第二步和第三步，而对著作权例外类型的列举则是"三步检验法"中的第一步。

首先，需要判断利用美术形象拍摄短视频上网传播是否属于我国法定的为个人学习、研究或欣赏等特殊情形。在审判实务中，《著作权法》第二十四条第一款第（二）项所规定的"为介绍、评论某一作品或者说明某一问题，在作品中适当引用他人已经发表的作品"，即"适当引用"原则是被告使用较多

---

[1]　参见熊琦：《著作权合理使用司法认定标准释疑》，载《法学》2018 年第 1 期。

的抗辩意见。同时，对作品的使用还"不得影响该作品的正常使用""不得不合理地损害著作权人的合法权益"。然而，何种程度的引用属于"适当"的范围，影响"正常使用"的标准是什么，"不合理地损害"中"不合理"应该怎样理解，这些都是十分抽象的用语。而"合理使用"的四个要件，统观之下，都是利益平衡的具体标准，很容易导致不同的理解，最后在事实上形成各异的判断标准，带来同案不同判的后果。因此，可以在解释过程中引入判定四要素❶，即从使用行为的目的和性质、被使用作品的性质、被使用作品的数量和程度、对作品的潜在市场或价值的影响等方面综合予以考量。在以往的司法实践中，这一做法也得到了普遍的认可，并有丰富的裁判经验可资借鉴。

（一）使用行为的目的和性质

考虑使用行为的目的和性质时主要考虑这种使用是否具有商业性质或者是否为了非营利性的教育目的❷，合理使用通常具有非商业性，商业性使用在先作品的行为一般不构成合理使用。适当引用需要符合一定的前提，行为人主观上应该是为了介绍、评论某一作品或者说明某一个问题，而不是以商业营利为目的。本案中，被告使用奥特曼等著名卡通形象以及被告的自主品牌小熊形象为角色，在每一段视频结尾都有"小熊玩具"微信公众号的二维码展示，其目的是通过奥特曼形象提升其自有小熊品牌知名度，通过运营的微信公众号等平台吸引用户流量，最终推广其自主品牌，这种商业运作模式比较普遍，不构成合理使用。

（二）被使用作品的性质

在"作品性质"这一要素上并无太多分歧，一般都认为只需要被使用作品是属于著作权保护的对象，具有独创性和表达形式即可，不对被使用作品作较高要求。原因在于该要素更应是合理使用制度存在的基础前提，若被使用作

---

❶ 参见张陈果：《解读"三步检验法"与"合理使用"——〈著作权法（修订送审稿）〉第43条研究》，载《环球法律评论》2016年第5期。

❷ 参见任新昌与李中元著作权侵权纠纷案，陕西省高级人民法院（2008）陕民三终字第16号民事判决书；网易公司诉华多公司侵犯著作权及不正当竞争纠纷案，广东省高级人民法院（2018）粤民终137号民事判决书。

品不是著作权法保障的有独创性的作品,则合理使用无从谈起,也就没有构成著作权侵权的可能性。❶ 此外,在本案中,权利人享有著作权的美术形象具有较高的独创性,本身在市场上具有较大的影响力,被告的目的就是通过使用知名的美术形象来提升自身产品知名度。

(三)被使用作品的数量和程度

合理使用需要考量被引用的内容在被诉侵权作品中所占的比例是否适当。被告拍摄上传的视频中涉及"奥特曼"形象的有 437 段,共涉及 33 个奥特曼形象。在众多小视频中,奥特曼形象作为主角出现,卡通形象是视频的一个重要构成要素,在被告拍摄的系列短视频中对奥特曼形象使用的频率高、时间长,对奥特曼形象的利用程度很高。由此可见,其使用行为早已突破了比例适当原则。

(四)对作品的潜在市场或价值的影响

被告拍摄的小视频,突破了原作品"奥特曼打小怪兽"的经典人物设置,呈现出更多元化的角色特征和风格,且关注量巨大,深受儿童喜爱,对于原作品的价值已经造成了一定的冲击,对原告的合法权益造成实质损害。授权他人使用作品是著作权人对作品加以利用的常规方式。涉案节目未经许可通过将奥特曼作为主角之一拍摄短视频再现、演绎了该美术形象,必然会对原告授权他人以类似方式使用奥特曼美术形象产生影响。❷ 虽然被告拍摄的系列短视频不会起到替代作用,以至于影响奥特曼系列作品的市场,但是奥特曼形象本身可以通过授权取得许可使用费,如果放任未经许可这种随意利用其美术形象拍摄短视频进行商业化使用的行为,会影响奥特曼系列作品的市场认可度和价值,会促使更多主体转向这种无成本的利用方式,给权利人带来经济损失。

因此,商业目的下,未经许可利用美术形象拍摄短视频不能构成著作权法意义上的合理使用。

---

❶ 参见徐荐土:《论短视频著作权的合理使用》,载《电子知识产权》2022 年第 8 期。
❷ 参见陈杰等诉北京实力电传文化发展股份有限公司等侵害文字作品著作权纠纷案,北京互联网法院(2020)京 0491 民初 2880 号民事判决书。

超出引用目的和必要程度的
使用作品行为不构成合理使用

——陈某心、陈某1、陈某2与北京某文化发展股份有限公司、上海某影视文化传播有限公司、黑龙江某广播电视台侵害文字作品著作权案[1]

张 倩[*] **姜 瀚**[**]

典型意义

文化类综艺节目往往与诗歌、书画等文学、艺术作品的使用有密切关联，因而节目制作者在打磨节目内容、追求节目效果的同时，更要注意使用已有作品的方式是否适当。本案对文学类节目常见侵权行为及抗辩理由进行了分析和认定，剖析了修改权的内涵和外延，探究了侵权使用及合理使用的法律边界，以期为行业健康、规范发展提供指引。本案庭审由 CCTV – 12《现场》栏目全媒体直播，超 1700 万网友在线观看，相关话题登上微博热搜榜。

关键词　修改权　著作权侵权　适当引用　合理使用

---

[1]　一审裁判文书字号：北京互联网法院（2020）京 0491 民初 2880 号民事判决书（2020 年 6 月 5 日）。

一审合议庭组成人员：审判长张倩、审判员伊然、人民陪审员孙慧丽。

[*]　张倩，北京互联网法院综合审判一庭法官。

[**]　姜瀚，中国社会科学院大学互联网法治研究中心研究助理。

案情介绍

1989 年 8 月 1 日，第 426 期《皇冠》杂志刊登《律师爸爸陈嗣庆给女儿三毛的一封信——过去·现在·未来》（简称涉案书信），书信落款"父字 一九八九年六月五日"。涉案书信全文 4627 字。陈嗣庆生前居住在我国台湾地区台北市，于 1997 年 6 月 2 日死亡。其与配偶缪进兰育有四子女，缪进兰及二女三毛先于陈嗣庆死亡，其余子女为本案三原告陈某心、陈某 1、陈某 2。三毛系陈嗣庆的二女儿，台湾地区著名作家，无子女。

在《见字如面》第二季第十期节目（简称涉案节目）中，演员李立群朗读了涉案书信的部分内容并配有中文字幕，朗读开始前介绍的书信名称为《你这一次的境界是没有回头路可言了》。经比对，涉案节目使用涉案书信 1190 字，除名称不同外，涉案节目使用涉案书信的内容与涉案书信还存在以下不同：（1）字词、短语的增添、修改或删除，共计 101 处；（2）删除长句、段落 26 处；（3）调换段落顺序 2 处。涉案节目在读信前后，主持人及解读嘉宾对涉案书信进行了介绍和评论。涉案节目主题为"思念"，总时长约 1 小时 15 分钟，朗读涉案书信所占时长约为 7 分 30 秒，评论涉案书信所占时长约为 3 分 30 秒。

涉案节目在某视频 App 及网页端（https：//v. qq. com/）进行了信息网络传播，播出时片尾署名的联合出品人为三被告，并标注"本节目信息网络传播权归深圳市某计算机系统有限公司独家所有"。涉案节目的播放量为 1959 万次。

三原告以三被告侵害涉案书信修改权、复制权、表演权、信息网络传播权为由提起诉讼，要求三被告赔礼道歉、消除影响，赔偿精神损害抚慰金 5 万元，赔偿经济损失 5 万元及相关合理开支。

三被告辩称在涉案节目中使用涉案书信的行为系为介绍、评论该书信及说明相关主题而适当引用书信的部分内容，构成合理使用，涉案行为并未侵害三原告的修改权、复制权、表演权及信息网络传播权。

裁判内容

北京互联网法院经审理认为，本案主要的争议焦点包括：一是三被告是否实施了对涉案书信的修改、复制、表演及信息网络传播行为；二是涉案行为是否构成合理使用。

一、三被告实施了对涉案书信的修改、复制、表演及信息网络传播行为

（一）涉案节目对涉案书信的改动构成对涉案书信的修改

三原告主张，涉案节目改变了涉案书信的标题，并对涉案书信的内容进行删减、改动、调换顺序，侵害了涉案书信的修改权。三被告认可涉案节目对书信内容进行删减、顺序调整及文字改动的事实，但认为前述改动并不构成对涉案书信的修改。理由在于：（1）涉案节目为了契合"思念"主题，对涉案书信内容进行了部分引用，且已完整表达了这部分的情感，效果很好；（2）涉案节目只对涉案书信进行了文字性的修改，未改变涉案书信的表达；（3）书信这一作品形式本无标题，节目中涉案书信的标题亦源于书信内容，因而不构成对涉案书信标题或内容的修改。

对此，法院认为，《中华人民共和国著作权法》（2010年修正，以下简称《著作权法》）第十条第一款第（三）项规定，修改权，即修改或者授权他人修改作品的权利。法律及司法解释并未就何为对作品的修改作进一步规定。法院认为，对作品内容作局部变更以及文字、用语的修正属于对作品的修改，是受修改权的控制行为。

本案中，涉案节目在使用涉案书信时对书信字词、短语的增添、修改或删除，属于对涉案书信的文字性修改、删节；将涉案书信的长句、段落删除以及调换段落顺序，属于对书信内容的变更，因而均落入涉案书信修改权的控制范畴。

此外，书信是一种向特定对象传递信息、交流思想感情的应用文书，一般不设标题，但撰写者亦可根据实际需要为书信拟定标题。在书信拟有标题的情况下，标题与书信正文共同构成书信内容的整体。因此，对书信标题的改动亦

属于对书信内容的修改。涉案节目在使用涉案书信时，将涉案书信中的一句话"你这一次的境界是没有回头路可言了"作为书信的标题使用，对涉案书信的标题进行了改动，属于对涉案书信内容的修改。

对作品修改效果的好坏并不影响修改行为的构成。因此，即使对作品进行修改后取得正向效果，亦不构成侵害修改权的抗辩理由。故三被告关于涉案节目对涉案书信的改动获得了良好的效果因而不侵害修改权的抗辩理由不成立，法院不予支持。

（二）涉案节目对涉案书信的朗读及加配字幕的行为构成对涉案书信的复制及表演

三原告主张，涉案节目邀请演员对涉案书信进行朗读，在朗读过程中配合演员的手势、语气、表情，并加入背景音乐，属于对涉案书信的表演行为。涉案节目配合朗读书信的行为滚动出现与朗读内容一致的字幕的行为，是对涉案书信的复制行为。关于复制行为，被告北京某文化发展股份有限公司及上海某影视文化传播有限公司辩称，涉案节目仅引用了涉案书信的部分内容，并未完整复制书信的内容，未形成涉案书信的完整复制件，因而不是对涉案书信的复制。黑龙江某广播电视台辩称，字幕是涉案节目的组成部分，将包含字幕的视频进行信息网络传播，并未形成涉案书信稳固持久的复制件，不宜认定为复制行为。关于表演行为，被告北京某文化发展股份有限公司辩称，对涉案书信进行朗读的行为不属于对涉案书信的表演行为。上海某影视文化传播有限公司及黑龙江某广播电视台辩称，对作品的表演系完整再现作品内容的行为，涉案节目仅引用了涉案书信的部分内容，因而不构成对涉案书信的表演。

对此，法院认为，《著作权法》（2010 年修正）第十条第一款第（五）项规定，复制权，即以印刷、复印、拓印、录音、录像、翻录、翻拍等方式将作品制作一份或者多份的权利。复制权所控制的复制行为，是指在有形物质载体上再现作品的行为。以数字化的形式将作品固定在新型物质载体上，形成作品的数字化复制件的行为，属于复制行为。复制行为并不要求精确再现作品的全貌，只要在物质载体中保留作品的基本表达，即使对作品进行了一些改动或者未利用作品的全部内容，亦属于复制行为。本案中，涉案节目以字幕的形式固定并再现了涉案书信的部分内容，虽然对书信内容进行了部分改动，但并未形成新的表达，因而仍构成对涉案书信的复制。

《著作权法》（2010年修正）第十条第一款第（九）项规定，表演权，即公开表演作品，以及用各种手段公开播送作品的表演的权利。对作品的表演，可以分为现场表演和机械表演。所谓现场表演，是指演员通过语言、动作、表情、道具、乐器等现场再现作品的过程。朗读文字作品、演奏音乐、演唱歌曲等，都是典型的现场表演行为。本案涉案节目中，演员面对现场观众，配合肢体动作及面部表情，将涉案书信的部分内容饱含感情地朗读出来，属于对涉案书信的表演。

（三）将涉案节目进行信息网络传播构成对涉案书信的信息网络传播

三原告主张，涉案节目中包含涉案书信的表演及字幕，涉案节目在某视频平台进行信息网络传播，使公众可以在其个人选定的时间或地点观看涉案节目，构成对涉案书信信息网络传播权的侵害。三被告认可对涉案节目的网络传播行为，但辩称信息网络传播的对象是涉案节目而非涉案书信，因而不构成对涉案书信的信息网络传播。

对此，法院认为，《著作权法》（2010年修正）第十条第一款第（十二）项规定，信息网络传播权，即以有线或者无线方式向公众提供作品，使公众可以在其个人选定的时间和地点获得作品的权利。该规定将信息网络传播行为指向对作品的提供行为，且要求该行为使用户可以获得作品。本案中，由于涉案节目中包含了涉案书信的表演及字幕，公众在观看网络中存在的涉案节目时可以通过聆听对涉案书信的朗读以及观看涉案书信的字幕的方式，知晓涉案书信的内容。因此，即使信息网络传播的直接对象是涉案节目，但该行为却实际达到了向公众提供涉案书信的效果，使公众获得了了解书信内容的可能性。故将涉案节目进行信息网络传播的行为，同时也构成对涉案书信的信息网络传播，受涉案书信信息网络传播权的控制。

二、涉案行为不构成合理使用

三被告辩称，涉案节目使用涉案书信的行为属于适当引用，构成对涉案书信的合理使用。理由在于：第一，涉案节目仅引用了涉案书信中的一千余字，占涉案书信及涉案节目的篇幅均较小，属于适当引用；第二，涉案节目使用涉案书信是为了介绍、评论该书信的内容以及突出父女感情及"思念"的主题；第三，涉案节目获得了较好评价，没有影响涉案书信的正常使用，也没有损害著作权人的合法利益。三原告认为，涉案节目对涉案书信的使用不构成适当引用，理由在于：第一，涉案节目使用涉案书信时并未指明作品名称，且对涉案书信进行了修改，侵害了涉案书信的修改权；第二，涉案节目是读信节目而不是书信评论节目，读信是主要部分，点评是次要部分；第三，涉案节目传播是明显的营利行为。

对此，法院认为，《著作权法》（2010 年修正）第二十二条第一款规定了12 种合理使用的特定情形。同时，《中华人民共和国著作权法实施条例》第二十一条规定，依照著作权法有关规定，使用可以不经著作权人许可的已经发表的作品的，不得影响该作品的正常使用，也不得不合理地损害著作权人的合法利益。根据前述规定，判断本案涉案行为是否属于对涉案书信的合理使用，应当考虑以下因素：第一，涉案节目对涉案书信的使用是否为"适当引用"；第二，涉案节目对涉案书信的使用是否与涉案书信的正常利用冲突；第三，涉案节目对涉案书信的使用是否不合理地损害涉案书信著作权人的合法权益。综合来看，涉案节目使用涉案书信的行为不属于合理使用。

综上，涉案节目使用涉案书信并进行信息网络传播的行为侵害了涉案书信的修改权、复制权、表演权及信息网络传播权。三原告的相关主张成立，法院予以支持。

裁判结果

北京互联网法院依照《中华人民共和国著作权法》第十条第一款第（三）项、第（五）项、第（九）项、第（十二）项，第四十八条第（一）项，第四十九条之规定，判决如下：一、被告北京某文化发展股份有限公司、上海某影视文化传播有限公司、黑龙江某广播电视台于本判决生效之日起十日内在《中国新闻出版广电报》显著位置刊登声明，就侵害涉案书信修改权之行为消除影响，声明内容须经法院审核；如逾期不履行，法院将在《中国新闻出版广电报》刊登本判决主要内容，刊登费用由北京某文化发展股份有限公司、上海某影视文化传播有限公司、黑龙江某广播电视台负担；二、被告北京某文化发展股份有限公司、上海某影视文化传播有限公司、黑龙江某广播电视台于本判决生效之日起十日内连带赔偿原告陈某心、陈某1、陈某2经济损失人民币5万元；三、被告北京某文化发展股份有限公司、上海某影视文化传播有限公司、黑龙江某广播电视台于本判决生效之日起十日内连带赔偿原告陈某心、陈某1、陈某2合理开支人民币12636元；四、驳回原告陈某心、陈某1、陈某2的其他诉讼请求。现一审判决已经生效。

法官解读

在本案中，关键以及核心的争议在于三被告的相关行为是否属于著作权法意义上的修改，以及如果视为修改的话，这种修改是否属于合理使用。

对于第一个问题，法院没有宽泛地对"修改"概念进行整体细化和阐发，而是结合本案具体情况，将争议焦点精确到了"对作品内容的局部变更以及文字、用语的修正"是否受著作权控制以及将其纳入修改权的控制范围是否具有合理性这两个要点上。

关于对作品内容的局部变更以及文字、用语的修正是否属于受作者著作权控制的行为这一点，《著作权法》（2010年修正）第三十四条规定，图书出版者经作者许可，可以对作品修改、删节。报社、期刊社可以对作品作文字性修改、删节。对内容的修改，应当经作者许可。首先，根据该条规定，报社、期刊社有对作品作文字性修改、删节的权利。此处的"作品"应当特指著作权人向报社、期刊社的投稿，对于投稿之外的其他作品，报社、期刊社则无权进行删改。其次，法律专门规定在著作权人向报社、期刊社投稿时报社、期刊社有对投稿作文字性修改、删节的权利，正说明除此之外的其他任何情形下，包括图书出版者对投稿的修改、删节，报社、期刊社对投稿内容的修改，都应当经作者许可。因此，对作品内容的任何修改以及文字性修改、删节等改动，均应当属于受作者著作权控制的行为，作者有权禁止他人未经许可实施前述行为。

在关于将对作品内容的局部变更以及文字、用语的修正纳入修改权的控制范围是否具有合理性的讨论中，法院指出，我国著作权法规定的与作品改动相关的著作权权项包括修改权、保护作品完整权及改编权。《著作权法》（2010

年修正）第十条第一款第（四）项规定，保护作品完整权，即保护作品不受歪曲、篡改的权利；第十条第一款第（十四）项规定，改编权，即改变作品，创作出具有独创性的新作品的权利。基于前述规定，保护作品完整权以及改编权并不能控制所有对作品的改动行为。改动作品，但尚未达到歪曲、篡改的程度，亦未产生具有独创性的新作品的，不受前述保护作品完整权及改编权的控制。对作品的文字性修改、删节，或对作品内容作局部变更，一般不会形成新作品，亦未必会达到歪曲、篡改的程度。因此，从体系解释的角度看，将对作品内容的局部变更以及文字、用语的修正纳入修改权的控制范围，能够为著作权人提供较完整的保护，具有合理性。

在明确三被告相关行为在著作权法上的性质后，法院对前述第二个问题，即播送中的修改行为是否构成合理使用进行了讨论和分析。在这部分分析中，法院厘定了"适当引用"的概念边界，并分别从"是否为适当引用""是否影响涉案书信的正常使用""是否不合理地损害涉案书信著作权人的合法权益"三个角度具体分析了涉案节目对涉案书信的使用。

第一，是否为适当引用。首先，从使用目的看，适当引用要求以"介绍、评论某一作品或者说明某一问题"为目的。本案中，涉案节目分为书信朗读和书信点评两个环节。在朗读环节邀请专业演员对书信内容进行声情并茂的朗读，具有较强的吸引力和感染力。观众对涉案节目的关注和讨论重点也都集中于书信朗读环节。因此，无论从节目预先设置还是实际效果看，书信朗读环节都是涉案节目的核心环节，而书信点评环节则相对处于次要位置。因而可以认定，涉案节目使用涉案书信的目的并非对涉案书信进行介绍、评论或者说明其他问题，而是通过朗读书信的方式展现书信的内容，以达到较好的节目效果并最终吸引观众。其次，从引用程度看，适当引用要求引用应当具有适当性。引用原作品的数量或内容并非判断引用是否适当的决定因素，但一般来讲，原作品被使用得越多，使用的越是原作品的精髓部分，越难被认定为适当引用。本案中，从引用的数量看，涉案书信四千余字，涉案节目使用一千余字，无论从绝对数量还是相对占比，涉案节目使用涉案书信的程度均较高。从引用的内容看，涉案节目展示的涉案书信内容，包括父亲发现三毛留书出走，回忆三年同住期间三毛的变化和表现，讲述三毛从大陆带回老家的土和水，父亲和三毛谈出走、谈"好了"、谈人性、谈人生至苦至乐等内容，基本涵盖涉案书信的大部分实质内容。综合引用数量和内容两方面因素，涉案节目使用涉案书信已达到基本再现涉案书信内容的程度，且该种使用并非出于介绍、评论或说明的目的，因而不属于适当引用。

第二，是否影响涉案书信的正常使用。授权他人使用作品是著作权人对作品加以利用的常规方式。涉案节目未经许可通过朗读的方式再现了涉案书信的实质内容，必然会对三原告授权他人以类似方式使用涉案书信产生影响。

第三，是否不合理地损害著作权人合法权益。此处的合法权益不仅局限于经济利益，还应当包括人格利益等非经济利益。本案中，涉案节目在使用涉案书信的同时还对涉案书信进行了修改，不仅会影响三原告获得经济利益，还侵害了涉案书信的修改权这一包含作者人格利益的权利，造成了对著作权人合法权益的损害。

著作权合理使用制度中的"适当引用"

——周某某与某网络有限公司信息网络传播权纠纷案❶

张　倩* 　孙　萌**

典型意义

法院在认定《延时北京》的作品类型时，采用了类似"公众感知标准"的识别方式，公众看到的和可感知到的涉案作品是具有美感的连续动态画面，而非静止的摄影照片，因此《延时北京》仅构成视听作品❷而非摄影作品。另外，本案对于著作权合理使用制度中的"适当引用"、公益性质对合理使用的影响以及确认被告侵权的情况下但未判决赔偿等方面都颇具研究价值。本案被评为"2021年中国十大最具研究价值知识产权裁判案例"。

关键词　延时摄影　视听作品　合理使用　适当引用

案情介绍

原告周某某系延时摄影人，《延时北京》（以下简称涉案作品）是由5392

---

❶　一审裁判文书字号：北京互联网法院（2019）京0491民初28675号民事判决书（2020年7月24日）；二审裁判文书字号：北京知识产权法院（2021）京73民终595号民事判决书（2021年8月9日）。

　一审合议庭组成人员：审判长张倩、陪审员张淑敏、陪审员安东。

＊　张倩，北京互联网法院综合审判二庭法官。

＊＊　孙萌，中国社会科学院大学互联网法治研究中心研究助理。

❷　本案发生于2020年《中华人民共和国著作权法》修正前，故在判决书中使用"类电作品"而非"视听作品"。

张单幅摄影作品、71 个不同的场景组成的。《延时北京》摄影作品体现了周某某对拍摄角度、距离、快门、光圈和曝光等拍摄因素进行的富有个性化的选择；《延时北京》类似摄制电影的方法创作的作品（以下简称类电作品）是通过间隔固定时间拍摄千张照片，赋予静止的照片以动态效果，同时又保留摄影作品的高画质，通过控制拍摄间隔时间高速化日常生活中的各种运动、变化，通过自然风光与城市建筑的结合，体现了美丽风景。整部类电作品由周某某独立构思，其将单个静止的摄影作品串联起来，后期用软件编辑完成。

原告诉称：其于 2014 年 7 月 11 日将该类电作品创作完成后，首次公开发表在优酷官网，时间为 2014 年 7 月 22 日，生成视频链接后，于同日在实名认证的新浪微博文章中引用了该视频播放链接。2018 年 9 月，原告在被告经营的名称为央视网的网站发现被告在其制作的《梦在中国》系列节目中使用了原告作品《延时北京》的内容。《梦在中国》系列节目作品共七集，在本案中，原告只主张被告在《梦在中国》第 4 集中侵犯原告摄影作品 5 张，类电作品 5 个场景计 5 秒。被告于 2019 年 3 月 12 日收到原告律师函后，未按律师函要求在五个工作日内删除侵权视频，被告在已知悉被控侵权作品前提下，仍在网站播放被控侵权作品，其侵权行为主观恶意明显，给原告造成了精神及经济上的损失，应当适用惩罚性的赔偿制度予以规制。故诉请法院判令被告：（1）立即停止侵犯原告摄影作品、类电作品著作权的行为，包括删除官方网站内（http：//tv. cntv. com）与系争作品重复或画面主体内容包含系争作品的侵权链接（因被告已停止侵权，原告当庭撤回该项诉讼请求）；（2）连续三天在《北京晚报》非中缝位置及被告官方网站首页刊登致歉声明；（3）赔偿原告经济损失 102000 元，合理支出 3000 元。

被告某网络有限公司辩称：《延时北京》作品的类别为"类电作品"，而不属于"摄影作品"，更不可能既是"类电作品"又是"摄影作品"。《梦在中国》节目中使用《延时北京》作品部分内容，属于适当引用，构成合理使用，并未侵犯原告的著作权。原告主张被告赔偿其损失 102000 元及合理支出 3000 元的诉讼请求无事实和法律依据，不应当得到支持。本案中原告未举证证明被告的行为给原告造成了实际的经济损失，同时被告也未因此获益，故原告主张的赔偿损失没有任何事实及法律依据。

裁判内容

北京互联网法院经审理认为，本案主要的争议焦点包括：一是本案争议延时摄影作品为何种类型作品及权属问题；二是涉案电视节目中使用涉案延时摄影作品是否属于适当引用，是否构成合理使用；三是被告在其运营的网站播放涉案电视节目是否对原告的著作权构成侵犯及侵犯了原告的何种著作权；四是如果侵权行为成立，被告承担责任问题。

一、本案争议延时摄影作品为何种类型作品及权属问题

本案中，周某某以北京城市地标性建筑为背景拍摄照片，之后利用照片素材通过电脑软件制作成涉案作品，在保留摄影作品高画质的同时，赋予静止的照片以动态效果，形成具有美感的连续画面，并且制作者在素材选取、主题内容的表达上具有独创性，属于受著作权法保护的作品。著作权法对作品进行保护系基于其表现形式而非创作方式，鉴于周某某作品的表现方式，一审法院认定，涉案作品属于《中华人民共和国著作权法》（2010 年修正，以下简称《著作权法》）第三条第（六）项规定的"以类似摄制电影的方法创作的作品"❶。

当事人提供的涉及著作权的底稿、原件、合法出版物、著作权登记证书、认证机构出具的证明、取得权利的合同等，可以作为证据。在作品或者制品上署名的自然人、法人或者其他组织视为作者，但有相反证明的除外。本案中，周某某提交作为涉案类电作品素材的照片、作品登记证书、优酷账号登录过程、微博账号登录过程等证据，在某网络有限公司未提交相反证据的情况下，可以证明周某某系涉案类电作品的作者，对涉案类电作品享有著作权。

二、涉案电视节目中使用涉案延时摄影作品是否属于适当引用，是否构成合理使用

被告辩称《梦在中国》节目引用《延时北京》部分内容，属于"为介绍、

---

❶ 《中华人民共和国著作权法》（2020 年修正）第三条第（六）项的规定为"视听作品"。

评论某一作品或说明某一问题，在向公众提供作品中适当引用已经发表的作品"的情形，构成合理使用。涉案电视节目属于公益性质的节目，且引用作品片段并不构成整个节目视频的主要部分和主要内容，并不影响《延时北京》的正常使用，也没有损害著作权人的合法权益。

在认定使用他人作品的行为是否属于"为介绍、评论某一作品或者说明某一问题，在作品中适当引用他人已经发表的作品"时，应当从使用作品的行为是否影响了该作品的正常使用，是否不合理地损害了著作权人的合法利益的角度进行考虑。本案中，某网络有限公司明确主张涉案视频中使用约5秒延时作品属于为了展现和介绍中国发展变化和中国开放包容精神主题而适当引用他人已经发表的作品。某网络有限公司认为涉案电视节目是以外国人为主体的人物纪实专题节目，主要内容为表现当代中国的发展变化以及中国人开放包容的精神等内容，具有公益性质，使用涉案延时摄影作品的方式应该属于合理使用。

但是，从合理使用的法律规定来看，公益性质不是决定是否为合理使用的根本要素。《著作权法》规定合理使用行为中的"为介绍、评论某一作品或者说明某一问题"，这种使用作品的目的既可以是公益性质的，也可以是商业性质的，能够构成合理使用的情形是其使用方式应为适当引用他人已经发表的作品。这是《著作权法》在设计合理使用制度时平衡社会公众利益和著作权人利益的结果。从查明的事实可知，就涉案电视节目播放画面而言，涉及延时摄影作品在播放时占满整个屏幕，是画面的主要内容；就涉案延时作品播放时间及形式而言，每一个涉案延时摄影场景画面均有停留，且再现了《延时北京》延时摄影的动态画面。综上，法院认为，本案所涉电视节目中使用周某某享有著作权的延时摄影作品，不符合《著作权法》对著作权权利限制的条件，不构成合理使用。

三、被告在其运营的网站播放涉案电视节目是否对原告的著作权构成侵犯及侵犯了原告的何种著作权

原告主张被告侵犯其类电作品的署名权、修改权、保护作品完整权、复制权、发行权、信息网络传播权、摄制权、放映权、改编权和汇编权。

从本案查明的事实及当事人陈述可知，涉案电视节目系某网络有限公司自

行上传至其运营的网站中，供用户在其个人选定的时间和地点获得作品。原告陈述未曾将本案所涉延时摄影作品授权给他人，被告亦陈述据其了解中央电视台并未就本案所涉延时摄影作品获得授权，且不能提供相应的授权材料。故而，法院认定某网络有限公司通过对涉案电视节目的信息网络传播行为实现了对涉案类电作品的信息网络传播行为，侵犯了周某某对涉案类电作品享有的信息网络传播权。

另外，被告某网络有限公司并非本案所涉电视节目的制作者，某网络有限公司以上传涉案电视节目至互联网的方式实施了对涉案类电作品的信息网络传播行为，某网络有限公司是通过传播涉案电视节目的方式实现对涉案类电作品的信息网络传播，其本身并未就涉案类电作品进行直接使用。从实现署名权方式的角度讲，法律保障作者在作品上署名的权利，实现作者与作品之间的关系对应，署名的义务应该在直接使用作品的主体一方。从法律规制的是行为的角度讲，本案中，某网络有限公司实施的是信息网络传播行为，其并未直接实施割裂作者与作品之间关联的行为，亦未实施对周某某享有著作权的作品的修改、保护作品完整、复制、发行、放映、摄制、改编、汇编等行为；某网络有限公司传播的是由他人制作并在电视台已经播出的电视节目，原告并未有证据证明被告就涉案电视节目内容进行重新剪辑编排，或为了突出使用涉案类电作品而对涉案电视节目内容进行修剪、重新制作、歪曲篡改。综上，原告主张被告侵犯其享有著作权作品的署名权、改编权、修改权、保护作品完整权、复制权、发行权、放映权、摄制权、汇编权，没有事实和法律依据，法院不予支持。有另一种观点认为，某网络有限公司未经周某某许可，将包含其作品内容的涉案电视节目通过信息网络向公众传播，该行为侵害了周某某依法享有的涉案延时摄影作品的著作权。针对周某某主张的著作权权项，某网络有限公司的涉案行为，侵害了周某某对涉案作品的署名权、复制权和信息网络传播权。

四、如果侵权行为成立，被告承担责任问题

关于原告要求被告赔偿经济损失，本案中，被告以上传涉案电视节目至互联网的方式实施了对涉案延时摄影作品的信息网络传播行为，但并不能仅仅根据结果要求行为人承担赔偿责任。从法律规制的是行为的角度讲，被告经过合法授权，获得了涉案电视节目的信息网络传播权，其实施的是对涉案电视节目的信息网络传播行为，并非直接使用作品的主体一方。被告是通过传播涉案电视节目的方式实现对涉案延时摄影作品的信息网络传播，其本身并未就涉案延时摄影作品进行直接使用。《梦在中国》第 4 集《爱的力量》时长为 44 分 59 秒，仅在片尾处使用共计 5 秒钟的涉案延时摄影作品，涉案延时摄影作品并未构成涉案电视节目中的主要内容，仅作为节目片尾背景。被告并未就涉案电视节目内容重新进行剪辑编排，亦未为了突出使用涉案延时摄影作品而对涉案电视节目的内容进行修剪、重新制作或歪曲篡改。因此，被告涉案行为是通过合法授权，对既有的由他人制作并已在电视台播出的电视节目的传播行为，其未对涉案延时摄影作品进行单独使用，其主观上并不知道或有理由知道涉案电视节目中使用的延时摄影作品存在侵权的可能性，亦不存在对其传播的电视节目的每一帧画面是否有合法授权进行审核及举证的必要性和可能性。此外，从著作权法的立法目的来看，法律保护作品的著作权是为了鼓励对作品的创作和传播，因此，在保护著作权时应兼顾鼓励创作和鼓励传播两种利益，但当作品被制作成其他作品极一小部分并形成新的作品后，对新作品的后续传播者，在不知道或没有合理的理由知道其传播的作品存在侵害原著作权人著作权的情况下，不应当让其基于自身单纯的传播行为而承担因他人侵害著作权的行为所导致的法律责任。否则，将使得后续的传播行为动辄得咎，限制了作品的传播。❶ 因此，本案中，被告对涉案电视节目的信息网络传播行为虽然侵犯周某某对涉案延时摄影作品的信息网络传播权，但综合考虑涉案类电作品的性质和涉案侵权行为的情节、被告并无过错等因素酌情确定，被告无须承担向原告赔偿经济损失的责任。

关于原告要求被告赔偿合理支出，如前文所述，被告侵犯了原告的信息网络传播权，虽原告未提交为制止侵权所支出的费用的相关票据等证据，但考虑到本案中原告确委托律师作为委托诉讼代理人参与诉讼及提交了时间戳认证证据等因素，法院酌定合理支出费用为 2000 元。

---

❶ 参见范臻：《确认侵权却不赔，理由是?》，https://mp.weixin.qq.com/s/8wOzsayhwqnlEsAqxoR5sg，访问时间：2023 年 3 月 17 日。

裁判结果

北京互联网法院依据《中华人民共和国著作权法》第三条、第十条、第二十二条第（二）项❶、第四十八条第（一）项❷，《最高人民法院关于审理著作权民事纠纷案件适用法律若干问题的解释》第七条，《中华人民共和国民事诉讼法》第六十四条❸，《最高人民法院关于适用〈中华人民共和国民事诉讼法〉的解释》第七十三条之规定，判决如下：一、被告某网络有限公司于一审判决生效之日起十日内赔偿原告周某某合理费用 2000 元；二、驳回原告周某某的其他诉讼请求。如果未按一审判决指定的期间履行给付金钱义务，应当依照《中华人民共和国民事诉讼法》第二百五十三条的规定，加倍支付迟延履行期间的债务利息。

宣判后，周某某不服原审判决，提起上诉。北京知识产权法院于 2018 年 8 月 9 日作出（2021）京 73 民终 595 号民事判决：驳回上诉，维持原判。判决已经生效。

法官解读

一、延时摄影及其著作权争议

随着现代摄影设备的不断更新，新摄影技术也随之进入大众的视野，作为其中一种典型的摄影技术，延时摄影被广泛地应用于多领域的摄影工作当中，并且为影视创作者以及摄影爱好者所喜爱。也正因如此，延时摄影逐渐得到大众的青睐，在司法实践中也产生了不少法律纠纷，现对之简单予以梳理。

（一）延时摄影与著作权保护

延时摄影是一种将时间压缩的拍摄技术，其拍摄的是一组照片或视频，后

---

❶ 现变更为《中华人民共和国著作权法》（2020 年修正）第二十四条第（二）项。
❷ 现变更为《中华人民共和国著作权法》（2020 年修正）第五十三条第（一）项。
❸ 现变更为《中华人民共和国民事诉讼法》（2021 年修正）第六十七条。

期通过照片串联或是视频抽帧，把几分钟、几小时甚至是几天、几年的过程压缩在一个较短的时间内，以视频的方式播放。延时摄影通常应用在拍摄城市风光、自然风景、天文现象、城市生活、建筑制造、生物演变等题材上。

著作权法保护的作品是具有独创性且能够被客观感知的外在表达，作品的创作手法和创作方式不是著作权法保护的客体。即延时摄影作为一种创作方式并不受著作权法的保护，但由此产生的效果、形成的具有连续美感的动态画面若符合作品的构成要件，则能够得到著作权法保护，易言之，只有延时摄影作品是著作权法保护的对象。但，延时摄影作品是哪一种作品类型，还有待进一步分析。

（二）延时摄影视频与著作权保护

《中华人民共和国著作权法实施条例》（以下简称《著作权法实施条例》）第四条第一款对电影作品与类电作品的概念进行了界定，其中，对"摄制在一定介质上"的理解，可以结合《保护文学和艺术作品伯尔尼公约》（以下简称《伯尔尼公约》）第二条第一款对于类电作品的描述，其本质在于表现形式而非创作方法。❶

在本案中，原告主张的涉案作品，是其以北京地标性建筑为背景，拍摄照片 5000 余幅，之后利用照片素材通过电脑软件修图制作、编辑加工，将静态的摄影照片制作成的连续画面，该画面通过拍摄制作的方法固定在有形物质载体上，可以借助电脑装置播放，符合上述"摄制在一定介质"的定义。并且，原告在视频素材的选取、主题内容的表达、连续画面的编排取舍上具有独创性，虽然其最初的形态是一幅幅静态的图片，但经过作者的后期制作，形成了动态的视频画面，应当属于《著作权法》（2010 年修正）第三条第（六）项规定的"以类似摄制电影的方法创作的作品"❷。

（三）延时摄影素材与著作权保护

延时摄影素材是指延时摄影视频形成的材料，一般是一组照片或视频，并

---

❶ 参见翟静芳，李敏：《2019 年网络环境下的著作权侵权热点、难点问题综述（上）》，载威科先行·法律信息库（wkinfo.com.cn），2023 年 3 月 17 日访问。

❷ 《中华人民共和国著作权法》（2020 年修正）第三条第（六）项的规定为"视听作品"。

在该照片的基础上进行制作，最终形成具有独创性的连续动态画面。如果这些照片或视频符合著作权法的独创性要求，可以单独构成著作权法保护的作品，该素材的作者可以单独主张该作品为摄影作品。

但在本案中，原告主张的涉案作品是用5000余幅素材组成的具有独创性的动态画面，法院之所以没有支持原告"涉案作品同时构成摄影作品"的主张在于，公众看到和感知到的涉案作品是具有美感的连续动态动画而非静止的延时摄影素材。因此，本案中涉案延时摄影作品仅构成类电作品而非摄影作品。

二、合理使用制度中"适当引用"的判定

著作权合理使用制度作为著作权益与社会公益间的利益平衡机制，允许对在先作品一定程度的使用，以防止著作权人对其作品过度控制，同时满足社会公众利益需求。《伯尔尼公约》、TRIPS协定等国际条约均有关于著作权限制和例外的条款。我国著作权法也规定了多种对著作权权利限制的情形，其中适当引用为合理使用的一种情形，依法不构成对著作权人著作权的侵害。❶ 但随着科学技术的发展，使用他人作品的行为呈现多样化和复杂化态势，对其准确判定愈加困难。

我国《著作权法》（2010年修正）第二十二条规定，为介绍、评论某一作品或者说明某一问题，在作品中适当引用他人已经发表的作品，可以不经著作权人许可，不向其支付报酬，但应当指明作者姓名、作品名称，并且不得侵犯著作权人依照本法享有的其他权利。《著作权法实施条例》第二十一条规定，依照著作权法有关规定，使用可以不经著作权人许可的已经发表的作品的，不得影响该作品的正常使用，也不得不合理地损害著作权人的合法利益。因此，在认定使用他人作品的行为是否属于"为介绍、评论某一作品或者说明某一问题，在作品中适当引用他人已经发表的作品"时，应当从使用作品的行为是否影响了作品的正常使用，是否不合理地损害了著作权人的合法利益的角度进行考虑。北京市高级人民法院在《侵害著作权案件审理指南》第7.11条规定："判断被诉侵权行为是否属于适当引用的合理使用，一般考虑如下因素：（1）被引用的

---

❶ 参见杜灵燕：《适当引用的判定》，载《人民司法》2022年第2期。

作品是否已经发表；（2）引用目的是否为介绍、评论作品或者说明问题；（3）被引用的内容在被诉侵权作品中所占的比例是否适当；（4）引用行为是否影响被引用作品的正常使用或者损害其权利人的合法利益。"

综上，判断是否构成适当引用应考虑如下因素：

（一）引用的目的

按照美国学者的解释，使用目的是合理使用的第一要素，是界定合理使用规则的"灵魂"。❶ 根据我国著作权法的规定，适当引用的目的分为两种，一种是为了介绍、评论作品。常见的书评、影评即是这种情形的典型例证，他们的本质在于对书、文章或电影的"评述"或"评价"，不仅无法取代书或电影本身的价值与功能，而且还能在创作的过程中实现自己的评价性功能。如果是为介绍说明他人作品的技巧而引用，那么可以将作品加以复制，这种情况完全符合适当引用。如果引用他人作品的目的意在加强自己作品的吸引力从而产生了对原作品的市场替代效应，则不是合理使用。另一种是为了说明问题，即引用他人作品的目的在于说明另外一个问题而非单纯地呈现原作品本身。

有观点认为，在判断是否属于适当引用的情形时，应当以是否以营利为目的作为判断因素。❷ 但是从上述两种情形来看，不能将引用的目的局限于非营利目的，否则大部分符合合理使用的情形将会被遗漏，不利于对著作权人知识产权的保护。❸ 因此，是否属公益性质不是决定是否为合理使用的根本要素。据此认为，《著作权法》规定合理使用行为中的"为介绍、评论某一作品或者说明某一问题"，这种使用作品的目的既可以是公益性质的，也可以是商业性质的，这是《著作权法》在设计合理使用制度时平衡社会公众利益和著作权人利益的结果。

（二）引用的程度

如果一个"二次使用行为"被认定为转化性使用，那么这个"二次使用行为"往往很容易构成合理使用。因此，是否构成转化性使用是认定适当引

---

❶ 参见郑成思：《版权公约、版权保护与版权贸易》，中国人民大学出版社1992年版，第119页。

❷ 参见陈立风：《著作权合理使用制度解析》，载《当代法学》2007年第3期。

❸ 参见杜灵燕：《适当引用的判定》，载《人民司法》2020年第2期。

用或合理使用的关键。所谓转化，可以表现为创作目的、创作理念、创作视角的转化，也可以表现为作品具有新的目的、功能或意义。笔者认为，在具体个案中判定是否构成转化性使用可以从量和质两个方面进行考量。

首先，引用的数量即引用的比例，是较为直观能够判断被诉作品是否构成合理使用的判断依据。当被诉作品引用的比例超过一定标准后，可以考虑其构成不合理使用。如英国作家协会与出版家协会对作品的适当引用进行了量化，其规定一部散文作品一次引用不得超过 400 个单词，二次或多次引用不得超过 800 个单词，此行业规定在司法实践中被作为重要的参考标准。[1] 但对量的考量仅是判断的基础，这是因为被引用的原作品越多越难以构成合理使用，但这仅是对涉案作品与原作品进行形式上的对比进而得出的结论，而非判断的决定性因素。

其次，即使被引用的比例极小，倘若引用部分是原作品的精髓部分，也难以构成合理使用。[2] 合理使用要求对作品非实质性使用，譬如，有观点认为"作品的实质部分应当是整个作品的灵魂和精华所在，在文学作品中表现为作者的独自性的构思安排、独创性的情节描述、独特性的人物塑造；在音乐作品中表现为具有艺术个性的旋律、独奏、和声、声调的安排和设计；在科学作品中，表现为作者独立性和创造性的思想阐述和理论说明"[3]。因此，需要判断引用是否改变了原作品的主要目的意图，是否转变了原作品的功能价值。概言之，引用的内容对原作品而言不能实质性使用。

（三）引用的后果

适当引用要求引用没有影响被引用作品的正常使用，没有损害其权利人的合法利益。

首先，是否影响被引用作品的正常使用需要结合引用程度综合判定。倘若被控侵权作品对原作品的使用达到实质替代，如全盘复制原作品内容，将原作

---

❶ 参见张杰：《亟需完善我国〈著作权法〉中的适当引用制度》，载《中国编辑》第 2 期。

❷ 参见于玉，纪晓昕：《我国著作权合理使用判断标准的反思与重构》，载《法学论坛》2007 年第 3 期。

❸ 参见焦彦：《如何认定在影视作品中使用片段的行为》，载《中国知识产权报》2005 年 4 月 14 日。

品作为自己作品使用，这不仅攫取了原作品的创作成果，而且引用行为已经起到了替代原作品的作用，不构成正常使用。

其次，应充分考虑是否对原作品的市场价值造成冲击。适当引用作为合理使用制度的基本范畴，其制度价值就是维系使用者使用他人作品的利益（主要是非物质利益）与创作者控制作品使用的利益（主要是物质利益）之间的平衡。❶ 譬如上述对原作品全盘复制的行为，不仅影响了被引用作品的正常使用，而且会因此给原作品作者带来一定程度的经济损失。

三、网络服务平台损害赔偿责任的承担以过错为前提

在侵权法中一般侵权行为的构成要件包括过错、行为、损害后果和因果关系，也就是无过错便无侵权。这条看起来理所当然、并无瑕疵的推论链条，在著作权法领域中却形成了悖论——按照侵权法原理，既然判定一个行为构成了侵权行为，其中必然已经包含或暗含了"过错"的构成要件，那为何在著作权法中又会存在"对侵权行为不存在过错"的认定呢?❷

笔者认为，此处的法理与（无权）善意自主占有人的法理相通。善意自主占有人不知道也不应当知道自己没有占有的权利，因使用导致磨损、折旧、损坏的，善意自主占有人不承担赔偿责任；因使用导致占有物毁损、灭失的，善意自主占有人不论是否具有过错均不承担赔偿责任。举重以明轻，在本案中，被告在涉案电视节目中使用约5秒的涉案延时摄影作品属于为了展现和介绍中国发展变化和中国开放包容精神主题而引用，不仅具有公益性质，而且未对原作品造成损害。

从著作权法的立法目的来看，法律保护作品的著作权是为了鼓励对作品的创作和传播。因此，在保护著作权时应兼顾激励创作和鼓励传播两种利益。当作品制作成其他作品极小一部分并形成新的作品后，对新作品的后续传播者在不知道或没有合理的理由知道其传播的作品存在侵害原著作权人著作权的情况下，不应当让其基于自身单纯的传播行为而承担因他人侵害著作权的行为所导致的法律责任。否则将使得后续的传播行为动辄得咎，限制了作品的传播。

---

❶ 参见吴汉东：《论著作权作品的"适当引用"》，载《法学评论》1996 年第 3 期。

❷ 参见姜润：《〈著作权法〉第 59 条第 1 款的"法律责任"仅限"赔偿责任"吗?》，载威科先行·法律信息库（wkinfo. com. cn），访问时间：2023 年 3 月 17 日。

演绎作品及合理使用界限认定

——北京某文化传播有限公司与杭州某教育科技有限公司侵害作品信息网络传播权案[1]

经雯洁[*] 杜天星[**]

典型意义

Web 2.0 时代，大量诸如名画改编等加入作者独创性智慧凝结的演绎作品，凭借诙谐幽默或通俗易懂的表达，在互联网上快速传播。这些成果中不乏像涉案作品一样具有较高艺术欣赏价值、能够丰富公众精神生活的优质作品。本案希望通过保护演绎名画的创新创作方式，鼓励更多类似的优质演绎作品的创作和传播，倡导全社会尊重保护知识产权。本案入选《中国法院 2022 年度案例》。

关键词 演绎作品 合理使用 信息网络传播权

案情介绍

原告北京某文化传播有限公司系国内动漫前期创作以及 IP 运营公司，"熊猫滚滚"系"90 后"插画师、动画师曾某（艺名阿龙）创作的美术形象。自

---

[1] 一审裁判文书字号：北京互联网法院（2020）京 0491 民初 10105 号民事判决书（2020 年 12 月 5 日）。

一审审判员：经雯洁。

[*] 经雯洁，北京互联网法院综合审判三庭法官。

[**] 杜天星，中国社会科学院大学互联网法治研究中心研究助理。

2017 年起，曾某将熊猫滚滚与生活、电影、名画相结合，创作出了熊猫滚滚系列插画，并出版了《当滚滚遇见中外名画》等书籍，该书在京东商城、当当网上均有销售。"熊猫滚滚"美术形象还入选微信表情库，其系列周边衍生品也深受人民喜爱，具有较高的影响力。2019 年 11 月 14 日，曾某将专有使用权独占性地授权许可给了原告，并授予原告以自己的名义单独维权和获得赔偿的权利。

原告诉称：被告杭州某教育科技有限公司未经原告许可，在其主办的微信公众号"蓝铅笔"中《前方高萌预警熊猫滚滚玩坏世界名画》的文章中使用了原告享有专有使用权的动态插画作品 23 张，被告的上述行为侵犯了原告享有的信息网络传播权。原告要求被告连续 48 小时在其微信公众号"蓝铅笔"首页上向原告作出赔礼道歉、消除影响的声明，赔偿原告经济损失 66000 元及合理费用 3000 元。

被告辩称：（1）涉案美术作品为侵权改编作品，作者曾某仅享有消极意义上的著作权，即制止他人未经许可使用其改编作品的权利，而不享有积极意义上的著作权，即不得自行或许可他人使用其改编作品；（2）原告提供的作者曾某的《授权书》中并未出现作品《熊猫滚滚》，现有证据不足以证明原告享有涉案美术作品的信息网络传播权；（3）2019 年 12 月 11 日，被告收悉电子邮件，在知悉使用涉案《熊猫滚滚》作品存在著作权纠纷后，立即删除"蓝铅笔"公众号的相关文章；（4）被告并未侵犯著作权人的人身权，无须向其赔礼道歉；（5）被告系合理使用《熊猫滚滚》系列作品，不构成侵权；（6）即使被告构成侵权，原告诉请高额的损害赔偿，亦缺乏事实依据和法律依据。被告不存在侵权的主观恶意，不应承担过重的赔偿责任。

裁判内容

北京互联网法院经审理认为，本案主要的争议焦点包括：一是原告是否享有著作权；二是被告是否构成合理使用；三是赔偿方式与赔偿数额的确定。

一、原告是否享有著作权

《中华人民共和国著作权法》（2010 年修正，以下简称《著作权法》）第十一条规定，著作权属于作者；创作作品的公民是作者；如无相反证明，在作品上署名的公民、法人或者其他组织为作者。第十二条规定，改编、翻译、注释、整理已有作品而产生的作品，其著作权由改编、翻译、注释、整理人享有。第二十一条第一款规定，公民的作品，其发表权、本法第十条第一款第（五）项至第（十七）项规定的权利的保护期为作者终生及其死亡后五十年，截止于作者死亡后第五十年的 12 月 31 日；如果是合作作品，截止于最后死亡的作者死亡后第五十年的 12 月 31 日。《最高人民法院关于审理著作权民事纠纷案件适用法律若干问题的解释》第七条规定：当事人提供的涉及著作权的底稿、原件、合法出版物、著作权登记证书、认证机构出具的证明、取得权利的合同等，可以作为证据。在作品或者制品上署名的自然人、法人或者其他组织视为著作权、与著作权有关权益的权利人，但有相反证明的除外。

本案中，原告提供的原图、原作者创作声明、原作者微博实名认证页面以及作品首次发表情况、《授权书》等，在无相反证据的情况下，可以作为认定作品的著作权的证据。对于被告答辩中提到的改编作品仅具有消极著作权的观点，北京互联网法院认为，涉案 23 张熊猫滚滚系列图片是曾某在中外名画基础上的再创作，画面整体构图、配色虽参考名画，但在熊猫的构图、角色替换、动态姿势上仍可体现曾某独特的判断与选择，具有一定的独创性。同时由于涉案作品参考的系列名画均超过著作权保护期，已经进入公有领域，使用该作品创作演绎新的作品不再需要任何人的同意。因此，熊猫滚滚系列属改编作品，曾某作为涉案作品的作者，享有著作权，有权将该作品的信息网络传播权授予原告。原告经授权许可，获得相应的著作权。

《著作权法》第十条第一款第（十二）项规定，信息网络传播权，即以有线或者无线方式向公众提供作品，使公众可以在其个人选定的时间和地点获得作品的权利；第四十八条第一款规定，未经著作权人许可通过信息网络向公众传播其作品的，构成侵权，应当根据情况，承担停止侵权、赔偿损失等民事责任。本案中，涉案文章使公众可以在其个人选定的时间和地点获得涉案作品，且该侵权行为延续至原告取得授权后，侵害了原告对涉案作品享有的信息网络传播权，应当承担相应的侵权责任。

二、被告是否构成合理使用

关于被告系合理使用《熊猫滚滚》系列作品，不构成侵权的抗辩意见，北京互联网法院认为，涉案文章开头提到"今天肥皂君要给大家安利的一位插画师是@阿尨along"，可以看出该文有介绍、推荐作品的意思表达。但全文共使用曾某《当滚滚遇见中外名画》系列作品23幅，且通篇文章几乎由23幅作品累加构成，仅配有极少的文字说明，已明显超过合理使用的必要限度，不符合《著作权法》第二十二条之规定，故被告的该项答辩意见法院不予采纳。

三、赔偿方式和赔偿数额的确定

关于赔偿数额，由于原告未能提交证据证明其经济损失及被告的违法所得，也无同类作品的市场参考价格。故北京互联网法院综合考虑涉案系列作品的创作成本、独创性、侵权人的主观过错程度、侵权作品的类型、传播的范围等因素，酌情确定损害赔偿数额。关于律师费，原告虽有律师出庭，但未提交相关委托协议及票据，无法证明其就已就相关数额进行约定，也无法证明其实际支出，且原告对此负有举证责任，故法院不予支持。关于公证费，原告未提供相关票据，无法证明其实际支出，且原告对此负有举证责任，故法院亦不予支持。

关于赔礼道歉，鉴于原告不享有涉案作品的著作人身权，且被告使用涉案作品时已署名且未歪曲、篡改涉案作品，对原告赔礼道歉的诉讼请求法院不予支持。

裁判结果

北京互联网法院依照《中华人民共和国著作权法》第十条第一款第（十二）项、第十一条、第十二条、第二十一条第一款、第二十二条、第二十四条第二款、第四十八条第一款、第四十九条，《最高人民法院关于审理著作权民事纠纷案件适用法律若干问题的解释》第七条之规定，判决如下：一、被告杭州某教育科技有限公司自本判决生效之日起十日内赔偿原告北京某文化传播有限公司经济损失18400元；二、驳回原告北京某文化传播有限公司的其他诉讼请求。

本案判决后，双方未上诉，判决已生效。

法官解读

本案中熊猫滚滚系列图片是在借鉴中外名画的基础上进行的创作，由于具有一定的独创性，而被认定为演绎作品，受到著作权法的保护。被告使用熊猫滚滚系列作品超过了合理使用的限度，构成侵权。本案重在探讨演绎作品的保护以及合理使用的限度问题。

一、演绎作品的认定标准

（一）何为演绎作品

演绎作品顾名思义，是指在已有作品的基础之上，经过翻译、改编、注释、整理等手段加工而成的作品。认定是否属于演绎作品，亦需从是否具有独创性的角度出发予以判断。演绎作品的独创性必须建立在采取某种演绎方式对原作品进行别样展现的基础之上。

2020年修正的《中华人民共和国著作权法》第十三条对演绎作品进行了相关规定："改编、翻译、注释、整理已有作品而产生的作品，其著作权由改编、翻译、注释、整理人享有，但行使著作权时不得侵犯原作品的著作权。"

（二）演绎作品的独创性认定

独创性是取得著作权保护的重要前提，演绎作品是在已有作品基础之上形成的新作品，在独创性的认定上具有不同于原创作品的特殊性。

1. 演绎作品的独创性认定理论

目前，关于演绎作品的独创性认定有实质性差异理论和可区别差异性理论两种主流理论。

（1）实质性差异理论。

该理论对于演绎作品的独创性标准较一般原创作品更为严苛。该观点认为如果对演绎作品的独创性要求过于宽松，不仅不利于原作品的利用，且会导致

权利边界划分产生难度。❶

（2）可区别差异性理论。

该理论也称"超过微小变化示准"，相比实质性差异理论，其判断标准相对宽松。该理论认为只要演绎作品对原作品改动的幅度并非细微，而是达到了最低限度的创造性，不是简单的复制，则应当保护。实际上，该理论主张演绎作品独创性标准判断应与原作品的判断标准一致，不应当对演绎作品独创性设定严苛的门槛。❷

2. 不能认定具有独创性的演绎作品

演绎者对原作品进行演绎的目的多种多样，有些作品虽然与原作品外观上有很大差异或体现了高超的技艺，但是仍然不能认定为演绎作品。

（1）实现特定的功能目的。

出于功能性目的的演绎成果，应当考虑功能性自身带来的差异性。如果演绎者仅仅进行机械化的操作，任何一个拥有同样技能的人都可以运用同样的方式演绎出同样的作品，即这种劳动过程没有给劳动者留下智力创造空间和个性发挥余地，而仅仅是按照既定的规则机械地完成一种工作❸，那么这种劳动过程创造的作品就不能认定为演绎作品。

（2）以还原作品为目的。

一般而言，利用技艺还原作品不能被认定为具有独创性。无论还原者的技艺多么高超，都仅仅是重现了前人的成果，并没有增加社会文化总量。但是著作权的目的是保护独创性，保护创作者的智力成果，因此，以往的"额头流汗"标准并不符合著作权法的保护目的。

在本案中，熊猫滚滚系列图片是曾某在中外名画基础上的再创作，画面整体构图、配色虽参考名画，但在熊猫的构图、角色替换、动态姿势上仍可体现曾某独特的判断与选择，具有一定的独创性。

二、转换性使用和演绎作品的区分

转换性使用在我国著作权合理使用条款中并不存在，其概念源于美国，系

---

❶ 参见李佳妮：《演绎作品的独创性问题探析——以国外相关司法判例为借镜》，载《甘肃广播电视大学学报》2020 年第 1 期。

❷ 参见穆向明：《古籍点校成果的著作权保护模式研究》，载《传播与版权》2019 年第 9 期。

❸ 参见王迁：《著作权法》，中国人民大学出版社 2015 年版，第 28 页。

法官造法的产物，意指"以增加某方面价值的方式使用原作品的行为"，1994年美国联邦最高法院首次将此概念在"坎贝尔案"中适用，将一项戏仿他人音乐作品的行为视为合理使用。此概念在我国司法实践中也已经有所运用。

演绎作品和转换性使用虽然存在一定的相似性，但是二者之间并不是交叉或者包含的关系。二者的相似之处在于都利用了原作品，但是二者利用原作品所出的成果不同。演绎作品侧重于对作品形式的转换，例如，将小说转换为电影，或者本案中的"在中外名画基础上的再创作，画面整体构图、配色参考名画"。转换性使用则是原作品在新作品中产生了一定的作用，如对书籍进行评论等。转换性使用本质上是一种合理使用，对于原作品不具有替代意义，而是促进了社会文化总量的增长。演绎作品侧重于对独创性的考量，具有一定的独创性才能被认定为受著作权保护的演绎作品，转换性使用则侧重于对使用原作品数量是否产生替代作用的考量。演绎作品侧重于具有创造性的劳动成果有"独创性"，而转换性使用则侧重于原作品在新的作品中有了新的价值，是一种合理使用。

三、未经许可的演绎作品保护

在本案中，由于涉案作品参考的系列名画均超过著作权保护期，已经进入公有领域，使用该作品创作演绎新的作品不再需要任何人的同意。但是在现实中，还存在着大量的未经许可的演绎作品，这些作品是否值得保护，目前有三种不同的观点。

（一）不予保护论

该理论源自英美法系的"不洁之手"学说。美国1988年《美国数字千禧版权法》规定，创作演绎作品是版权所有人的专有权。❶另外，在国内有学者认为，赋予侵权作品独创性是一种鼓励侵权行为的表现，在创作者率先侵权的情况下，牺牲具有独创性作品的利益是正当的。❷

（二）积极保护论

该理论认为，应当赋予演绎作者独立完整的著作权。我国支持此观点的学

---

❶ 参见《十二国著作权法》翻译组：《十二国著作权法》，清华大学出版社2011年版，第729页。

❷ 参见陶鑫良，单晓光：《知识产权法纵论》，知识产权出版社2004年版，第265页。

者认为应当引入民法添附规则，演绎行为是现有作品与其他创作行为或者有形物的结合，具有添附的性质。❶ 根据民法的添附规则，著作权应当归原作者和演绎作者共同所有。

（三）消极保护论

消极保护论是我国的主流观点。例如，黄汇教授认为，未经许可的演绎作品作者在对演绎作品进行利用之前，必须取得原著作权人的同意。❷

四、互联网时代对演绎作品保护的思考

相较于传统媒介，互联网的开放性和共享性使得公众可以在各大社交平台上自由地表达思想，抒发情感。正因为此，不少对著名作品的改编成果接踵而至。这些成果中不乏像涉案作品一样具有较高艺术欣赏价值、能够丰富公众精神生活的优质作品。本案希望通过保护演绎名画的创新创作方式，鼓励更多类似的优质演绎作品的创作和传播，倡导全社会尊重保护知识产权。但与此同时，我们也要警惕防止出现演绎者在进行创作时侵害原作品著作权的行为。例如，2021 年 4 月，70 余家影视公司联合抵制公众账号二次创作影视作品的事件，表明目前网络上存在部分自媒体生产运营者针对影视作品内容未经授权进行剪辑、切条、搬运、传播等行为，这也反映出在今后的审判实践中，我们仍要就演绎作品的认定标准进行深入思考，保护原作品著作权人的合法权益，促进文化的发展与繁荣。

五、合理使用的界限厘清

（一）本案中合理使用的适用情况

合理使用是著作权限制制度的一种。2020 年修正的《著作权法)》第二十四条明确规定，对于该条所列举的可以不经著作权人许可，不向其支付报酬的使用行为，"不得影响该作品的正常使用，也不得不合理地损害著作权人的合

---

❶ 参见刁舜：《论传统物权添附理论在演绎作品保护中的运用》，载《电子知识产权》2018 年第 12 期。

❷ 参见黄汇：《非法演绎作品保护模式论考》，载《法学论坛》2008 年第 1 期。

法权益",并列出了构成"合理使用"的具体情形。合理使用制度的目的是防止著作权人权利的滥用,在维护作者权益的基础上追求利益的均衡。

本案中,被告以其对涉案作品的转载行为属于合理使用为由提出抗辩。被告仅仅在开头提到对作者的简单介绍,通篇文章几乎由涉案的 32 幅作品累加构成,仅配有极少的文字说明,已明显超过合理使用的必要限度,不符合合理使用的具体情形,故被告的行为不属于合理使用,构成侵权。

(二)对合理使用的引申思考

在部分著作权侵权诉讼中,被诉方常以其使用作品的行为属于合理使用进行抗辩。此情况产生的原因有二:一是对于合理适用的情形未能充分理解,错误地认为自己的侵权行为属于合理使用的范畴;二是对合理使用进行字面理解,从主观角度出发认为自身使用他人作品的行为是"合理"的,即属于合理使用。出现上述情况的主要原因在于当事人对相关法律法规理解不到位。合理使用应发挥既不侵犯著作权人的合法利益,又使公众能最大限度地利用作品的平衡作用,而不是成为侵权方逃避法律责任的理由。要通过司法裁判,倡导全社会树立法治意识,尊重知识产权,进一步加强知识产权互联网领域法治治理。

第四编

责任承担

可通过虚拟交易方式确定著作权人实际损失

——英国某有限公司1、英国某有限公司2 与北京某科技有限公司著作权侵权纠纷案❶

朱　阁* 姜　瀚**

【典型意义】

作品的原始权利归属适用作品起源国的法律调整。未经著作权人许可，擅自利用作品的知名度和影响力，进行广告、代言意义上的使用，构成侵权。可通过虚拟交易方式确定著作权人的正常许可费，损害赔偿数额不应低于正常许可费，以发挥损害赔偿预防和警示侵权的作用。

【关键词】　著作权侵权　虚拟交易　著作权人损失

【案情介绍】

系列动画片《小猪佩奇》片尾署名显示原告是该动画片制片人。美国版权局出具的登记证书显示，原告为《小猪佩奇》美术作品的作者，该作品首次出版国家为英国。该动画片在中国市场具有极高的知名度和商业价值。原告依法享有与小猪佩奇形象相关的美术作品的著作权。

---

❶　一审裁判文书字号：北京互联网法院（2018）京 0491 民初 1045 号民事判决书（2019 年 8 月 15 日）。

　一审合议庭组成人员：审判长朱阁、审判员张博、审判员陈访雄。

* 朱阁，北京互联网法院综合审判一庭副庭长。

** 姜瀚，中国社会科学院大学互联网法治研究中心研究助理。

在 2018 年（第十五届）北京国际汽车展览会举行期间，被告未经原告许可，将原告享有著作权的"小猪佩奇"形象张贴在被告经营的 TOGO 共享汽车上，并以此为核心卖点，以"途歌佩奇车上纹，掌声送给社会人！"为主题进行商业宣传，吸引社会关注。关于共享汽车的具体数量，《北京晨报》等媒体报道中称有"上百辆"，被告称实际只有 50 辆，但对此被告未举证予以证明。同时，对相关活动在微信公众号、新浪微博以及各大媒体上进行了同步传播。被告在其上述微信公众号内使用了与《小猪佩奇》动画片截图基本一致的 4 幅图片。原告认为被告的上述行为侵害了其对小猪佩奇形象享有的复制权，以及小猪佩奇等 4 个动画形象、《小猪佩奇》动画片的信息网络传播权，请求判令被告停止侵权并赔偿经济损失 50 万元。

裁判内容

北京互联网法院经审理认为，本案的争议焦点在于：一是涉案动画片和涉案动漫形象是否构成作品；二是原告是否享有涉案动画片和涉案动漫形象的著作权；三是被告实施的被控侵权行为是否构成对原告复制权和信息网络传播权的侵害；四是被告如果构成侵权，应承担何种民事责任。

一、涉案动画片和涉案动漫形象是否构成作品

《中华人民共和国著作权法实施条例》（以下简称《著作权法实施条例》）第二条规定："著作权法所称作品，是指文学、艺术和科学领域内具有独创性并能以某种有形形式复制的智力成果。"独创性是界定著作权法上作品的核心构成要件，作品具有独创性，应当具备两个要件：由作者独立完成；具备"创作性"，即作品应由作者独立完成，而非抄袭得来，并能够体现出作者自身个性化的表达。

在本案中，《小猪佩奇》动画片的连续画面体现了制作者个性化的表达，符合作品中独创性的要求。同时，鉴于涉案动画片具有显而易见的可复制性，故其属于著作权法意义上的以类似摄制电影的方法创作的作品。

小猪佩奇等 4 个形象，是以长鼻子为特征的，动物猪形象的儿童简笔画，上述形象包含了设计者的独特构思，具有美感，亦符合作品中独创性的要求。

同时，鉴于涉案动漫形象具有显而易见的可复制性，故其属于著作权法意义上的美术作品。

二、原告是否享有涉案动画片和涉案动漫形象的著作权

（一）原告是不是《小猪佩奇》动画片的权利人

根据《中华人民共和国著作权法》（2010 年修正，以下简称《著作权法》）第十一条的规定，著作权属于作者，如无相反证明，在作品上署名的公民、法人或者其他组织为作者。根据《著作权法》（2010 年修正）第十五条的规定，以类似摄制电影的方法创作的作品的著作权由制片者享有。本案中，根据《小猪佩奇》动画片片尾的署名，在没有相反证明的情形下，本案两原告英国某有限公司 1、英国某有限公司 2 均为该动画片的制片者，依法享有该动画片的著作权。

（二）原告是不是涉案小猪佩奇等 4 个形象的著作权人

本案中，原告主张被告将小猪佩奇形象张贴在车辆上，并通过网络进行传播。虽然原告是涉案动画片的权利人，但是动画片的权利人并不必然是动画片中形象的权利人。角色形象与运用该角色形象推动情节发展的动画片在客观表现形态上可产生分离，可能单独构成作品。本案中，涉案小猪佩奇形象是美术作品，原告主张被告单独使用该作品，应当举证证明其为该美术作品的权利人。

原告提交的国家版权局出具的作品登记证书显示，《小猪佩奇》等 4 幅美术作品的著作权由原告享有，与美国版权局出具的证书相互印证，据此可以认定原告是涉案《小猪佩奇》等 4 幅美术作品的著作权人。

三、被告实施的被控侵权行为是否构成对原告复制权和信息网络传播权的侵害

我国《著作权法》（2010 年修正）第十条第一款第（五）项规定："复制权，即以印刷、复印、拓印、录音、录像、翻录、翻拍等方式将作品制作一份或者多份的权利。"被告未经原告许可将小猪佩奇形象张贴在其共享汽车上，

上述小猪佩奇形象贴纸是《小猪佩奇》美术作品的复制件，在被告未举证证明上述贴纸来源的情形下，可以认定其行为侵犯了原告对《小猪佩奇》美术作品享有的复制权。关于上述共享汽车的数量，根据《北京晨报》等媒体的报道数量为上百辆，被告主张实际为50辆，上述媒体关于途歌共享汽车的报道，与被告当时线下线上整体商业策划活动有关，客观上起到了正面宣传被告的效果，在被告未举证证明共享汽车实际数量的情形下，北京互联网法院在损害范围判断时会考虑媒体报道的数量，而非被告主张的数量。《著作权法》（2010年修正）第十条第一款第（十二）项规定："信息网络传播权，即以有线或者无线方式向公众提供作品，使公众可以在其个人选定的时间和地点获得作品的权利。"被告的微信公众号和微博账号内多篇文章的配图系车身贴附有小猪佩奇形象的途歌共享汽车照片，上述照片可以清晰地识别出小猪佩奇形象，被告发布上述照片的行为系向公众提供《小猪佩奇》美术作品，使公众可以在其个人选定的时间和地点获得，侵犯了原告享有的信息网络传播权。此外，被告还在上述微信公众号和微博账号内使用了小猪佩奇等4个形象和《小猪佩奇》动画片的截图，亦构成对原告对《小猪佩奇》等4幅美术作品和《小猪佩奇》动画片享有的信息网络传播权的侵害。但其他网站发布的文章中出现的小猪佩奇等形象，在原告未能举证证明发布者是被告的情况下，北京互联网法院对原告关于其他网站登载的文章系由被告发布的主张不予支持。

四、被告如果构成侵权，应承担何种民事责任

根据《著作权法》（2010年修正）第四十八条第（一）项的规定，未经著作权人许可，复制、通过信息网络向公众传播其作品的，应承担停止侵害、赔偿损失等民事责任。本案中，被告侵害原告复制权和信息网络传播权，应当承担停止侵权、赔偿损失等民事责任。关于停止侵权一节，根据双方提交的证据，仅能认定被告在微信公众号中实施的侵权行为已经停止，故原告关于被告停止侵害其《小猪佩奇》美术作品相关权利的请求，北京互联网法院予以支持。

《著作权法》（2010年修正）第四十九条规定："侵犯著作权或者与著作权有关的权利的，侵权人应当按照权利人的实际损失给予赔偿；实际损失难以计算的，可以按照侵权人的违法所得给予赔偿。赔偿数额还应当包括权利人为

制止侵权行为所支付的合理开支。权利人的实际损失或者侵权人的违法所得不能确定的，由人民法院根据侵权行为的情节，判决给予五十万元以下的赔偿。"本案中，原告主张按照其实际损失予以赔偿，并提交了授权许可协议予以佐证。就本案而言，被告使用《小猪佩奇》动画片和《小猪佩奇》美术作品，不是依上述作品直接获益，而是利用上述作品的知名度和影响力，推广宣传其共享汽车服务，是一种广告、代言意义上的使用。对于原告的实际损失，应当根据被告的上述使用方式从市场正常交易的角度予以确定。

裁判结果

北京互联网法院依照《中华人民共和国涉外民事关系法律适用法》第二条，《中华人民共和国著作权法》第二条第二款、第十条第一款第（五）项、第十条第一款第（十二）项、第十一条、第十五条、第四十八条第（一）项、第四十九条，《中华人民共和国著作权法实施条例》第二条之规定，判决如下：一、被告北京某科技有限公司于本判决生效之日起立即停止涉案侵害《小猪佩奇》美术作品复制权和信息网络传播权的行为；二、被告北京某科技有限公司于本判决生效之日起十日内赔偿两原告经济损失497346元；三、被告北京某科技有限公司于本判决生效之日起十日内赔偿两原告合理开支2654元；四、驳回原告其他诉讼请求。

本案判决后，双方未上诉，判决已生效。

法官解读

本案既具有特殊性，又具有典型性，这二者构成了本案争议焦点的问题基础。本案的特殊性在于，本案涉及本国侵权人侵害他国著作权人的作品著作权，在原始权利归属方面需要适用域外法律。而本案的典型性则在于，本案集中表现了司法实务中——尤其是互联网司法中——所面对的、著作权人所受侵权损害在直观上往往难以测度难以计算的问题，而损害规模的确认又是有效界定损害赔偿的基础，也是审判工作中对社会释放明确信号、对潜在侵权人以及著作权权利人形成有效激励的前提，因此这一典型的难点问题具有至关重要的地位。

因此，本案最核心的争议焦点有二，其一是涉案作品著作权权利归属的法律适用，其二则是侵权损害赔偿数额的计算标准，以下分点论述。

一、涉案作品著作权权利归属的法律适用

外国人、无国籍人的作品根据其作者所属国或者经常居住地国同中国签订的协议或者共同参加的国际条约享有的著作权，受我国著作权法的保护。本案中，中国和英国同为《保护文学和艺术作品伯尔尼公约》的成员国，依据自动保护原则，英国主体的著作权在我国自动受到我国著作权法的保护，即在我国无须履行登记注册手续，其作品自创作完成即产生著作权，其著作权的权利归属（原始权利归属除外）、权利内容和侵权责任等问题适用我国法律进行评判。为确保著作权权利归属问题的确定性，应当明确，作品的原始权利归属适用作品起源国的法律调整。

在本案中，原告提交的是美国版权局出具的登记证书，该证书载明《小猪佩奇》形象是雇佣工作成果，权利人为两原告英国某有限公司1和英国某有限公司2，首次出版国家为英国。但事实上，法院认定两原告为《小猪佩奇》形象的权利人并非直接依据该证书关于明确两原告为权利人的内容，因为美国版权登记证书不能当然地证明《小猪佩奇》美术作品的权利归属。然而，该证书可以间接指引涉案美术作品的来源，因为该证书的记载证明了该美术作品的起源国为英国。如前述分析，《小猪佩奇》美术作品的原始权利归属应适用该美术作品起源国的法律，即适用英国法。英国1988年《版权、外观设计和专利法》第十一条版权所有权（2）项规定："除非雇佣合同有相反规定，由雇员在受雇期间创作之文学、戏剧、音乐或艺术作品，其雇主为首位版权所有人。"本案中，虽然《小猪佩奇》美术作品在英国创作，但该美术作品是为了《小猪佩奇》动画片而创作的雇佣工作成果，根据上述规定，《小猪佩奇》动画片的制片者是雇主，故由此可以认定原告享有《小猪佩奇》美术作品的著作权。

综上所述，本案对原告的著作权进行了认定。本案虽然涉及域外主体和域外法律，但案情简单、易于被抽象成法律语言并与规则一一对应，而该争议焦点认定中的主要困难在于原告提供的证据并不能直接用于其权利的确认，而是间接指向适用另一国家的法律。对于该争议焦点，按照作品起源国法律确定原始权利归属既是明确的，也是稳定的，不会因为其他国家的法律有不同规定而发生变化，因此有利于激励创作者创作的积极性；有明确的权利人，亦便于作品使用者寻求许可和支付报酬，因此有利于作品的权利保护以及在不同国家的传播。

二、侵权损害赔偿数额的计算标准

我国知识产权法针对赔偿数额的计算规定了权利人损失、侵权人获利、合理许可倍数以及法定赔偿四种计算方式，在司法中按照顺序适用。然而在实际的司法审判中，侵权损害的"实际损失"往往难以测度，相关讨论与阐述也较为匮乏。针对知识产权侵权损害赔偿数额的计算标准这一问题，最高人民法院在司法解释中提出，将侵权产品销售量总数乘以每件权利产品的合理利润所得之积，认定为权利人的实际损失。基于这一标准，现阶段司法实践中衡量实际损失主要考虑权利人知识产权产品在销量上的减少、在价格上受到的侵蚀、交易机会的预期损失以及合理费用等。

知识产权是一种市场关系中的权利。与此相应，知识产权的价值也应当被放在市场中加以认识，侵害知识产权的损害赔偿应是以市场价值为基础的全面赔偿。著作权是文学、艺术和科学领域的知识产权，其作品的独创性和传播力，是计算著作权市场价值的核心要素。特别是，著作权在传播中的影响及其带来的市场价值，在知识产权转化应用中是交易主体关注的对象。相应地，侵害著作权造成的损失主要是原有或可能存在的市场份额减少、许可费收益丧失。

本案中，原告主张其收益多来自版权许可费用，其主张可以从 2018 年多家媒体的报道中得到印证。被告未经许可，在其共享汽车服务及网络商业宣传中使用原告作品的行为使原告的市场交易机会丧失，给原告造成了许可费的损失，该损害已经实际发生。原告提交了版权许可协议，部分协议有付款凭证、收款通知佐证，并与媒体的公开广泛报道相互印证，具有符合常识的初步证明力。上述版权许可协议中许可的是《小猪佩奇》动画片，有许可范围、使用方式、期限、金额等明确条款，上述协议可以作为本案中计算原告许可费损失的参考。

在上述基础上，法院将正常许可费的额度定为 50 万元主要有五个方面的考虑：第一，2018 年小猪佩奇形象在我国已经成为受广泛欢迎的现象级文化产品，该形象具备较高的盈利能力，在我国已经有数百项授权和衍生品协议，权利人在许可谈判中享有较高的议价能力；第二，因小猪佩奇形象不仅仅在儿童群体中广受欢迎，亦受到成年人的追捧，甚至成为一股潮流，该形象具备进入共享汽车领域的可能性；第三，从被告的使用方式来看，被告将小猪佩奇形象张贴在其共享汽车上，并以此为核心卖点，以"途歌佩奇车上纹，掌声送给社会人！"为主题进行商业宣传，吸引社会关注，共享了小猪佩奇形象的粉丝流量，同时在其微信公众号和新浪微博上进行相关的"寻找社会车""小猪佩奇后备箱集市"两次主题活动的商业宣传，实现线上线下流量共享，被告借势小猪佩奇化身成为"社会车"，起到了较好的宣传效果，该种使用方式较高程度地利用了小猪佩奇形象所蕴含的市场价值；第四，从权利人提交的两份许可协议来看，小猪佩奇形象在非独家使用的情况下，在儿童纸品等价格较低的商品上保底的年许可费为 25 万元左右，许可在儿童包类的商品上保底的年许可费为 65 万元左右；第五，被告自 2018 年 4 月 25 日开始使用小猪佩奇形象，截至 2018 年 12 月 13 日，被告的微博账号上仍旧有涉案小猪佩奇形象，其侵权的时间较长。故本案中原告的实际损失是上述正常许可费即 50 万元的丧失，损害赔偿数额不应低于该金额，据此法院对于原告主张的经济损失金额 497346 元予以全额支持。另，原告的检索报告用于证明小猪佩奇形象的知名度和盈利能力，检索报告费用是本案合理必要支出，法院同样予以了全额支持。

从正常的交易角度考虑，作品使用人想要使用权利人的作品，需要征得权利人许可并支付许可费，在许可费的确定上双方均会考虑作品的知名度、盈利能力，使用人的使用方式、期限、范围等因素，双方通过磋商最终确定许可费金额。因此从司法"向前看"的视角来看，虽然侵权案件中权利人的损失就是上述许可费的丧失，但是通过个案审判有必要向社会释放的信号和向潜在侵权人形成的激励，也应当是鼓励作品使用人在使用作品之前先行与权利人协商。由于侵权现实发生时侵权方往往不会或不曾就许可及许可费问题与权利人进行磋商，因此在侵权案件的审判中，法院认定的损害赔偿数额不应低于正常的许可费，否则作品使用人将没有事先获得许可的动力，无法起到预防和警示侵权的作用。

综上所述，对于本案的两个核心争议焦点，法院明确了相应法律的适用和侵权损害赔偿计算数额的考量原则，前者为类似涉外案件提供了明确的路径参考，为同类问题的法律适用提供了借鉴；后者则可以应对更为广泛的知识产权侵权案件，对潜在的侵权主体达到威慑作用，鼓励现有和将有的知识产权权利人创作和应用其作品，并再次彰显了知识产权专门法律保护的倾向性。

"刷单"形成的虚假交易量可作为计算侵权赔偿数额的依据

——某实业股份有限公司北京朝阳分公司与张某某侵害作品著作权案❶

卢正新[*] 王一婷[**]

典型意义

本案明确了在电子商务领域知识产权侵权责任认定中，计算侵权赔偿数额时"刷单"销量的处理规则。电商平台内经营者通过"刷单"虚构交易量、牟取不当利益的，其刷单交易行为无效，但"刷单"产生的法律风险应自行承担。在无法查明实际销量的情况下，刷单销量与实际销售量不符的，应以公示的销量作为侵权赔偿数额的依据，刷单部分不予扣除。

关键词 著作权 外观设计 刷单 侵权赔偿

案情介绍

真爱加冕系列公主款戒指（以下简称涉案作品）系由某实业股份有限公司（以下简称某实业公司）创作的作品，原告某实业公司北京朝阳分公司

---

❶ 一审裁判文书字号：北京互联网法院（2019）京0491民初21102号民事判决书（2020年9月25日）。

一审合议庭组成人员：审判长卢正新、审判员赵晓畅、审判员郭晟。

* 卢正新，北京互联网法院执行局副局长。

** 王一婷，中国社会科学院大学互联网法治研究中心研究助理。

（以下简称北京分公司）系其授权的专有使用人。被告张某某未经许可通过其经营的淘宝网店生产、销售并展示被控侵权商品。经比对，被控侵权商品整体是"皇冠"形象，包裹主钻的贵金属造型、宝石位置、主钻两侧的群镶设计、整体的设计轮廓中的装饰性、非功能性的设计特征，除个别部位存在细微差异外，与涉案作品给人的视觉认知基本一致。为确定赔偿损失的具体数额，法院依法调取被控侵权商品的淘宝销售数据，调查结果显示，被控侵权商品销售记录总量为 1521 件，交易成功量为 1206 件，单次成交金额介于 100 元至 24000 元之间。

原告诉称：被告生产与涉案作品相同的戒指商品即被控侵权商品，并在互联网上销售和展示，侵害原告对涉案作品享有的复制权、发行权、信息网络传播权，多次警告仍不停止上述侵权行为。请求法院判令被告立即停止侵权，赔偿原告经济损失以及为制止侵权行为所支付的合理开支。

被告辩称：原告对涉案作品不享有外观设计专利权或著作权；被控侵权商品系被告自主创作的原创作品，与涉案作品存在较大差异；被告行为不构成侵权。被控侵权商品销量系刷单而来，共计刷单 200 笔左右，实际销售仅 60 笔左右，总共获利不超 6 万元，未对原告造成巨额经济损失。

裁判内容

北京互联网法院经审理认为，本案主要的争议焦点包括：一是原告诉请保护的"真爱加冕系列公主款戒指"是否构成作品；二是原告是否享有涉案作品的著作权；三是被控侵权行为是否侵害原告著作权；四是如果被告构成侵权，应承担何种民事责任。

一、原告诉请保护的"真爱加冕系列公主款戒指"构成作品

著作权法上的美术作品，是指绘画、书法、雕塑等以线条、色彩或者其他方式构成的有审美意义的平面或立体的造型艺术作品。将涉案作品的各组成元素分开来看，六爪镶嵌、红宝石镶嵌、环绕主钻的群镶设计均已进入公有领域或属于功能性镶嵌方式，但各组成部分仍然有其自身的特点，如红宝石的搭配选择、六爪镶嵌的镂空设计、群镶钻石的环绕线条等；从各元素组合后的整体

来看，其并非是通用组合，上述元素组合后形成的造型能够体现设计者的选择和判断，具有独特的个性和象征意义。因此，从元素的组合设计选择及元素本身选择来看，均是体现了独创性并能以某种形式承载和复制的智力成果，属于著作权法所称的美术作品，应受著作权法保护。

二、原告享有涉案作品的著作权

根据原告提交的《作品登记证书》，在无其他相反证据的情况下，可以认定某实业公司系涉案作品的著作权人。某实业公司于 2012 年起通过微博公开发表真爱加冕系列公主款戒指的图片，并公开销售上述戒指产品。2017 年 1 月 1 日，原告北京分公司经授权获得涉案作品的复制、发行、展览、信息网络传播权等权利，对涉案作品享有专有使用权，且有权以自己名义进行维权并接受相关赔偿。北京分公司属于可以以自己名义提起民事诉讼的主体，系本案适格原告，有权提起本案诉讼。

三、被控侵权行为侵害原告著作权

（一）被告具备接触涉案作品的极大可能性

涉案作品自 2009 年 10 月 8 日设计完成，已经通过网站、杂志、微博、销售等途径或方式公开发表和发行，其所属的商标/品牌在珠宝钻戒行业亦有较高的知名度和影响力。被告作为同行业经营者，且长期从事珠宝行业，应对珠宝钻戒行业的发展动态和知名品牌予以关注。被告在其经营的淘宝店铺主页专门设置名称与涉案作品所属商标近似的系列，并在被控侵权商品名称中加入涉案作品所属商标的元素以及"真爱加冕公主"字样，且无任何含义解释，商品销售评价中也出现了与涉案作品所属商标或"公主款"相关的图文内容，被告具有接触涉案作品的极大可能性。

（二）被控侵权商品与涉案作品构成实质性相似

本案中，经比对，被控侵权商品整体是"皇冠"形象，包裹主钻的贵金属造型、宝石位置、主钻两侧的群镶设计、整体的设计轮廓中的装饰性、非功能性的设计特征，除个别部位存在细微差异外，与原告享有著作权的"真爱加冕系列之公主款"美术作品给人的视觉认知基本一致，二者构成实质性相似。

（三）被告的行为侵犯了原告对涉案作品享有的复制权、发行权和信息网络传播权

被告张某某作为涉案网店的所有者和经营者，同时也是被控侵权商品的生产者和销售者，在被控侵权商品销售页面对该商品的图片和视频进行公开展示。被告未经权利人许可生产、销售被控侵权商品，侵犯了原告对涉案美术作品享有的复制权和发行权；被告在涉案淘宝店铺销售页面，以图片、视频等方式展示被控侵权商品的各个角度，其行为是将与涉案美术作品实质性相似的图片或视频上传到互联网，向公众提供作品用于商品介绍和宣传，使公众可以在其个人选定的时间和地点获得作品，侵犯了原告对涉案美术作品享有的信息网络传播权。

四、被告构成侵权，应承担赔偿损失等侵权责任

关于赔偿损失的具体数额，原告主张按照原告单位利润与被告销售被控侵权商品数量的乘积，或者被告侵权行为所获得的营业收入作为计算原告损失或被告获利的方法，并申请法院依法调取被诉侵权商品的淘宝销售数据。调查结果显示，被控侵权商品销售记录总量为1521件，交易成功量为1206件。被告抗辩称被控侵权商品刷单500笔❶左右，实际销售仅60件，并提交了与刷单人员联系的微信截图，被控侵权商品销售数量存在争议。

制作、销售钻戒并进行宣传均需一定的成本，钻戒材质本身亦有较高的价值，故不应将被控侵权商品销售收入作为计算原告损失或被告获利的方法。被告提交的微信截图未显示与被控侵权商品直接相关的内容，无法证明存在针对被控侵权商品的刷单行为和具体刷单数量，亦不足以推翻淘宝公司提供的调查结果。即使被告所称属实，刷单行为作为被告的一种经营策略，其目的是通过虚构交易满足一定的经营意图，获取更高的商业排名、信用度和用户访问量。刷单形成的虚假交易量，明显违背诚实信用原则和合法经营理念，影响网络用户的真实选择，减损市场竞争者的诚实劳动价值，扰乱公平有序的网络营商环

---

❶ 原裁判文书前后数据不一致。

境，不应被鼓励和提倡。被告在选择刷单方式牟取不当利益的同时，亦应承担其可能产生的商业风险和法律责任，不宜在损失赔偿计算中扣除刷单部分。最终参考淘宝公司调查出具的交易数据，综合考虑涉案作品的类型、知名度、影响力，被告侵权行为的方式、情节、主观过错程度以及被控侵权商品中美术作品的贡献率等因素，酌情判定赔偿数额。

裁判结果

北京互联网法院依照《中华人民共和国著作权法》第四十八条第（一）项、第四十九条的规定，判决如下：一、被告张某某立即停止侵犯原告北京分公司对"真爱加冕系列公主款戒指"美术作品享有的著作权的行为；二、本判决生效之日起十日内，被告张某某赔偿原告北京分公司经济损失200000元；三、本判决生效之日起十日内，被告张某某赔偿原告北京分公司合理支出5578元；四、驳回原告北京分公司的其他诉讼请求。

张某某未提起上诉，一审判决已经生效。

法官解读

本案涉及网站销售定制高仿钻戒的著作权问题，关于涉案戒指是否受著作权法保护，需要明确以下两点：第一，涉案戒指能够通过工业化标准和流程进行制造、生产，属于工业产品，是否受著作权法保护；第二，关于涉案戒指中的设计元素如已通过外观设计专利获得保护，是否仍能主张著作权保护。

此外，本案还对网络"刷单""刷量"行为亮明司法态度，明确以下规则：在电子商务领域知识产权侵权责任认定中，经营者应自行承担其通过"刷单"虚构交易量、牟取不当利益而产生的法律风险。在无法查明实际销量的情况下，应以公示的销量作为侵权赔偿数额的依据，刷单部分不予扣除。

一、涉案戒指受著作权法保护

（一）工业产品可以受著作权法保护

涉案戒指能够通过工业化标准和流程进行制造、生产，属于工业产品，某些工业产品作为实用艺术作品，也有可能受到著作权法保护。实用艺术作品是指具有实用功能并且具有审美意义的平面或者立体的造型艺术品，构成实用艺术作品，需要兼具实用性和艺术性，且其艺术性能够脱离实用性独立存在。当实用艺术作品同时符合外观设计的法律特征时，就有可能受到著作权法与外观设计法的双重保护。[1] 实用艺术作品的创作目的和功能在于其实用性。它们之所以成为著作权保护的对象，在于其具有的艺术性以及因此而具有的著作权作品能够满足人们精神消费的功能。实用艺术作品的设计、制作者在其中体现的独特艺术特征，使其能够给公众提供美的享受，甚至正是其中的艺术美感，使其价值凸显。[2] 涉案戒指整体构成实用艺术作品，该实用艺术作品所具有的艺术性内容，即作者对该作品的艺术性所作智力投入而产生的成果，可以受著作权法保护。

此外，著作权保护的客体是文学、艺术和科学领域内具有独创性并能以某种形式复制的智力成果，并没有对复制形式和目的用途进行限制。如果当其预期目的是用于或者已经用于工业生产时，就不能被著作权保护，这意味着艺术创意走向市场的过程中存在丧失著作权法保护的可能性，著作权法兼具保护作者的著作权与促进作品的传播、利用的双重目的，[3] 如果在作品的传播过程中忽略了对作者权利的保护，导致利益的失衡，显然不符合相关立法精神和目的，最终会影响整个产业的发展。

（二）已通过外观设计专利获得保护的作品仍能主张著作权保护

外观设计是指对产品的形状、图案或者其结合以及色彩与形状、图案的结合所作出的富有美感并适用于工业应用的新设计。它着眼于产品设计对消费者的吸引力，是一种介于作品与技术方案之间的权利对象，属于专利权范围，需要经过申请、审查和授权方可产生，且要求必须可以通过工业生产方法重复制造、必须及于产品的整体设计而非局部设计。外观设计的效力范围受到产品类别的限制，保护期限为自申请之日起15年，具有严格的排他性，权利人在有效期内可以绝对地排斥他人在相同或相近的产品类别上使用相同的设计。

---

[1] 参见李琛：《知识产权法关键词》，法律出版社2006年版，第28页。

[2] 参见杨利华：《功能性作品著作权保护制度研究》，载《知识产权》2013年第11期。

[3] 参见冯晓青：《著作权法目的与利益平衡论》，载《科技与法律》2004年第2期。

外观设计在构成美感表达时，可以成为著作权法意义上的作品。二者具有重叠的可能性。但专利法对外观设计的保护与著作权法对实用艺术品的保护并不相同。美术作品自完成之时著作权自动产生，保护的是具有独创性并能以某种有形形式复制的智力成果，可以脱离工业产品进行复制，效力范围可以及于一切作品载体，其著作财产权的保护期至少为50年。由于二者法益保护的侧重点不同，构成要件、保护方式和损害结果等方面亦存在差异，外观设计并不天然地排斥著作权法的保护。原则上，一项作品即使申请了外观设计专利，但并不妨碍其同时或继续得到著作权法的保护。❶ 著作权法并未明确排除对外观设计的保护，一个物品，在专利法的分类标准下归属为外观设计并取得保护，并不影响其同时在著作权法的分类标准下归属为某一类作品并获得保护。无论是否允许专利权与著作权的重叠保护，都不能以保护功能性设计的形式，达到实质上保护艺术美感的结果，反之亦然。一项设计取得外观设计专利权保护后，其设计中蕴含的独创性表达仍然可以受到著作权法的保护，这种双重保护并不等同于重复保护，虽然是同一对象，但其上承载着不同的法益，都有保护的必要。因此，权利人有权根据被控侵权行为的实际情况，选择更为有利的权利主张方式。

二、在无法查明实际销量的情况下，计算侵权赔偿数额时不应扣除"刷单"形成的虚假交易量

（一）风险自负的"刷单"行为

网络刷单，是指为了获取商品销量、服务评价、店铺信誉、市场排名等特殊利益，经营者与特定行为人联合进行虚假交易，以谋取市场竞争优势的行为，不仅有悖于公认的商业道德伦理，也破坏了市场正常运转的交易秩序，更损害了消费者和其他经营者的利益。❷ 刷单，要么是虚假交易，要么是恶意的真实交易，至少是违反诚实守信的道德规范的。绝大多数刷单行为都是信

---

❶ 参见瑞士英特莱格公司诉可高（天津）玩具有限公司、北京市复兴商业城侵犯著作权纠纷案，北京市高级人民法院（2002）高民终字第279号民事判决书。

❷ 参见卢代富，林慰曾：《网络刷单及其法律责任》，载《重庆邮电大学学报（社会科学版）》2017年第5期。

息造假，增加了电商平台、卖家、买家等之间的信息不对称，增加了社会成本支持，因而是一种损害社会公共利益的行为。● 经营者既然选择了通过"刷单"这种不正当手段虚构交易量、牟取利益，就应自行承担其产生的法律风险。

（二）刷单行为的证明

1. 不能证明

举证责任应当由当事人对其主张的事实提供证据并予以证明，若诉讼终结时根据正常证据仍不能判明当事人主张的事实真伪，则由该当事人承担不利的诉讼后果。● 由此可见，举证责任涉及两个方面，一是证据提出责任，即当事人为主张的事实而提出证据的行为或活动；二是诉讼结果责任，即当事人有举证责任而未善尽时产生的败诉风险负担。● 举证责任通常遵循"谁主张，谁举证"的一般规则，《最高人民法院关于民事诉讼证据的若干规定》（2001 年）第二条第一款规定："当事人对自己提出的诉讼请求所依据的事实或者反驳对方诉讼请求所依据的事实有责任提供证据加以证明。"在本案中，原告申请法院依法调取被诉侵权商品的淘宝销售数据，被告则抗辩称，其通过刷单伪造了销量，对被控侵权商品销售数量存在异议。但被告无正当理由未向法院提交其基于生产者、销售者身份应当持有被控侵权商品的生产、销售记录和相关数据，应承担不利的法律后果。被告虽然提交了刷单人员联系的微信截图，但截图中并未显示与被控侵权商品直接相关的内容，无法证明存在针对被控侵权商品的刷单行为和具体刷单数量，不足以推翻淘宝公司提供的调查结果。刷单作为一种不正当的竞争行为，难以通过正规的平台或渠道进行交易，因此也很难有充分的证据。"被告人辩解称网络销售记录存在刷信誉的不真实交易，但无证据证实的，对其辩解不予采纳"●。在这种情况下，应以公示的销量作为侵权赔偿数额的计算依据，刷单部分不予扣除。

● 参见叶良芳：《刷单炒信行为的规范分析及其治理路径》，载《法学》2018 年第 3 期。

● 参见汤维建：《民事诉讼法学》，北京大学出版社 2008 年版，第 259 页。

● 参见吴汉东：《知识产权侵权诉讼中的过错责任推定与赔偿数额认定——以举证责任规则为视角》，载《法学评论》2014 年第 5 期。

● 参见最高人民法院指导案例 87 号：郭明升、郭明锋、孙淑标假冒注册商标案，江苏省宿迁市中级人民法院（2015）宿中知刑初字第 0004 号刑事判决书。

2. 证明属实

即使刷单行为证明属实，被告获利上可相对减少，但该行为依然可能给原告带来间接损失，低价的侵权商品可能会降低消费者对权利人产品售价的认可度，进而影响销量，这部分损失显而易见地来源于侵权人的恶意刷单行为，这种间接的损失也随着刷单数量的增长呈扩大的趋势，侵权人对此应当承担相应的赔偿责任。❶

在知识产权侵权责任认定中，尽管"权利人因被侵权所受到的实际损失"和"侵权人的违法所得"分别是第一顺位和第二顺位的赔偿计算标准，但在审判实践中适用的并不多，与此相对，著作权、专利权和商标权侵权纠纷案例确定损害赔偿数额适用法定赔偿标准的比率都超过了90%，❷ 最终的赔偿数额，往往由法院综合考虑涉案作品的类型、知名度、影响力，被告侵权行为的方式、情节、主观过错程度等因素，酌情判定。当事人提供的获利、损失等证据往往不能直接用来精准确定损害赔偿数额，因此在电子商务领域的知识产权纠纷中，侵权人的刷单行为也往往会成为法院在裁判时考量的因素之一，考虑到刷单行为对权利人的不利影响、侵权人的主观恶意等因素，侵权人不仅不能反过来借此减轻赔偿责任，还应当为这种恶劣行为承担相应的责任。

---

❶ 参见浙江朴素电器有限公司诉慈溪市长河清阳洁具厂侵害实用新型专利权纠纷案，浙江省宁波市中级人民法院（2017）浙02民初304号民事判决书。

❷ 参见曹新明：《我国知识产权侵权损害赔偿计算标准新设计》，载《现代法学》2019年第1期。

用在先调解书约定数额认定重复侵权赔偿责任

——某儿童文化发展有限公司与北京某文化传媒有限公司著作权侵权案❶

龚　娉* 　王一婷**

典型意义

如何合理地确定侵权赔偿数额一直是知识产权纠纷审理中的难点，司法实践中深受损害赔偿计算难、举证难、认定难等问题困扰。本案对在先民事调解协议中当事人双方以合理方式约定赔偿计算方法予以肯定，对于破解举证难、维权难困境，以及加大对故意侵权行为的制裁力度、防范重复侵权等都有积极意义。

关键词　赔偿数额　重复侵权　在先约定　著作权

案情介绍

原告某儿童文化发展有限公司（以下简称某文化公司）依法享有涉案美术作品的独家信息网络传播权及维权权利。2018 年，被告北京某文化传媒有限公司（以下简称北京某公司）在其当当网店铺中销售涉案美术作品系列盗

❶　一审裁判文书字号：北京互联网法院（2020）京 0491 民初 2853 号民事判决书（2020 年 12 月 23 日）。

　一审审判员：龚娉。

*　龚娉，北京互联网法院立案庭法官。

**　王一婷，中国社会科学院大学互联网法治研究中心研究助理。

版图书，该案审理过程中，原告、被告经协商一致，自愿达成调解协议，其中约定，若被告自本调解书签署之日起再次发生对原告的侵权行为，则需赔偿原告损失 200000 元。2019 年，被告北京某公司在其唯品会平台上"某图书专营店"中销售印有原告涉案美术作品的商品。

原告诉称：原告经授权取得涉案美术作品的独家信息网络传播权及维权权利。被告曾实施侵害涉案美术作品著作权的行为，原告就该侵权行为向法院提起诉讼，双方自愿达成调解，调解书中约定若再次发生对原告的侵权行为，被告需赔偿原告经济损失 200000 元。原告于 2019 年 9 月又发现被告在唯品会网店上传大量侵犯涉案美术作品著作权的图片，并大量销售涉案被诉侵权产品，再次实施了侵犯原告著作权的行为。请求法院判令被告停止制造、销售被诉侵权产品、删除侵权链接、下架侵权产品，同时销毁库存侵权产品，并判令被告按照生效民事调解书确认的内容赔偿原告经济损失及原告为制止侵权所支出的合理费用。

被告辩称：被告没有侵犯原告动画作品的复制权和信息网络传播权的行为。被告仅是在网络平台发行销售了带有原告动画作品中的角色形象的商品，仅仅使用了被诉商品正面照，并不会给原告带来任何不利影响和损失，仅是未经原告许可使用了原告作品中的角色形象的复制权、发行权，没有侵害整个动画作品的信息网络传播权。关于赔偿金额，原告没有且无法举证其实际损失，而被告举证了收入，可以作为赔偿的依据。《民事调解书》第三项的合法性存疑，著作权法有"事后赔偿约定"的法律规定，只有在无法查清时才可以对赔偿数额进行协议。如果实际损失或违法所得能够查清，应该按照查清数额赔偿，约定赔偿金远高于侵权收入，违反损害填平原则。

裁判内容

北京互联网法院经审理认为，本案主要的争议焦点包括：一是被告是否实施了侵犯原告卡通形象、标识复制权和信息网络传播权的行为；二是被告应如何承担民事责任。

一、被告是否实施了侵犯原告卡通形象、标识复制权、发行权和信息网络传播权的行为

（一）被告并未实施侵犯原告卡通形象、标识复制权的行为

首先，根据被诉商品的性状及内容，不宜被认定为图书。其次，被告仅系被诉商品的销售者，并非制造者，不能认定被告制造被诉商品及侵犯原告复制权。

（二）被告实施了侵犯原告卡通形象、标识信息网络传播权的行为

被诉商品载有与原告涉案权利作品构成实质性相似的图案，即便被告在网络上展示该商品是为了被诉商品的在线销售，但公众通过展示可以在线浏览被诉商品上载有的涉案权利作品，上述展示行为依然落入信息网络传播权的控制范围，构成侵害原告信息网络传播权的行为。被告关于并无单独使用原告的卡通形象、标识及获利的主观意愿的意见，不能阻却其行为的违法性和侵权性质。被告的被诉行为，同时侵犯了原告享有的发行权及信息网络传播权。

二、被告应如何承担民事责任

（一）被告应承担赔偿责任

侵权人具有过错是承担损害赔偿责任的前提。销售者在线销售并展示商品，侵害著作权人相关权利的，应综合考虑其是否提供商品的合法来源、是否尽到合理注意义务等因素，以确定销售者是否承担损害赔偿责任。

本案之前，被告已因在线销售载有包括涉案权利作品在内、原告享有相关著作权利的作品的盗版图书，被原告以侵害其相关著作权利起诉至法院，该案所涉的部分作品及权利与本案一致；经双方协商解决了该案的赔偿责任，并且对被告以后再次侵权的赔偿金额的确定方法进行了约定。被告实施本案被诉行为时，显然已知晓原告对涉案权利作品的权利人身份，应当意识到销售载有涉案权利作品的涉案商品，必须取得原告的相应授权，而且为了避免发生再次侵权，应当负有更审慎的注意义务去核实相关著作权的来源。然而，经查，被告

虽证明了被诉商品系从 1688 网站的第三方商家处获得，但并未向供货方核实过所涉著作权的合法来源，亦未向作为权利人的原告核实过相关授权情况。对于销售和在线展示被诉商品，被告并未尽到合理的注意义务，结合前案中被告将正、盗版图书混杂出售的情形，被告侵犯原告相关著作权利的恶意较为明显，本案再次侵权，亦存在明显过错，应承担损害赔偿责任。

（二）赔偿数额的确定

1. 双方在前案中达成的调解协议合法有效

前案中的调解协议系双方自愿、协商一致达成，其内容仅涉及私权处分，不涉及社会公共利益、第三人利益，也不存在法律规定的其他无效情形，且经北京互联网法院审查后通过民事调解书进行了确认，故双方达成的调解协议合法有效。

2. 本案可以适用双方调解协议的约定确定赔偿数额

首先，根据《最高人民法院关于审理著作权民事纠纷案件适用法律若干问题的解释》第二十五条第三款的规定，双方当事人基于权利人的实际损失或者侵权人的违法所得，就赔偿数额达成协议的，法院应当准许。由此可见，相关法律并不禁止侵权人与被侵权人就侵权责任的方式、赔偿数额等作出约定。并且，双方当事人若能在私法自治的范畴内对侵权赔偿数额或赔偿计算方法作出约定，将有利于解决侵权纠纷中由来已久的举证困难、维权成本高等难题，应当予以支持。当然这种约定，可以是侵权行为发生后的事后约定，也完全可以是侵权行为发生前的事先约定。

其次，虽然著作权法对赔偿计算方法有明确规定，要求按照权利人的实际损失、侵权人的获利、许可使用费、法定赔偿的顺序依次适用。但这并不妨碍当事人可以依据协商一致的其他合理方式提出具体的损害赔偿计算方法。也就是说，双方协商一致约定了损害赔偿计算方法的，可以不按照上述法定顺序适用赔偿计算方法。

最后，赔偿数额约定没有违背赔偿责任的填平原则。双方对再次侵权行为约定赔偿数额，并非基于双方之间存在基础交易合同关系和保障交易义务履行，其法律意义就是对侵权责任如何承担作出约定，其目的就在于阻遏重复侵权、恶意侵权行为。并且赔偿金额是否明显高于权利人的损失，并无确实依据，即便高于，也符合对恶意侵权、重复侵权补偿与惩罚并重的法律精神，有利于加大知识产权保护力度和维护诚信营商环境。

3. 约定确定赔偿数额的具体适用

首先，经查，民事调解书所涉案件系著作权侵权纠纷，所涉的部分权利作品及权利与本案完全一致。其次，调解协议约定的再次侵权行为并不限于前案的特定商品。被告在明知原告权利人身份的情况下，仅更换了所售商品，再次实施侵害相同作品的相同权利的行为，构成重复侵权。最后，该约定的赔偿损失 200000 元，应包括经济损失和合理开支在内的全部赔偿责任。

（三）其他民事责任

被诉商品已经下架及被诉商品链接已经删除，停止侵权的诉请已失去主张的事实基础；现情形已经足以制止被告侵害原告的著作权，不必再销毁库存侵权产品。

裁判结果

北京互联网法院依照《中华人民共和国著作权法》第十条第一款第（六）项，第（十二）项，第四十八条，第四十九条的规定，判决如下：一、被告北京某公司于本判决生效之日起十日内赔偿原告某文化公司经济损失及合理开支 200000 元；二、驳回原告某文化公司的其他诉讼请求。

北京某公司未提起上诉。一审判决已经生效。

法官解读

如何合理地确定侵权赔偿数额一直是著作权纠纷审理中的难点，司法实践中深受损害赔偿计算难、举证难、认定难等问题困扰，近年来，这个问题越来越得到理论界与实务界的重视。2020 年修正的《中华人民共和国著作权法》对确定损害赔偿的有关规定进行了较大调整，增加了参照权利使用费计算赔偿数额、惩罚性赔偿制度等。北京市高级人民法院也专门出台了《关于侵害知识产权及不正当竞争案件确定损害赔偿的指导意见及法定赔偿的裁判标准》，加强对损害赔偿计算方法和法定赔偿裁判标准的指导。

司法实践中，由于举证难，绝大部分案件法院最终使用法定赔偿的方式确定赔偿责任，导致法官主观酌定赔偿数额时往往在固定区间内出现僵化，或者拒绝变化，这点常常被人诟病。著作权纠纷中，确定赔偿数额应科学、合理地体现著作权的市场价值、侵权情节和主观恶意程度等，因此侵权损害的赔偿数额应当实现梯度化和差异化。

在法律规定的损害赔偿计算方法之外，当事人在意思自治范畴内通过约定的合理方式提出其他具体的赔偿计算方法，不失为破解举证难、维权难困境的一种好方法，对于加大对故意侵权行为的制裁力度、防范重复侵权都有积极意义，值得鼓励。著作权法并不禁止侵权人与被侵权人就侵权责任的方式、赔偿数额等作出约定，这种约定可以是侵权行为发生后的约定，也可以是事先约定。无论是事后还是事先的约定，只要约定本身合法有效，就能够对当事人产生约束力，在出现纠纷时，法院可以以此作为依据，确定损害赔偿的数额。

一、事先约定赔偿的正当性

（一）法律规定中的事先约定赔偿

关于知识产权侵权损害赔偿数额的计算标准，根据我国现行《著作权法》《专利法》《商标法》《反不正当竞争法》的规定以及人民法院的审判实践，总共可以概括为实际损失、侵权获利、许可使用费、法定赔偿、约定赔偿、酌定赔偿、综合赔偿共七种类型。❶ 事先约定赔偿，是上述法定赔偿数额计算标准以外的一种独立的赔偿确定方式。

《最高人民法院关于审理侵犯专利权纠纷案件应用法律若干问题的解释（二）》（2020 年修正）第二十八条规定："权利人、侵权人依法约定专利侵权的赔偿数额或者赔偿计算方法，并在专利侵权诉讼中主张依据该约定确定赔偿数额的，人民法院应予支持。"在各类知识产权纠纷中，最为常见的是双方事后协议约定有关赔偿事宜，而本条规定所指明的约定赔偿不仅包括权利人与侵权人在侵权行为发生后就赔偿数额或赔偿计算方法所作出的约定，而且还包括

---

❶ 参见曹新明：《我国知识产权侵权损害赔偿计算标准新设计》，载《现代法学》2019 年第 1 期。

双方在侵权行为发生之前就赔偿问题所作出的约定，明确了侵权事先约定赔偿方式的可适用性，为侵权损害赔偿数额的确定方式指明了新路径。❶ 对专利权纠纷的这种解释体现了法院对事先约定的认可，在著作权纠纷案件中予以适用亦具有合理性。

虽然著作权法并未明确规定可以通过事先约定来确定侵权损害赔偿数额，但事先约定赔偿方式也并未被著作权法及相关法律法规所禁止。只要这种约定没有违反法律、行政法规的强制性规定，没有损害公共利益或他人利益，也不存在其他导致合同无效的情形，对当事人之间这种合法有效的约定应当予以认可。事先约定赔偿数额与著作权法赔偿计算方法适用顺序的规定也并不冲突，反而有利于解决著作权侵权纠纷中损害赔偿的计算难题，著作权法当然不会排斥。

（二）司法实践中的事先约定赔偿

在既往司法实践中，事先约定赔偿条款的可适用性也得到了认可，在中山市隆成日用制品有限公司与湖北省霸儿童用品有限公司侵害实用新型专利权纠纷案❷中，该案的双方当事人曾在另一起专利侵权纠纷案中达成了调解协议，约定了再次发生侵权行为时的赔偿数额。一审庭审中，隆成公司明确表示不选择合同违约之诉而选择专利侵权之诉，但请求法院对侵权赔偿数额按双方约定的标准计算。一审法院和二审法院并未采纳此主张，隆成公司不服终审判决，向最高人民法院申请再审，最高人民法院审理后认定在无法律规定无效等情形下，可直接以权利人与侵权人的事先约定作为确定侵权损害赔偿数额的依据。在卡拉威高尔夫公司与张家港华夏帽业有限公司侵害商标权纠纷案❸中，侵权人因实施侵权行为被投诉后，出具承诺书，载明重复侵权的约定赔偿，权利人在发生侵权时以此为依据向法院主张的赔偿数额同样得到了支持。

---

❶　参见刘文琦，李晓光：《专利侵权事先约定赔偿规则的构建与适用》，载《电子知识产权》2016 年第 9 期。

❷　参见武汉市中级人民法院（2008）武知初字第 144 号民事判决书、湖北省高级人民法院（2012）鄂民三终字第 86 号民事判决书、最高人民法院（2013）民提字第 116 号民事判决书。

❸　参见广东省广州市海珠区人民法院（2018）粤 0105 民初 19199 号民事判决书、广州知识产权法院（2019）粤 73 民终 5977 号民事判决书。

（三）事先约定赔偿的功能

当事人对再次侵权行为事先约定赔偿数额，主要目的在于阻遏重复侵权、恶意侵权行为，兼具补偿与惩罚双重功能，与合同法基于当事人之间基础交易关系和保障交易义务履行规定的违约金须严格符合损害填平原则有所不同，侵权损害赔偿制度的补偿、惩罚与预防三种规范功能在一种侵权行为中均可适用，❶ 赔偿数额超出受害人损失并不能认为是违背了损害填平原则。

二、事先约定赔偿的制度优势

（一）尊重私法领域的意思自治

私法与公法有不同的规范原则：私法以个人自由决定为特征，公法则以强制或拘束为内容；前者强调自主决定，后者须有法律依据及一定的权限。基于对个人自由权利的保障，应遵循"有疑义时为自由"的原则，❷ 尊重当事人的意思自治。每一个缔结合同的当事人，都被看成是自己利益的最佳评判人，是自己利益的最佳法官。❸ 在可预见违反约定后果的前提下，侵权人如实施合同所约定的行为，所导致的结果是其自愿选择的结果。❹ 根据当事人的事先约定确定赔偿数额，尊重了当事人对自己权利的意思自由和处分自由。

（二）效率更高、成本更低的争议解决方式

长期以来，我国知识产权司法实践深受损害赔偿计算难、举证难、认定难之困扰，有关案件审判亦存在"重侵权归责认定，轻赔偿数额论证"的现象。❺ 对知识产权损害赔偿数额进行认定时，需要量化知识产权的经济价值，由于知识产权自身的特性，其难度大大超过有形资产评估，其准确性也远远低

---

❶ 参见江平：《民法学》，中国政法大学出版社 2000 年版，第 435 页。

❷ 参见王泽鉴：《民法总则》，北京大学出版社 2022 年版，第 16 页。

❸ 参见李永军：《合同法》，中国人民大学出版社 2020 年版，第 31 页。

❹ 参见蒋华胜，杨岚：《事先约定可作为确定损害赔偿额的依据》，载《人民司法》2021 年第 23 期。

❺ 参见吴汉东：《知识产权损害赔偿的市场价值基础与司法裁判规则》，载《中外法学》2016 年第 6 期。

于后者。❶ 通过对当事人事先约定赔偿数额的采纳可以更高效地解决纠纷，当事人可免于繁重的举证负担，事先约定的证明难度远低于侵权获利、实际损失等的证明。法院也无须计算赔偿数额，尊重当事人的意思自治，得出准确的赔偿数额，大大提升了司法效率，节约司法资源，损害赔偿举证和计算难题一并得到解决。

三、事先约定赔偿的具体适用

（一）事先约定赔偿的适用顺序

在赔偿方式的适用顺序上，事先约定赔偿优先于法定赔偿方式。约定赔偿是对知识产权侵权的法定赔偿方式的补充，是为了弥补法定方式的不足而产生，当责任之前存在合法有效的约定时，可据此确定损害赔偿数额而无须转向法定赔偿方式再次进行衡量。按照私法自治原则，约定是当事人自由意志的表达，只要约定内容不违反法律，其适用应优先于著作权法关于侵权损害赔偿的一般规定。

（二）事先约定赔偿的适用范围

在理解事先约定中赔偿发生的条件时，需要注意法律解释的边界，拘泥于条款文字很可能会导致当事人预期利益的落空，适用在先约定确定侵权赔偿责任，应先结合侵权作品、权利类型和侵权方式、主观过错等因素，判断被诉行为是否属于在先约定的侵权行为范围，但不可能盲目进行扩张性解释，只有在先约定的侵权行为发生时，方可适用该约定来计算和确定具体的赔偿数额。

（三）事先约定赔偿的调整

事先约定赔偿作为一种事前的约定，其赔偿数额极有可能与实际损失有所出入，甚至存在较大的差异，事先约定赔偿存在着调整的现实可能，虽然兼具

---

❶ 参见卢平，赵开钧，雷体华：《对我国无形资产评估立法问题的思考》，载《法商研究（中南政法学院学报）》1996 年第 3 期。

惩罚和补偿双重属性，赔偿数额可以超过实际获利或损失，但是也不宜过高，同时，也存在着发生了难以预料的情形，导致约定的赔偿数额远低于受害人实际损失难以弥补的可能。《中华人民共和国民法典》第五百八十五条规定："约定的违约金低于造成的损失的，人民法院或者仲裁机构可以根据当事人的请求予以增加；约定的违约金过分高于造成的损失的，人民法院或者仲裁机构可以根据当事人的请求予以适当减少。"根据当事人的请求，法院可以对违约金进行调整，但法院是否可以对当事人之间的约定赔偿进行调整尚无明确规定。但这并不意味着其对法院干预约定损害赔偿持否定态度，而是法律的疏漏，❶ 既然法律允许调整违约金，则也应允许在特定情形下调整约定损害赔偿数额。

---

❶ 参见王利明：《合同法研究》，中国人民大学出版社 2015 年版，第 665 页。

第五编

不正当竞争

应用软件页面既可受著作权法保护亦可作为有一定影响的装潢受反不正当竞争法保护

——某科技（深圳）有限公司、深圳市某计算机系统有限公司与北京某网络科技有限公司侵害美术作品信息网络传播权、不正当竞争纠纷案[1]

朱　阁[*]　姜　瀚[**]

典型意义

本案判决明晰了著作权法和反不正当竞争法的保护边界，指出若存在独立于著作权法保护政策的新价值，则可以予以双重保护；明确了应用软件页面的独创性和实质性相似的判断标准。对于应用软件市场"搭便车"的行为，本案判决亮明了态度：鼓励创新创作和诚信经营，反对照搬照抄和不劳而获。本案入选 2019 年度中国版权十大热点案件。

关键词　信息网络传播权　不正当竞争　双重保护

案情介绍

原告一某科技（深圳）有限公司（以下简称某科技公司）对"微信"应

---

[1]　一审裁判文书字号：北京互联网法院（2019）京 0491 民初 1957 号民事判决书（2019 年 7 月 19 日）。

　一审合议庭组成人员：审判长姜颖、审判员卢正新、审判员朱阁。

[*]　朱阁，北京互联网法院综合审判一庭副庭长。

[**]　姜瀚，中国社会科学院大学互联网法治研究中心研究助理。

用软件、"微信红包聊天气泡和开启页"享有著作权,后授权原告二深圳市某计算机系统有限公司(以下简称某计算机公司)运营该软件并使用其中的美术作品。被告北京某网络科技有限公司是"吹牛"应用软件的著作权人和经营者。二原告主张:"吹牛"应用软件中三款电子红包的聊天气泡、开启页与其在先的美术作品构成实质性相似,被告的行为侵犯了二原告的信息网络传播权;"微信红包"相关页面及"微信"整体页面系有一定影响的装潢,"吹牛"应用软件进行了整体抄袭,极易造成相关公众混淆或误认。二原告请求法院判令被告停止侵害著作权和不正当竞争行为,消除影响,赔偿原告经济损失及合理支出共计450万元。

被告北京某网络科技有限公司辩称:第一,某科技公司并非本案的适格原告;第二,关于著作权权属和被控侵权行为,被告认为"微信红包聊天气泡和开启页"不具有独创性,故被告不存在侵权行为;第三,"微信红包"并非独立的产品或服务,不能构成有一定影响的装潢,原告的请求系从根本上否定他人享有的红包运营权利的垄断行为;此外,在应用软件"先下载安装、后打开使用"的规律下,用户在下载、安装并使用"吹牛"应用软件的过程中,不可能对该软件或其中收发红包功能与"腾讯"或"微信"应用软件产生任何混淆或误认,因此被告对该软件的开发使用没有违反诚实信用原则和公认的商业道德,其行为具有正当性,不构成不正当竞争。综上,被告请求法院依法驳回原告的全部诉讼请求。

经比对,原告、被告各自的电子红包开启页在组合元素、结构与布局、呈现效果等方面基本相同,区别在于被告的"云红包开启页"未点开页的黄色圆形中系指纹图样,"微信红包开启页"未点开页的相应位置为"開"字。原、被告各自的电子红包聊天气泡的创作元素、结构与特征、呈现效果均基本相同,区别在于被告"电子红包聊天气泡"的白色框内载有"吹牛红包"字样。

裁判内容

北京互联网法院经审理认为,本案争议焦点包括:一是对原告主张的侵害信息网络传播权行为的认定;二是对原告主张的不正当竞争行为的认定。

一、对原告主张的侵害信息网络传播权行为的认定

从整体上看，涉案"微信红包聊天气泡和开启页"的颜色与线条的搭配、比例，图形与文字的排列组合，均体现了创作者的选择、判断和取舍，展现了一定程度的美感，具有独创性，构成我国著作权法意义上的美术作品。被告未经许可，在其经营的"吹牛"应用软件中使用与涉案美术作品相近似的电子红包聊天气泡和开启页，使该软件用户可以在其选定的时间和地点获得与涉案美术作品相近似的页面，侵害了原告依法享有的信息网络传播权，应当承担相应的民事责任。

二、对原告主张的不正当竞争行为的认定

（一）本案中是否还需要为原告提供不正当竞争的法律保护

著作权法是对于作品创作和传播中产生的专有权利的保护，而反不正当竞争法是对经营中产生的竞争利益的保护，二者保护的利益并不重合。原告主张"微信红包"相关页面构成有一定影响的装潢，有一定影响的装潢具有识别商品来源的作用，故原告上述主张是就"微信红包"相关页面寻求标记类经营成果的保护，与其主张著作权法保护的利益不同，原告可以在著作权法之外同时寻求反不正当竞争法的保护。

（二）某科技公司是否为提起本案不正当竞争诉讼的适格原告

原告须与本案有直接利害关系。在不正当竞争法律关系中，"直接利害关系"应从被控不正当竞争行为是否直接损害特定经营者的利益来具体考量。如果特定经营者未因其他经营者的竞争行为而遭受合法利益的损害，则难以认定该特定经营者与本案具有直接的利害关系。这里所说的"利益"应为竞争利益，主要体现为对客户群体、交易机会等市场资源的争夺中所存在的利益。某科技公司系"微信"应用软件的著作权人，依照其授权，某计算机公司运营"微信"应用软件。某科技公司虽然是著作权人，但并非上述软件和服务的经营者。该公司既不经营，也未使用过其主张的商业标识，不能对其享有经营的利益。即便该公司对其主张的相关页面享有利益，也不是基于其经营中的

劳动行为产生。故某科技公司无法就"微信"应用软件以及"微信红包"与被告进行市场资源的争夺，被控侵权行为不会给其造成竞争利益的损害。因此，某科技公司与本案不正当竞争主张没有直接利害关系，不是不正当竞争诉由的适格原告。

（三）原告主张的"微信红包"相关页面及"微信"整体页面是否构成有一定影响的装潢

《中华人民共和国反不正当竞争法》（以下简称《反不正当竞争法》）规定的"装潢"包含商品的装潢和服务的装潢。本案中，"微信红包"相关页面及"微信"整体页面，是"微信红包"服务的整体形象，其相关页面附加的文字、图案、色彩及其排列组合，具有美化服务的作用，应当属于装潢。"微信红包"服务具有较高知名度和使用量。涉案"微信红包"相关页面的风格选择、整体布局、色彩搭配形成了独特的设计组合，相关公众能够将其与"微信红包"及其经营者联系起来，从而起到识别服务来源的作用。因此，涉案"微信红包"相关页面构成反不正当竞争法规定的"有一定影响的装潢"。"微信"整体页面主要由搜索栏、好友聊天列表、功能栏、聊天页面、图标等组成，上述页面设计仅是为了实现必要功能、操作便利、满足用户习惯等功能性要求，仅是软件类产品的常规设计，没有体现出独特性，并未与"微信"应用软件及其经营者形成相对稳定的指向性联系，起到区分服务来源的作用。因此，涉案"微信"整体页面不构成"有一定影响的装潢"。

（四）被告是否实施了不正当竞争行为及是否应承担相应的法律责任

被告的"吹牛"应用软件与"微信"应用软件同属即时通信工具，均提供收发红包服务，将"吹牛"应用软件中电子红包的红包发送页、红包聊天气泡、红包开启页、红包查看详情页与涉案"微信红包"相关页面比较，虽然其"云红包开启页"未点开页中点开位置是指纹图样，不是"微信红包开启页"未点开页中的"開"字样，但其3款红包相关页面与"微信红包"相关页面的基本形状、颜色搭配、元素构成、结构布局等具体设计均一致，各自整体视觉效果构成近似，可以认定被告使用了与"微信红包"相近似的装潢。虽然两个软件名称不同，被告的3款红包亦明确标注了"吹牛红包""支付宝红包""云红包"字样，但在"微信红包"具有相当知名度的情况下，被告的上述使用方式存在导致相关公众发生混淆和误认的可能性，易使相关公众误认为"吹牛"应用软件的提供者与"微信"应用软件的提供者存在某种特定联系。因此，被告的相关行为构成不正当竞争，被告对此应当承担民事责任。

此外，涉案"微信红包"相关页面已经适用《反不正当竞争法》第六条第（一）项予以保护，无须考察适用其他条款；"微信"整体页面设计为常规设计，不具有显著性，不能起到识别服务来源的作用，被告使用相同的页面不足以导致相关公众产生误认或混淆，且仅就该页面的模仿难以认定被告违反自愿、平等、公平、诚信等原则，违反法律和商业道德。因此，"微信"整体页面亦不应适用《反不正当竞争法》第六条第（四）项、第二条予以保护。

综上，法院认为：

第一，涉案"微信红包聊天气泡和开启页"具有独创性，构成美术作品；某科技公司与某计算机公司对涉案美术作品享有著作权，均系本案著作权诉讼的适格原告；被告侵犯了某科技公司与某计算机公司对涉案美术作品享有的信息网络传播权，应当承担相应的法律责任。

第二，某科技公司不是提起本案不正当竞争诉讼的适格原告。

第三，"微信红包"相关页面构成有一定影响的装潢，被告实施了相应不正当竞争行为，应当根据《反不正当竞争法》第六条第（一）项承担相应法律责任；"微信"整体页面不构成有一定影响的装潢，不能适用《反不正当竞争法》第六条第（一）项、第（四）项或第二条予以保护。

裁判结果

北京互联网法院依照《中华人民共和国著作权法》第十条第一款第（十二）项、第四十八条第（一）项、第四十九条，《中华人民共和国反不正当竞争法》第二条、第六条第（一）项和第（四）项、第十七条，《中华人民共和国民事诉讼法》第一百一十九条第（一）项、第一百五十四条第一款第（三）项之规定，判决如下：

一、被告北京某网络科技有限公司立即停止在"吹牛"应用软件（iOS 系统和 Android 系统）中侵害原告某科技公司、某计算机公司信息网络传播权的

行为;

二、被告北京某网络科技有限公司于本判决生效之日起十日内,向原告某科技公司、某计算机公司赔偿因侵害信息网络传播权造成的经济损失 10 万元;

三、驳回原告某科技公司就涉案不正当竞争行为的起诉;

四、被告北京某网络科技有限公司立即停止在"吹牛"应用软件(iOS 系统和 Android 系统)中的涉案不正当竞争行为;

五、被告北京某网络科技有限公司于本判决生效之日起十日内,持续三十日在其官方网站(www. meetqs. com)首页上刊登声明,为原告某计算机公司消除影响(声明内容需经本院审核,逾期不履行,本院将根据原告某计算机公司申请在一家全国发行的报刊上刊登判决书主要内容,相关费用由被告北京某网络科技有限公司负担);

六、被告北京某网络科技有限公司于本判决生效之日起十日内,向原告某计算机公司赔偿因不正当竞争行为造成的经济损失 40 万元;

七、被告北京某网络科技有限公司于本判决生效之日起十日内,向原告某科技公司、某计算机公司赔偿合理开支 94896 元;

八、驳回原告某科技公司、某计算机公司的其他诉讼请求。

一审判决后,双方当事人均未上诉,判决已发生法律效力。

法官解读

经营者的智力成果或经营成果,一般会受到知识产权专门法的保护,知识产权专门法不予保护的利益,是否可以及如何适用反不正当竞争法进行保护,是理论界和实务界持续讨论的重要命题。

通过司法实践观察,在知识产权专门法和反不正当竞争法交叉的案件中,法律适用规则亟待明确。例如,在暴风公司"在线播放"不正当竞争案❶中,在原告不享有涉案作品信息网络传播权的情况下,一审法院适用《反不正当竞争法》第二条,认为被告线上播放电影的行为对于原告享有的对涉案作品的复制权和发行权造成影响,构成不正当竞争行为;而二审法院则认为,暴风

---

❶ 参见北京市石景山区人民法院(2012)石民初字第 2951 号民事判决书。

公司通过互联网在线播放涉案电影的行为实际仅涉及是否侵犯涉案电影著作权人信息网络传播权的问题，且属于著作权法和《信息网络传播权保护条例》的适用范围，在此情况下，暴风公司的上述行为不属于反不正当竞争法的适用范围，也不具备适用《反不正当竞争法》第二条的前提要件。该案件中一审、二审法院的分歧一定程度上反映出实践中著作权法和反不正当竞争法复杂的适用关系。而本案中，被控不正当竞争行为系对"微信红包"相关页面的使用，在法院已经认定被告使用与涉案美术作品近似页面的行为侵害了原告享有的信息网络传播权的情况下，针对原告是否可以就"微信红包"相关页面的使用寻求反不正当竞争法保护这一问题，就必须通过审慎明确的逻辑分析加以界定，对作出或拒绝作出"双重保护"进行正面回应。

本案中，法院认定"微信红包"构成"有一定影响的装潢"的核心因素在于对其性质和功能的明确。涉案"微信红包"相关页面及"微信"整体页面，是"微信"应用软件电子红包功能服务的整体形象，其相关页面附加的文字、图案、色彩及其排列组合，具有美化服务的作用，应当属于装潢。"微信红包"相关页面的风格选择、整体布局、色彩搭配形成了独特的设计组合，相关公众能够将其与"微信红包"及其经营者联系起来，从而起到识别服务来源的作用。本案中，被告认为"微信红包"的外观设计属于提供相关服务的必然选择，因此不构成装潢，亦无益于消费者识别服务来源，该主张未得到法院的认可，因为现阶段在市场上确有多种不同的红包服务外观设计，而被告产品与原告产品之间的相似度超出了有效提供红包服务的必要限度。"微信红包"服务自推出以来，取得了良好的宣传效应，并得到用户的广泛使用和欢迎，连续多年在春节期间收发量达到数百亿个，具有广泛的影响力。其在作为美术设计固有的著作权客体性质之外，同样具有鲜明显著的区分服务来源的功能，且后者的意义可能比前者更为重要。本案是在互联网这样一个仍处于蓬勃发展阶段、不断涌现新事物的领域中确认了我国传统知识产权领域和反不正当竞争领域法律的保护意涵，将互联网所独有的内容与传统保护客体一样纳入法律规制的范围，避免了法律在其应有之义的界限内遭受应用真空，又清晰地认识到法律规制的边界，为类似案件提供了典型参考。

在当前互联网经济下，新客体、新业态、新的商业模式大量涌现，新型竞争行为层出不穷，当事人在越来越多的案件中同时主张适用著作权法和反不正当竞争法，或者在著作权法无法得到保护时主张适用反不正当竞争法，使得著作权法和反不正当竞争法适用的冲突与协调显得更为突出和重要。虽然从我国反不正当竞争法的立法目的来看，反不正当竞争法意在规制行为，而非保护成果，但是在规制不正当行为的同时，客观上可能会起到保护成果的作用。因此，反不正当竞争法也在一定程度上发挥了保护成果的作用。在具体的司法适用中，如何调适反不正当竞争法的保护边界，使之既不因自然附带的成果保护效果而影响知识产权专门法的保护效能，又不至于因噎废食、投鼠忌器，为了防止附带效果的越界而失去原有的保护竞争利益的功能，就成为司法适用中重点讨论和细致斟酌的关键争议点。

最高人民法院在《关于充分发挥知识产权审判职能作用推动社会主义文化大发展大繁荣和促进经济自主协调发展若干问题的意见》（法发〔2011〕18号）中明确指出："反不正当竞争法补充保护作用的发挥不得抵触知识产权专门法的立法政策，凡是知识产权专门法已作穷尽性规定的领域，反不正当竞争法原则上不再提供附加保护，允许自由利用和自由竞争，但在与知识产权专门法的立法政策相兼容的范围内，仍可以从制止不正当竞争的角度给予保护。"

对于上述司法政策应当理解为，如果原告主张的权利客体属于知识产权专门法所保护的客体，原则上不再由反不正当竞争法进行调整。但是，当同一客体承载的利益性质发生变化时，则可以同时适用反不正当竞争法进行保护。由于知识产权专门法对专有权的形式加以了严格的限制，而反不正当竞争法的适用则没有权利范围、保护条件等要求，因此反不正当竞争法保护附带的成果保护效果反而可能比知识产权专门法的成果保护更宽泛，这就需要将反不正当竞争法的适用放在整体的和体系化的视角下来处理。在具体的司法审判之中，尤其应当对客体所承载的利益性质的变化保持敏感，避免因适用反不正当竞争法保护成果而导致事实上的垄断。例如在本案中，法院之所以在认定微信红包聊天气泡和开启页受到著作权保护的同时，认定微信红包相关页面构成有一定影响的装潢，可以受到反不正当竞争法的保护，是因为微信红包的外观设计在实际商业场景中并不仅仅承担美术作品的功能，同样具有巨大的商业价值，事实上承载了商业行为的功能。对于这类权利客体所承载的利益事实上已经发生改变的情况，如果仍然只适用知识产权专门法来保护，则有一叶障目、不见泰山之虞。而对于原告主张的"微信"整体页面构成有一定影响的装潢，应受反不正当竞争法保护的这一主张，法院未予支持，正是因为"微信"整体页面的简洁设计仅包含必要的功能模块和其他模块间一定的位置关系，属于有效提供网络社交服务的必然选择，其商业行为和商业价值的属性，尤其是对其进行反不正当竞争专门保护的社会价值，并未达到原告主张中声称的程度，如果予以支持，可能导致原告在网络社交领域事实上的垄断。

　　综上所述，本案在避免知识产权专门法和反不正当竞争法的"双重保护"考虑的基础上，确认了微信红包在性质与功能两方面的独特性，辨析了司法政策的规则及其背后的说理。对本案的案情及判决说理进行提炼可以发现，在处理知识产权专门法与反不正当竞争法适用的关系时，应当适用以下原则进行审理：第一，要注意协调两种关系，一是协调知识产权专门法与反不正当竞争法的关系，二是协调反不正当竞争法内部的原则规定与特别规定的关系；第二，在专门法对某一具体行为已作出明确规定的情况下，则应通过专门法来进行调整，不应再适用反不正当竞争法原则条款进行调整；第三，当同一客体承载的保护的利益性质存在不同时，可以分别适用知识产权专门法和反不正当竞争法进行审查判断。

恶意利用他人数据产品账号牟取
经营利益构成不正当竞争行为

——某信息技术（北京）有限公司与北京某科技有限公司
侵害作品信息网络传播权与不正当竞争纠纷一案[❶]

龚　娉[*]　孙　萌[**]

典型意义

从"共享"兴起的社会背景和"共享"的理念精神，可知"共享"应该以互利共赢为前提，以不得损害他人的合法权益为边界。违背诚信原则和公认商业道德，恶意利用他人视频资源牟取经营利益的行为构成不正当竞争。虽然司法应通过裁判促进新业态、新模式的发展，但对于打着"共享"旗号，不正当地破坏商业经营秩序的行为，应坚决予以规制，维护好互联网的营商环境。

关键词　VIP 会员　共享会员　信息网络传播权　不正当竞争

案情介绍

原告系某网站经营者，网络用户可以通过购买某网 VIP 会员的方式，观看

---

❶　一审裁判文书字号：北京互联网法院（2018）京 0491 民初 429 号民事判决书（2019 年 9 月 2 日）；二审裁判文书字号：北京知识产权法院（2019）京 73 民终 3570 号民事判决书（2020 年 11 月 26 日）。

　一审合议庭组成人员：审判长卢正新、审判员龚娉、审判员王恒。

*　龚娉，北京互联网法院立案庭法官。

**　孙萌，中国社会科学院大学互联网法治研究中心研究助理。

某网热映及独家特供的影视节目，其中包含原告享有独占信息网络传播权的《战狼2》（以下简称涉案电影）等影片。被告北京某科技有限公司是"蔓蔓看" App 的经营者，通过抓取原告服务器上的内容，直接在自身网站中向用户提供，未经原告许可提供了涉案电影的在线有偿播放，并通过技术手段去除视频广告，降低了原告的广告曝光率。原告认为被告侵害了其享有的信息网络传播权并构成不正当竞争，请求法院判令被告停止侵权并赔偿经济损失和合理开支共计 200 万元。

被告北京某科技有限公司辩称：被告只是采用内容搜索及推荐技术，直接跳转至某播放页面，对方证据也显示是在某浏览器进行播放，被告提供的是"共享会员"商业模式，通过技术方式和商业模式将合法购买的会员资源进行分享，不影响原告平台的收入和商业价值，所以不构成侵权和不正当竞争。

法院经审理查明：原告系视频网站某网的经营单位。经《战狼2》出品人北京登峰国际文化传播有限公司授权，原告取得该电影的独占性信息网络传播权。被告是视频播放软件"蔓蔓看"的经营单位。

被告购买了某网 13 个 VIP 会员，在"蔓蔓看" App 后台登录其掌握的某网 VIP 会员账号情况下，通过用户点击，访问某网涉案影片的链接地址，在其经营的 App 上为其用户提供涉案影片播放，让其用户享受某网付费会员的播放权益。"蔓蔓看" App 为其用户提供的是有偿服务，收费标准是：单片付费 1 元、Plus 蔓会员月度卡 19 元、Plus 蔓会员季度卡 45 元和 Plus 蔓会员年度卡 179 元。

某网 VIP 会员服务协议第一条第（二）款"账号管理及使用"中第 7 项"登录限制"规定："您理解并同意：为保护您的会员账户安全，避免共享密码或泄露被盗，某 VIP 会员账号仅限您个人使用，不允许转借或租借他人。"

裁判内容

北京互联网法院经审理认为，本案主要的争议焦点包括：一是被告涉案行为是否侵害原告信息网络传播权；二是被告通过购买原告会员向公众提供原告享有权利视频的所谓"共享经济"模式是否构成不正当竞争。

一、被告涉案行为是否侵害原告信息网络传播权

根据《最高人民法院关于审理侵害信息网络传播权民事纠纷案件适用法律若干问题的规定》第三条的规定,侵害信息网络传播权的行为系指网络用户、网络服务提供者未经许可,通过信息网络提供权利人享有信息网络传播权的作品、表演、录音录像制品。通过上传到网络服务器、设置共享文件或者利用文件分享软件等方式,将作品、表演、录音录像制品置于信息网络中,使公众能够在个人选定的时间和地点以下载、浏览或者其他方式获得的,人民法院应当认定其实施了前款规定的提供行为。这里所说的提供行为是指将作品置于向公众开放的服务器中的行为。涉案影片的播放系登录原告网站 VIP 会员账号,访问某网站涉案影片的链接地址获取的正版影片资源,因此将作品置于向公众开放的服务器中的直接行为人是原告,而并非被告,被告仅实施了提供作品链接的行为,被告不构成对原告信息网络传播权的直接侵害。同时,因原告享有涉案影片的信息网络传播权,故不存在直接侵权行为,被告的行为也不构成帮助侵权。故对原告关于被告侵害其信息网络传播权的主张,北京互联网法院不予支持。

二、被告通过购买原告会员向公众提供原告享有权利视频的所谓"共享经济"模式是否构成不正当竞争

原告主张依据《中华人民共和国反不正当竞争法》(以下简称《反不正当竞争法》)第二条,被告涉案行为构成不正当竞争,对此应从被告涉案行为是否违反了诚实信用原则和互联网行业公认的商业道德,是否损害了原告的合法权益来进行判断。

(一)被告涉案行为是否违反了诚实信用原则和互联网行业公认的商业道德

原告须投入巨大成本才能获得和维持现有的竞争资源和竞争优势,仅以本案涉案影片一部电影为例,原告光支付的年均使用费就达 1200 万元,为了能有效回收成本,原告展开各种形式的经营活动,包括用户付费视频服务及分销、转授权合作等。原告针对用户制定了 VIP 会员的服务协议和定价标准,并

为了获得更多的交易机会，将协议内容和订约机会开放给网络用户自由选择。被告作为互联网视频服务提供者，在明知互联网视频市场的经营方式和盈利模式的情况下，却利用购买的原告 VIP 会员账号以极低的成本获取原告价格高昂的正版片源，并且违反原告 VIP 会员协议中仅限会员个人使用的限制，用于经营牟利，以会员服务协议之名行攫取原告正版片源之实，实际上攫取了原告的竞争资源和竞争优势，具有明显的"搭便车"和"食人而肥"的特点，主观上存在明显恶意。

被告辩称涉案行为系"共享经济"创新模式。所谓的"共享经济"应是指整合社会闲置资源，使不同主体通过出让和使用资源共同获得经济红利。因此，共享应以各方的互利共赢为前提，以不得损害他人的合法权益为边界。而被告的经营模式是利用原告投入大量资金获取的影片资源为自己牟利，被告所称提高了原告 VIP 会员的利用率，实际是以极低的成本攫取他人的合法商业资源，以损害对方的经营利益为代价获得被告自己的收益，并且看似为其用户提供了性价比更高的服务，提供"一站式"会员服务，免去了用户购买各大视频网站会员服务的"麻烦"，但这种靠攫取他人利益牟利的行径，只会破坏良性的竞争环境和激励创作、传播的机制，最终导致合法经营者没有动力通过经营活动来丰富互联网内容资源、改善互联网服务，最后殃及的还是网络用户。故被告的这一主张，不能成立。

被告辩称其与原告有协议及仅涉及违约的意见。首先，被告违反原告 VIP 会员协议中仅限会员个人使用的限制，故不能以该协议来证明其行为的正当性。其次，被告违反原告 VIP 会员服务协议并将其账号用于经营牟利，侵害原告合法财产权益，存在违约责任与侵权责任的竞合。根据《中华人民共和国合同法》（已废止）第一百二十二条的规定，因当事人一方的违约行为，侵害对方人身、财产权益的，受损害方有权选择依照合同法要求其承担违约责任或者依照其他法律要求其承担侵权责任；现原告依据反不正当竞争法主张被告承担不正当竞争行为的责任，于法有据。被告的这一理由，不能成立。

（二）原告利益是否受到损害

被告涉案行为为其攫取了与其投入完全不对等的正版视频资源，取得了本不享有的竞争优势，致使原告遭受了"劳而不获"的损害后果，原告本应获取的收益包括 VIP 会员服务收益和分销收益等均难以实现，依靠其竞争资源和竞争优势争取到的用户注意力和与此相关的交易机会也面临减少或丧失。

综上，被告涉案行为不符合诚实信用原则和互联网行业的商业道德，且损害了原告的合法权益，造成了原告交易机会的减少，构成不正当竞争。

裁判结果

北京互联网法院依据《中华人民共和国反不正当竞争法》第二条、第十七条，《中华人民共和国侵权责任法》第十五条第（一）项、第（六）项❶，《中华人民共和国著作权法》第四十八条❷第（一）项和《最高人民法院关于审理侵害信息网络传播权民事纠纷案件适用法律若干问题的规定》第三条之规定，判决如下：一、北京某科技有限公司于本判决生效之日起十日内赔偿某信息技术（北京）有限公司经济损失 1946000 元；二、北京某科技有限公司于本判决生效之日起十日内赔偿某信息技术（北京）有限公司合理开支 54000 元；三、驳回某信息技术（北京）有限公司其他诉讼请求。北京某科技有限公司如果未按本判决指定的期间履行给付金钱义务，应当依照《中华人民共和国民事诉讼法》第二百五十三条之规定，加倍支付迟延履行期间的债务利息。

宣判后，北京某科技有限公司不服原审判决，提起上诉。北京知识产权法院 2020 年 11 月 26 日作出（2019）京 73 民终 3570 号民事判决：驳回上诉，维持原判。判决已经生效。

法官解读

当今，纷繁复杂的视频软件丰富着我们的娱乐生活，各种各样的影视节目会在各大视频软件上线，用户可以根据自己的需求进行选择。但影视节目在各大视频软件的分散化上线，使得用户经常需要同时打开不同的视频软件

---

❶ 现变更为《中华人民共和国民法典》第一千一百六十七条。
❷ 现变更为《中华人民共和国著作权法》（2020 年修正）第五十二条。

才能观看不同的视频，尤其是视频运营商取得某一影视作品独播权的情况下，给广大用户带来诸多不便。如何解决这一问题，便得广大视频用户不再受制于单个的视频软件，而是在同一个视频平台上就可以观看自己想要观看的视频成为现实需求。也正因此，视频聚合平台"应运而生"，同时埋下了知识产权的隐患。

一、"共享会员"服务概述

以"蔓蔓看"App为例，对视频聚合平台这种"共享会员"服务作简要介绍。

《国家新闻出版广电总局关于调整〈互联网视听节目服务业务分类目录（试行）〉的通告》规定，"聚合网上视听节目的服务"系第三类互联网视听节目服务，指将互联网上的视听节目信息编辑、排列到同一网站上，并向公众提供节目的查找、收看服务的业务活动。而"蔓蔓看"此类"共享会员"的服务模式是：视频聚合平台购买各大视频软件的会员产品供本平台的用户使用；本平台的用户仅需在这一个平台上进行内容搜索，平台便会根据用户搜索的内容直接跳转至有相应资源的视频软件上；根据各大视频软件的会员使用规则，本平台的用户登录本平台已经购买好的会员即可享受会员服务，省去了用户打开无数个应用找视频的麻烦，也避免了安装各种各样的客户端。其实质在于：此类视频聚合平台并不采购版权，而是用自己的信息购买各大视频软件的会员，而后将之以较低的价格方式出售给不特定第三人，从中赚取差价、谋取利益。

本案中被告抗辩"共享会员"的行为源于"共享经济"的发展理念。所谓"共享经济"是指整合社会闲置资源，使不同主体通过出让和使用资源共同获得经济红利。因此，共享的本质应以各方的互利共赢为前提，以不得损害他人的合法权益为边界。因此，类似"蔓蔓看"的这种视频聚合平台并不属于"共享经济"。而视频聚合平台通过这种数据账号租赁的方式，未经视频软件运营者同意就以完全不对等的对价从视频软件运用者处获取了价格高昂的正版片源，进行经营牟利，其实质是以共享数据产品账号之名行攫取原告正版片源之实，并非真正意义上的"共享"，而是侵害他人合法权益的不劳而获。

二、"共享会员"服务的侵权行为

(一)侵权行为一:不正当竞争

1. 竞争关系

竞争的本质是对经营资源和商业机会的争夺。对于互联网视频行业的经营者而言,竞争资源不仅是指需要投入大量成本获取的优质商业资源,也包含了平台通过激烈竞争和长期经营所积累的用户和流量。经营者只有提供更多样化的视频播放方式,才能不断满足用户的不同需求,不断提升用户的观看体验,反过来才能增强用户的黏性,从而获取更多的竞争优势。竞争关系从狭义上讲是指同业经营者之间的关系。所谓同业经营者,是指经营相同或者近似商品的经营者,而近似商品就是具有替代性的商品,即这些商品在功能或者用途上可以互相替代。即侵权与被侵权之间应是竞争关系。

2. 不正当竞争行为

不正当竞争行为强调侵权行为具有不法性。具体可以体现在以下几个方面:一是侵权人未经被侵权人许可擅自将权利人所有的视频资源聚合至本平台;二是侵权人利用搜索技术无视被侵权人设置的限制第三方访问的 Robots,违反行业性自律协议的规定,强行访问权利人的资源;三是侵权人因为该侵权行为而获利,具有"食人而肥"劳少获多之嫌,违背了公认的商业道德。总之,对于这种依靠其他经营者的资源获利但不付出对价的经营者而言,获利的同时损害其他经营者利益就应认定为"不正当"。

3. 不正当竞争行为给正版经营者造成了实际损害

正常经营正版视频资源的运营者,不仅要负担高额的著作权使用费,还须负担视频存储的服务器成本、带宽成本等,此外还有宣传推广等其他成本投入,为回收成本和获得收益,使得经营者逐步从提供免费视频服务加广告的模式转变为付费视频服务的模式。并且经营者根据成本和竞争策略制定具体的收费标准和会员规则,并结合技术手段对会员账号的使用范围予以明确限定,限定为会员个人使用,禁止被他人用于经营牟利。侵权行为不仅导致版权方无法正常收回其合法的运营成本,而且因为其违反商业道德、破坏行业规则分流了版权方的部分用户,切断了用户与版权方的联系进而阻断了版权方其他营利的可能，给版权方造成了利益损害。

4. 小结："共享会员"构成不正当竞争

"蔓蔓看"此类视频聚合平台的运营模式不仅破坏了视频软件运营者基于经营自主权对其 VIP 账号所作的使用限制，而且攫取了视频软件运营者的交易机会、会员收入及用户流量等竞争资源和竞争优势。从长远看，也将降低市场活力、破坏竞争秩序和行业健康发展，并最终造成消费者福祉的减损。因此，视频聚合的"共享会员"模式损害了同行业经营者的利益，构成"不正当竞争"。

（二）侵权行为二：信息网络传播权

1. 违法行为

信息网络传播权侵权行为的违法性，是指该行为违反法律强制性规定，且该侵权行为不属于法定许可、合理使用等法定免责事由，由此需要侵权人承担侵权责任。根据《最高人民法院关于审理侵害信息网络传播权民事纠纷案件适用法律若干问题的规定》第三条可知，违法行为的具体内容是指侵权人通过上传到网络服务器、设置共享文件或者利用文件分享软件等方式，将作品、表演、录音录像制品置于信息网络传播中，使公众能够在个人选定的时间和地点以下载、浏览或者其他方式获得。

2. 损害事实

损害事实是指因侵权人的违法行为，致使版权者的信息网络传播权受到损害。具体可从以下几个层面把握：一是要求版权方的信息网络传播权属于我国著作权法保护的范围；二是要求该损害具有现实性，即版权方主张该损害具有抽象性或言之该损害不具有客观性，那么该主张便不能得到认可；三是不仅要求该损害具有现实性，而且要求该损害达到一定程度，宛如刑法中轻微伤一般不予判刑。唯有此，该损害才能在法律上得以救济。

3. 因果关系

因果关系指的是违法行为与损害结果之间具有引起与被引起的关系。从客观角度而言，一般是违法行为发生在前，违法行为对版权方的信息网络传播权造成直接或间接的侵权，而后版权方的利益受损，直接后果是信息网络传播权受到影响。关于这一点的判断，更多需要法官在个案中根据案件事实与既有证据裁量。

4. 主观过错

侵犯信息网络传播权属于一般侵权，侵权行为的归责应该考察行为人是否存在主观过错，即过错责任原则。根据前述内容，侵权人的过错有以下两种：一是恶意获利性，这种逐利性质一定程度上决定了侵权行为的基础；二是明知非法性，即侵权人明知版权者是视频资源的所有者但其故意利用非法方式"占有"其所有的资源。

5. 小结："共享会员"不构成对信息网络传播权的直接侵害

"共享会员"的本质在于通过聚合的方式将资源聚合至本平台，用户搜索后以链接的方式跳转至相应的版权平台，因此并无将版权方所有的资源置于向公众开放的服务器中。故，"共享会员"不构成对版权方信息网络传播权的直接侵害。

三、结语

共享应为互利共赢，而非不劳而获。为保障数字经济持续健康稳定发展，优化营商环境，司法应通过裁判促进新业态、新模式的发展，但对于打着"共享经济"旗号，不正当地破坏商业经营秩序的行为，应坚决予以遏制，维护互联网经济健康有序发展。

律所未经许可使用其他律师文章
一般不构成不正当竞争行为

——张某与北京市某律师事务所侵害美术作品
著作权及不正当竞争纠纷案❶

朱　阁* 李广钊**

典型意义

司法实践中，侵犯著作权与不正当竞争纠纷交叉的现象屡见不鲜。本案明确了应当体系思考协调著作权法与反不正当竞争法的关系，两者不是相互独立、平行保护，而是相互补充、有限补充。在著作权法对某一类行为已作出明确规定的情况下，则应优先通过著作权法来进行调整，而不适用反不正当竞争法的一般法律原则。如果著作权法保护力度不够，或者其并不能保护所有被侵害的利益，那么可以再从反不正当竞争法的角度进行考量。

关键词　著作权法　反不正当竞争法　律师文章

案情介绍

原告张某系北京某（石家庄）律师事务所律师，分别于 2017 年 1 月、

❶　一审裁判文书字号：北京互联网法院（2019）京 0491 民初 14533 号民事判决书（2019 年 11 月 11 日）。

　一审合议庭组成人员：审判长朱阁、审判员颜君、审判员刘更超。

*　朱阁，北京互联网法院综合审判一庭副庭长。

**　李广钊，中国社会科学院大学互联网法治研究中心研究助理。

2018 年 2 月在其微信公众号、今日头条账号上发布文章《划拨土地合作开发房地产论》。2018 年 4 月，北京市某律师事务所未予张某署名，将此文章发布于其运营网站。

原告张某诉称：北京市某律师事务所将其创作的《划拨土地合作开发房地产论》一文公开发布于其运营网站，用作商业宣传之用，并造成在百度网络搜索"划拨土地开发房地产律师"等字眼后将流量导向北京市某律师事务所的后果，事实上已部分达到被告在侵权文章中大力宣传"找房地产咨询律师，就找某律师事务所"的商业目的，进而获取商业利益。张某认为，被告网站首页使用此文章未予署名，构成对原告署名权、信息网络传播权的侵犯；被告在此文章尾部标注广告语进行商业宣传，且通过百度搜索文章标题，搜索结果第一页显示有被告网站链接，将流量导向被告，违反诚实信用原则，构成不正当竞争。故原告诉请判令被告停止侵权行为、在其网站上公开道歉、赔偿原告经济损失（侵犯原告署名权、信息网络传播权及不正当竞争造成的损失）及合理费用 30 万余元。

被告北京市某律师事务所辩称：涉案文章不具有创新性及新颖性。北京市某律师事务所转载涉案文章也并非故意且并非以营利为目的，并且在收到作者通知后第一时间删除了涉案文章。被告在律师事务所网站首页正中位置发布致歉声明，对其声誉及预期收益造成的损失远远超过被控侵权行为给张某造成的损失。张某所主张的 30 万元经济损失及 2000 元公证费没有法律依据。综上，请求法院依法驳回原告的全部诉讼请求。

裁判内容

北京互联网法院经审理认为，本案的争议焦点如下：一是被告转载原告的文章是否侵犯其署名权、信息网络传播权；二是赔偿损失具体数额的确定；三是知识产权专门法与反不正当竞争法的适用关系。

一、被告转载原告的文章是否侵犯其著作权

著作权属于作者，如无相反证明，在作品上署名的公民、法人或者其他组织为作者。本案中，原告在微信公众号"张某论法律"中发布涉案文章，署名

张某，在无相反证据的情况下，可以认定原告为涉案文章的作者，对涉案文章享有著作权，该权利应受到法律保护。未经原告许可，被告在其网站使用涉案文章且未给原告署名，侵犯了原告就涉案文章享有的署名权和信息网络传播权。

二、赔偿损失具体数额的确定

《中华人民共和国著作权法》（2010 年修正，以下简称《著作权法》）第四十九条规定，赔偿数额应当包括权利人为制止侵权行为所支付的合理开支；权利人的实际损失或者侵权人的违法所得不能确定的，由人民法院根据侵权行为的情节，判决给予五十万元以下的赔偿。针对该条款的适用，《最高人民法院关于审理著作权民事纠纷案件适用法律若干问题的解释》第二十五条第二款规定，人民法院在确定赔偿数额时，应当考虑作品类型、合理使用费、侵权行为性质、后果等情节综合确定。此外，在确定损害赔偿数额时还应注意到，不仅要充分发挥损害赔偿制度弥补权利人实际损失的功能，还要起到预防侵权行为的作用。结合本案，在案证据不能确定原告的实际损失或者被告的违法所得，法院将综合考虑以下因素依法酌情判定赔偿数额：（1）原告的公证费支出，合理且必要，法院予以全额支持；（2）本案涉案文章系文字作品，《使用文字作品支付报酬办法》中基本稿酬标准可作为参考；（3）被告在其网站首页本所新闻处使用涉案文章未给原告署名，并在该文章尾部标注指向自身的字样；（4）百度搜索引擎结果页面第 1 页显示被告网站链接。

关于原告申请法院责令被告提交涉嫌侵权至今之全部商业法律服务合同及财务收入账簿以确定被告侵权所得金额一事，原告提交的聊天记录截屏，即使是客户因涉案文章而向其咨询相关事务，但是最终是否可以代理案件收取费用，还要取决于其他更为重要的因素，原告提交的证据并不构成被告侵权获利 30 万元及以上的初步证据。使用一篇文章与律所所签全部合同并不具有关联性，即使调取后进行筛选，亦不能说明与划拨土地相关的案件的签约系因一篇文章所致。故原告申请被告提交的证据与其证明目的的证成，不具有关联性，且与可能给被告带来的损害不成比例，因此，法院当庭驳回其申请。

三、知识产权专门法与反不正当竞争法的适用关系

《中华人民共和国反不正当竞争法》（2017 年修正，以下简称《反不正当

竞争法》）第二条第一款、第二款规定，经营者在生产经营活动中，应当遵循自愿、平等、公平、诚信的原则，遵守法律和商业道德；本法所称的不正当竞争行为，是指经营者在生产经营活动中，违反本法规定，扰乱市场竞争秩序，损害其他经营者或者消费者合法权益的行为。

反不正当竞争法可以对知识产权专门法起到补充保护的作用，但反不正当竞争法的补充保护作用是有限的，若在知识产权专门法对某一类行为已作出明确规定的情况下，则应通过知识产权专门法来进行调整，不应再适用反不正当竞争法的原则条款进行调整。本案中，深入分析原告被损害的利益发现，其均源于被告侵犯原告著作权的行为。一是被告侵犯原告署名权的行为。涉案文章可以体现出原告的业务能力，这其中潜藏交易机会，被告未给原告署名，并在被控侵权文章尾部标注"找房地产咨询律师就找某律师事务所！"字样，割裂了原告与涉案文章的关联性，使原告丧失交易机会。通过侵权行为的停止和赔礼道歉的适用，涉案文章与原告的关联性被昭示出来，使未来客户知晓涉案文章的真实作者，被告行为的负面效果自然消除，因此，通过保护署名权，弥补了原告受到损害的利益。二是被告侵犯原告信息网络传播权的行为。一方面，对于一般的网络用户而言，搜索引擎是寻找网络信息的常用工具；另一方面，在互联网上传播的信息通常可以通过搜索引擎搜索而来，因此通过搜索引擎这一常用工具找到涉案文章，是被告传播涉案文章的必然结果。虽然本案中被告链接的位置在搜索结果页面的第1页，但是该位置是自然搜索而非竞价排名的结果，因此基于搜索位置所获得的流量导入，并非因为被告实施了超过信息网络传播权所控制的其他行为。正因为如此，被告使用涉案文章产生的利益，并未超过权利人可预见到的行使信息网络传播权所能产生的利益，而该利益损害可以通过信息网络传播权的损害赔偿金额得到充分补偿。综上，被告的行为是著作权侵权行为，已经适用著作权法进行调整，原告的利益亦通过著作权法设置的补偿机制予以充分补偿，因此，被告的行为并不构成《反不正当竞争法》第二条所规定的不正当竞争行为，法院对于原告关于不正当竞争部分的诉请不予支持。

裁判结果

北京互联网法院依照《中华人民共和国著作权法》第三条第（一）项，

第十条第一款第（二）项，第（十二）项，第十一条，第四十七条第（五）项，第四十八条第（一）项，第四十九条之规定，判决如下：一、自本判决发生法律效力之日起七日内，被告北京市某律师事务所在其官方网站的首页显著位置发布致歉声明，对其侵犯原告张某涉案文章署名权一事向原告张某赔礼道歉，致歉声明的内容、版式及发布持续的时间须经法院审核认可后方可发表，发布持续时间不少于十日且每日连续二十四小时不间断；如逾期未履行上述判决义务，将由法院在全国范围内公开出版发行的报刊上或者北京互联网法院官方网站上登载判决书主要内容，费用由被告北京市某律师事务所负担；二、自本判决发生法律效力之日起七日内，被告北京市某律师事务所赔偿原告张某经济损失 3000 元；三、自本判决发生法律效力之日起七日内，被告北京市某律师事务所赔偿原告张某合理费用 2000 元；四、驳回原告张某其他诉讼请求。

法官解读

一、著作权法与反不正当竞争法的关系

著作权法保护创作者的智力成果，反不正当竞争法保护经营者的经营利益和市场整体利益，著作权法和反不正当竞争法的关系非常密切。关于著作权法和反不正当竞争法的关系问题，学界有很多观点，归纳起来主要有平行保护说和有限补充说两类。

（一）平行保护说

平行保护说认为，著作权法和反不正当竞争法虽然有紧密联系，但是二者的立法宗旨、目的都不同，并未相互涵盖，因此平行保护相关利益。具体来说，著作权包括发表权、署名权、修改权等人身权和财产权，是对权利主体、客体保护范围的规定；而反不正当竞争主要涉及的是请求权，其权利内容是被动的，并没有强制的排他性。

（二）有限补充说

关于著作权法与反不正当竞争法的关系，与平行保护说不同的观点便是有

限补充说，该学说认为著作权法与反不正当竞争法是相辅相成的互动关系，反不正当竞争法是知识产权法律体系的有机制度构成，著作权也是反不正当竞争法的重要规制内容，两者相互补充。也有学者认为反不正当竞争法为著作权提供"兜底保护"。

郑成思教授曾将专利、商标、著作权比作漂浮在海上的冰山，而将反不正当竞争法比作帮助冰山漂浮起来的海水，他认为二者实际上是一体的。吴汉东教授也认为，反不正当竞争法是竞争法上的智力成果保护，从保护对象来看，反不正当竞争法主要保护专利、商标和著作权不被不正当地使用，保证权利人不用这些知识产权客体来进行不正当竞争；同时，反不正当竞争法也涵盖了三个知识产权部门法没有保护的权益，比如特有包装装潢和企业的名称、简称等。

由此可见，著作权法与反不正当竞争法为相互补充关系，这种相互补充关系不是简单的一味地相互补充，而是有限补充，即部分利益两者都可以保护，但有的利益著作权法可以保护但是反不正当竞争法不能，有的利益反不正当竞争法可以保护但著作权法不可以。

本文借鉴秦元明法官的主张，从保护主体、立法宗旨上讲，知识产权部门法是一种权利法，反不正当竞争法是一种行为规制法，两者差异巨大，既不是特别法和普通法的关系，也不是上位法和下位法的关系。知识产权部门法规定的是基本权利，其以权利为核心确立专用权和禁用权，属于私法。知识产权制度有社会管理功能，但单个的权利很难发挥社会管理功能。而反不正当竞争法首要的立法目的是制止不公平竞争、维护公平的市场竞争秩序，是一种损害请求权的存在。从法学发展的进程来看，反不正当竞争法从传统经济法发展而来❶。简单来说，著作权法属于知识产权法的范畴，主要是保护私主体的利益；反不正当竞争法属于经济法范畴，主要目的是维护市场秩序和保护市场整体利益。

要之，著作权法与反不正当竞争法的关系主要有两种，一种观点认为两者相互独立、平行保护；另一种观点认为两者相互补充，进一步说便是有限补

---

❶　参见秦元明：《著作权法与反不正当竞争法竞合的相关法律问题》，第九届中国知识产权新年论坛暨 2019 中国知识产权经理人年会上的演讲，http：//www.chinaipmagazine.com/news - show.asp?23354.html，访问日期：2023 年 4 月 1 日。

充。著作权法与反不正当竞争法差异巨大，既不是特别法和普通法的关系，也不是上位法和下位法的关系。就两者关系来看，著作权法与反不正当竞争法保护的法益有重合之处，平行保护说已经难以立论，两者虽有重合但各有侧重，因此有限补充说更为合适。

二、著作权法与反不正当竞争法竞合的适用

前文提到，反不正当竞争法中有许多涉及著作权法保护的内容。当侵权行为既损害著作权法所保护的法益，又损害了反不正当竞争法所保护的法益时，应如何适用法律是理论界和实务界持续讨论的重要命题。

有观点认为，知识产权法与反不正当竞争法都是民法的特别法，相互之间总体上不是特别法与一般法的关系，没有兜底保护关系。知识产权法与反不正当竞争法之间整体上不存在一般法与特别法的关系。就具体法条而言，大多数相关法条之间也不属于一般法规与特别法规的关系，应按照一般法律竞合处理两法交叉领域的法律适用问题，由当事人自由选择。● 依照此观点，著作权法与反不正当竞争法之间便是法律竞合关系，因此当事人可以自由选择适用何种法律。

也有观点认为，可以从著作权法和反不正当竞争法的保护力度来综合判断。在司法实践中，不管侵权行为是否的确构成竞合，都不影响权利人的请求权竞合，即对同一侵权行为同时提起著作权侵权和不正当竞争纠纷的诉请。从著作权法和反不正当竞争法的保护力度来看，当涉及禁令问题时，依据反不正当竞争法采取的禁令只能针对被诉的不正当竞争行为，而依据著作权法作出的禁令可针对各类行为。此外，以关键的赔偿问题为例，2020 年修正的《著作权法》第五十四条规定，损失计算方法不仅包括损失、获利，也包括法定赔偿。修正后的《著作权法》也写入惩罚性赔偿，赔偿额度是 1～5 倍，法定赔偿最高限额是 500 万元。然而，《反不正当竞争法》只有第六条（企业名称、标识）和第九条（商业秘密）才可能涉及 500 万元的法定赔偿最高限额。● 由

● 参见刘丽娟：《论知识产权法与反不正当竞争法的适用关系》，载《知识产权》2012 年第 1 期。

● 参见秦元明：《著作权法与反不正当竞争法竞合的相关法律问题》，第九届中国知识产权新年论坛暨 2019 中国知识产权经理人年会上的演讲，http://www.chinaipmagazine.com/news - show.asp?23354.html，访问日期：2023 年 4 月 1 日。

此可见，著作权法的保护范围在一定程度上比反不正当竞争法更广，可以优先适用著作权法，如果著作权法不能保护所有被侵害的利益，才再从反不正当竞争法的角度进行考量。

再有，可以从具体条款与一般条款的适用关系进行考量。侵权行为既违反了著作权法，也可能违背反不正当竞争法。因为著作权法中有侵权行为的具体规制，但是反不正当竞争法只有一般条款。按照法律适用的一般原则，当有具体规定对涉案行为进行规制时，则不应使用一般条款。即使在不同的法部门，该原则也应该适用。因此，在著作权法与反不正当竞争法出现竞合的情况下，尤其是涉案行为仅仅违背反不正当竞争法一般条款时，则应当优先适用著作权法。

《北京市高级人民法院侵害著作权案件审理指南》第1.4条规定：如果原告的主张能够依据著作权法获得支持，则不再适用《反不正当竞争法》第二条进行审理。如果原告的主张不能依据著作权法获得支持，在与著作权法立法政策不冲突时，可以依据《反不正当竞争法第》第二条进行审理。这也契合了著作权法和反不正当竞争法出现竞合优先适用著作权法的主张。

总之，著作权法与反不正当竞争法竞合时的适用，主要有自由协商和优先适用著作权法两种观点。当案件出现在法院时，当事人一般已经很难自由协商适用何种法律，再加上其立论基础也存在较大问题，自由协商的处理方法并不妥当。当涉及法律竞合问题时，法院可以结合两法各自保护的利益进行综合衡量，在被诉行为仅违反反不正当竞争法一般原则的情况下优先适用著作权法，如果著作权法不能保护所有法益，可以考虑适用反不正当竞争法中的相关规定。

三、本案适用著作权法还是反不正当竞争法的分析

本案审理的典型意义在于，说明了著作权法和反不正当竞争法出现法律竞合时优先适用何种法律。虽然反不正当竞争法可以对知识产权专门法起到补充保护的作用，但反不正当竞争法的补充保护作用是有限的。若在知识产权专门法对某一类行为已作出明确规定的情况下，则应通过知识产权专门法来进行调整，不应再适用反不正当竞争法原则条款进行调整。

结合前文所述，著作权法和反不正当竞争法的保护范围有交叉也各有不同

的侧重点，两者保护的法益相互补充。本案中，当事人不能实现适用何种法律的成功协商，自由协商的立论基础也存在争议。因此，在涉及如此法律竞合问题时，法院可以结合两法各自保护的利益进行综合衡量。深入分析本案原告被损害的利益发现，其均源于被告侵犯原告著作权的行为：一是被告侵犯原告署名权的行为，二是被告侵犯原告信息网络传播权的行为。

对本案优先适用著作权法后，著作权法已经能够保护原告被损害的法益，因此不必考虑反不正当竞争法的适用。换句话说，本案中被告使用涉案文章产生的利益，并未超过权利人可预见到的行使信息网络传播权所能产生的利益，而该利益损害可以通过信息网络传播权的损害赔偿金额得到充分补偿，因此不必要适用反不正当竞争法。

司法实践中，著作权侵权行为和不正当竞争行为的竞合时有发生。本文先梳理了著作权法与反不正当竞争法的关系，又对两者出现法律竞合时的适用进行思考。本案的典型意义在于，要体系思考和协调著作权法与反不正当竞争法的关系。虽然反不正当竞争法可以对知识产权专门法起到有限补充的作用，但是其补充保护作用是有限的。在著作权法对某一类行为已作出明确规定的情况下，应当优先通过著作权法来进行调整。如果著作权法保护力度不够，或者其并不能保护所有被侵害的利益，那么可以再从反不正当竞争法的角度进行考量。

网页设计侵犯汇编作品信息网络传播权的同时存在可造成混淆后果的使用行为亦构成不正当竞争行为

——北京某有限公司与深圳市某有限公司知识产权与不正当竞争纠纷案[❶]

封 瑜[*] 杨超然[**]

典型意义

本案判决认定了具有独创性的网站设计构成著作权法保护的汇编作品，也认定了网站中的摄影及美术作品可单独主张著作权，同时认定仿冒网站的行为对权利人商业形象造成的混淆侵害触及不正当竞争。关于法律责任的认定，仿冒行为对权利人的商业形象造成一定程度的用户认知混淆情况，法院认为有必要公开事情原委向公众说明，对于损失赔偿标准，法院以网站设计服务合同为基准，比对了侵权使用行为与在先商业服务实施细节的异同之处，剔除了不予比照适用的部分后，以实际发生且有票据支持的相同服务内容为判赔额的基础事实，作出了裁量结果。本案判决作出后，被告第一时间联系法院主动要求履行，原告向法院表示感谢，体现了胜败皆服的良好社会效果。

关键词 网站 著作权 混淆行为 不正当竞争

---

❶ 一审裁判文书字号：北京互联网法院（2020）京 0491 民初 32803 号民事判决书（2022 年 3 月 29 日）。

一审审判员：封瑜。

* 封瑜，北京互联网法院综合审判二庭法官。

** 杨超然，中国社会科学院大学互联网法治研究中心研究助理。

案情介绍

原告北京某有限公司诉称：其系公共关系传播领域具有知名度和影响力的企业，公司官网是其主要创意展示窗口，因受到投诉始发现被告在其官网从编排体例、摄影作品、创意图片、手绘作品、编辑文案、色彩、网页源代码等方面全面复制了原告网站的主要内容并使用了原告享有单独著作权的五张图片，已构成对相关作品信息网络传播权的侵犯。此外，被告还将原告的服务客户品牌展示墙、全球服务网络、获奖图片作为自己业绩公开虚假宣传，造成客户混淆，已构成不正当竞争，故诉请判令被告赔偿原告经济损失及合理费用391390元，并在被告官网、官方微博及官方微信、京东及淘宝店铺首页刊登致歉说明。

被告深圳市某有限公司辩称：原告未证明对涉案作品享有著作权，且双方不属于同一行业，不存在竞争关系，被告无侵权故意且未使用过涉案网站，未因此获益，不应承担相应责任。

裁判内容

北京互联网法院经审理认为，本案的争议焦点主要包括：一是涉案网站网页设计是否构成汇编作品；二是原告是否享有涉案网站网页作品的著作权；三是被告是否侵犯原告对涉案网站网页作品享有的著作权；四是若构成侵权，被告应承担何种民事责任；五是被告涉案侵权行为是否构成不正当竞争行为。

一、涉案网站网页设计是否构成汇编作品

网页是用超文本标记语言书写的基本文档，以数字化形式存储于计算机的存储设备中，通过网络浏览器以文字、图像、声音及其组合等多媒体效果展现在计算机的输出设备中，并能够以多种形式被复制。网页的整体界面编排效果是否具有独创性是网页能否获得著作权保护的关键。本案中，原告主张其网站首页等页面构成汇编作品。

二、原告是否享有涉案网站网页作品的著作权

《中华人民共和国著作权法》（2010 年修正，以下简称《著作权法》）第十四条规定，汇编若干作品、作品的片段或者不构成作品的数据或者其他材料，对其内容的选择或者编排体现独创性的作品，为汇编作品，其著作权由汇编人享有，但行使著作权时，不得侵犯原作品的著作权。本案中证据显示，原告网页中包含公司介绍、服务介绍、最新作品、品牌客户、新闻动态等图文介绍，网页中包含了文字、图片等信息材料，其中的单个元素可能是常用设计元素，但是网页设计者通过智力劳动对其进行了独特的选材和编排，该网页的版面设计、图案色彩的选择与组合、栏目设置等方面均体现了设计者独特的审美观和创造力，具有一定的独创性，且在互联网上以数字的形式固定。这一创作方式，符合汇编作品的基本特征，即对材料的选择和编排而构成智力创作，属于我国著作权法保护的汇编作品，故原告对其网站首页等多个页面构成的汇编作品享有著作权。《著作权法》第十一条规定，著作权属于作者，本法另有规定的除外。如无相反证明，在作品上署名的公民、法人或者其他组织为作者。原告在其官网上明确标注公司 Logo "zerone""万可"，并提交了网站源代码文件，在无相反证据的情况下，原告享有前述网站网页汇编作品的著作权，他人未经许可，不得擅自使用，否则构成侵害其著作权的行为。

三、被告是否侵犯原告对涉案网站网页作品享有的著作权

原告网站上线后，即处于公开的状态，他方即具备接触的可能性。经比对被告网站与原告官网在"首页"（包括进入界面、服务范围、最新作品、关于我们、品牌客户、全新动态、底部设置）、"能力页"（对应被告"合作页"）、"我们"、"发现页"（对应被告"商学院"）、"联络页"、"获奖页"（对应被告"商学院"优秀服务商下的二级页面）6 个页面，网页中的文字、图片的摆放位置、比例、标题内容等高度一致，构成实质性相似，且经过原告提供的其原网站源代码与被告涉案网站网页源代码对比显示，被告多处、多次高度引用了原告的网页源代码，故应认定被告网页已经实质性地侵犯了原告网页具有独创性的部分，并将与原告网站首页实质性相似的页面置于互联网络中，已构成

对该作品信息网络传播权的侵犯；对于原告单独就四张摄影作品及一幅美术作品主张被告使用行为侵犯其信息网络传播权的诉讼请求，鉴于原告提供的作品原件、原创作人的声明、原始下载出处及手绘作品的原素描线稿和完成稿，足以证实其著作权人身份，被告在其网站中不同层级的网页上，直接或经过编辑使用了原告的作品，且使得该五部作品处于可被公众获得的境地，已单独构成了对前述作品信息网络传播权的侵犯。

四、若构成侵权，被告应承担何种民事责任

根据前述分析，被告对其前述著作权侵权行为依法应当承担相应的民事责任。在无其他证据证明原告实际损失和被告违法所得的情况下，北京互联网法院将按照法定赔偿方式予以处理，并根据以下因素进行酌定：（1）涉案侵权网页数量；（2）被告实施侵权行为的主观恶意程度；（3）原告为其网站付出的成本或被告从市场正常购买同类水准设计服务时需支付的合理报酬。鉴于涉案侵权网页数量较多，被告基本上抄袭了原告网站中的大部分网页内容，且时间持续至少一年又数月，可以认定被告存在较大主观恶意，同时，原告为涉案作品付出了较大的创作成本，其提交的《网站设计及建设服务合同》及相关款项支付凭证，可以作为其对外提供类似质量水准网页作品时所可能获得的合理报酬的初步认定依据，但对于该份合同文件中标明的具体工作内容，与本案涉及案情比对后，法院认为，应以"网站策划、资料整理、网页设计、网站开发、扩展功能开发"这几项服务收费为衡量基础，对于运营维护及交互效果开发等本案并未涉及的内容，不予考量。综合以上因素，被告应因前述著作权侵权行为赔偿原告损失。

五、被告涉案侵权行为是否构成不正当竞争行为

原告在本案中另外也主张被告实施了商业混淆行为，因而单独主张了不正当竞争的相关诉讼请求，对此，法院认为，被告的网页抄袭行为已经认定系著作权侵权行为，原告与被告经营业务的现实范围虽然并不高度交叉覆盖，但基于原告取证显示，被告在抄袭原告网页时，在部分网页的相同位置除了比照原告原网页的版图设计，还保存了原告的公司名称、Logo，对此具体情况，被告抗辩其本委托正规公司从事网页设计，但在其不知情的情况下由原工作人员私

下委托第三方制作并私自上线了侵权网站，并非故意抄袭使用原告网站网页设计。但此抗辩并不足以证明其对涉案网站存续一事概不知情，尤其该网站经过了我国工业和信息化部 ICP 备案，当第三方查看被告涉案网页时，在原告、被告网页外观和内容存在高度相似的前提下，被告网站上出现原告公司名称和 Logo 的情况，极可能引发访问人对二者存在有关联企业或授权经营等特定关系的相关联想；另经原告展示，被告在其网页中，针对原告网页中"服务客服的 Logo 墙"及"全球合作网络库"的美术分层图片，重新将该图片中展示的原告全部客户的品牌 Logo 逐一单独下载后再按照与原告相同的设计构图逐一上传，从而制作为自己的网页"他们选择了迪诺阅读"。针对该网页，亦极易使公众产生原告、被告两家网页所服务的客户群体完全一致的主观感受，已符合《中华人民共和国反不正当竞争法》（以下简称《反不正当竞争法》）第六条第（三）项"擅自使用他人有一定影响的域名主体部分、网站名称、网页"及第（四）项"其他足以引人误认为是他人商品或者与他人存在特定联系的混淆行为"的相关规定，故对原告就被告行为构成商业混淆主张，可予支持。北京互联网法院对此部分的赔偿数额，依据《反不正当竞争法》第十七条第四款"经营者违反本法第六条、第九条规定，权利人因被侵权所受到的实际损失、侵权人因侵权所获得的利益难以确定的，由人民法院根据侵权行为的情节判决给予权利人五百万元以下的赔偿"之规定，酌定被告因不正当竞争行为赔偿原告损失 4 万元。

裁判结果

北京互联网法院依照《中华人民共和国著作权法》（2010 年修正）第十四条、第四十八条第（一）项、第四十九条第一款，《中华人民共和国反不正当竞争法》第六条第（三）项、第（四）项及第十七条第四款，《中华人民共和国民事诉讼法》第六十七条之规定，判决如下：一、被告深圳市某有限公司于本判决生效之日起十日内赔偿原告北京某有限公司经济损失 160000 元，维权合理支出 46390 元；二、被告深圳市某有限公司于本判决生效之日起十日内在其官网首页置顶就其侵权行为及商业混淆行为发布公告予以说明，逾期未能发布的，本院将于《人民法院报》刊登本案判决书主要部分，相应费用由被告深圳市某有限公司负担；三、驳回原告北京某有限公司的其他诉讼请求。一审判决已生效。

法官解读

一、网页页面是否受著作权法的保护

我国《著作权法》第十五条规定："汇编若干作品、作品的片段或者不构成作品的数据或者其他材料，对其内容的选择或者编排体现独创性的作品，为汇编作品，其著作权由汇编人享有，但行使著作权时，不得侵犯原作品的著作权。"

网页作为互联网时代下的产物，其著作权界定问题并未完全解决。在互联网早期阶段，网页设计较为简单，一般直接受著作权法保护。法院将其认定为美术或摄影作品，若网页仅刊登文章，则网页属于文字作品等。随着互联网的发展，由多种信息组合而成的多媒体网页开始出现，因此由网页产生的相关问题开始层出不穷。

本案中，原告网页中包含公司介绍、服务介绍、最新作品、品牌客户、新闻动态等图文介绍，网页也中包含了文字、图片等信息材料。其中的单个元素可能是常用设计元素，但网页设计者通过智力劳动进行了独特的选材和编排，该网页在版面设计、图案色彩的选择与组合、栏目设置等方面均体现了设计者独特的审美观和创造力，具有一定的独创性，且在互联网上以数字的形式固定。因此，北京互联网法院认为，网页页面设计符合汇编作品的基本特征，即对材料的选择和编排构成智力创作，属于我国著作权法保护的汇编作品。网页的整体界面编排效果的独创性也成为网页是否构成汇编作品的主要依据。

二、商业混淆行为的认定及规制

商业混淆行为，是指经营者在生产经营活动中，通过仿冒他人标识，使自己的商铺或服务被误认为是他人商品或者与他人存在特定联系的不正当竞争行为。根据《反不正当竞争法》第六条第（三）项的规定，经营者不得擅自使用他人有一定影响的域名主体部分、网站名称、网页等，引人误认为是他人商

品或者与他人存在特定联系。

本案中，虽然原告与被告经营业务的现实范围并非高度交叉覆盖，但由于被告涉案网页与原告网页外观及内容高度相似，容易对被访问人产生不良影响。同时原告证明，被告行为极易使得公众认为原告和被告两家网站所服务的客户群体完全一致。因此，北京互联网法院判定被告行为为商业混淆行为，受《反不正当竞争法》的规制。

由此可以看出，北京互联网法院在判定是否构成商业混淆行为的过程中，首先考量网页服务内容之间是否存在竞争关系。网页服务内容并不等同于主办单位的经营范围，因此即使经营范围不同，同样存在商业混淆的可能性。其次，抄袭网页的内容是否会对公众造成混淆，是否为网页所服务的客户带来相同或近似的主观感受。最后，混淆行为的主观要件通常要求混淆行为人行为时存在"故意"，但由于网络平台的复杂性，"过失"行为也被纳入判断是否为商业混淆行为的考量因素。

三、小结

网页设计者通过智力劳动对网页进行了独特的选材和编排，版面设计、图案色彩的选择与组合、栏目设置等方面均体现了设计者独特的审美观和创造力，具有一定的独创性，符合汇编作品的基本特征，可按汇编作品予以保护。涉案网页中的文字、图片的摆放位置、比例、标题内容等均与原告网站高度一致，构成实质性相似，侵犯了原告网页具有独创性的部分，构成对其信息网络传播权的侵犯。

在原告、被告网页外观和内容存在高度相似的前提下，被告网站上出现原告公司名称和 Logo 的情况，极可能引发访问人对二者存在有关联企业或授权经营等特定关系的相关联想，易使公众产生两家网站所服务的客户群体完全一致的主观感受，此种商业混淆行为已构成不正当竞争。

第六编

其他典型案例

"版权链－天平链"协同治理第一案

——北京某图片有限公司与北京某网络技术有限公司侵害作品信息网络传播权纠纷案[1]

卢正新[*]　李　珂[**]

典型意义

本案是全国首例依托"版权链－天平链协同治理平台"取证、验证的著作权案件，法院依法认定了该证据的真实性并予以采信。通过版权链与天平链"双链对接"，充分发挥司法审查监督职能，促进知识产权行政管理标准与司法裁判标准统一，实现版权登记信息实时交互、高效调取，确保版权数据真实可信。"版权链－天平链'协同治理极大地降低了当事人举证成本和法官验证难度，提升了作品登记实际效能和证据可采信程度，降低了维权风险，是行政司法携手构建版权共治社会体系的重要举措，进一步推动健全知识产权大保护工作格局。本案入选 2021 年度北京法院知识产权司法保护十大案例。

关键词　版权链－天平链　权属登记　信息网络传播权

---

[1]　一审裁判文书字号：北京互联网法院（2020）京 0491 民初 36141 号民事判决书（2021 年 3 月 16 日）。

一审审判员：卢正新。

[*]　卢正新，北京互联网法院执行局副局长。

[**]　李珂，北京互联网法院综合审判一庭法官助理。

案情介绍

2019 年 3 月 4 日，天津某图像技术有限公司（以下简称天津某图像公司）出具确认函载明，天津某图像公司依据协议作为北京某图片有限公司（以下简称北京某图片公司）的销售商，代理销售北京某图片公司享有著作权的摄影作品。双方共同确认天津某图像公司通过其网站（www.vcg.com）展示并销售的品牌为 Sino View 或 Sino View + 的图片均系北京某图片公司提供的作品，同时声明"版权所有：© 视觉中国"并非指天津某图像公司享有对应图片著作权。北京某图片公司和天津某图像公司均在其官方网站对涉案图片进行标价销售，并附有授权协议，用户可通过支付对价获取相应图片的使用许可。本案审理过程中，北京互联网法院通过"天平链"与北京市版权局"版权链"双链对接机制，依职权调取了北京版权保护中心存档的涉案图片版权登记材料，包括原图、权利归属说明、权利保证书、作品说明书、作品登记申请表等，并进行区块链跨链验证。被告对上述版权登记信息的真实性予以认可。

原告北京某图片公司诉称：北京某网络技术有限公司（以下简称北京某网络公司）未经许可在其经营的"凤凰网"中的"凤凰读书"板块擅自使用北京某图片公司享有著作权的摄影作品，侵害了北京某图片公司享有的信息网络传播权，请求判令北京某网络公司赔偿经济损失 6000 元及合理支出 1000 元。

被告北京某网络公司辩称：其对涉案图片的使用属于转载行为，没有主观过错，且其转载日期早于北京某图片公司著作权登记日期。同时，北京某网络公司主张涉案图片在其他图库网站中公示标注的权利人为"Sino View"，不认可北京某图片公司对其享有著作权。

裁判内容

北京互联网法院经审理认为，本案涉及的争议焦点包括：一是原告是否为著作权人；二是转载行为是否可认定为侵权；三是赔偿数额的确定。

一、原告是否为著作权人

当事人提供的涉及著作权的底稿、原件、合法出版物、著作权登记证书、认证机构出具的证明、取得权利的合同等，可以作为证据。本案原告提交了涉案作品原图拍摄信息截图、著作权登记材料及证书等，在无相反证据的情况下，可以认定原告系涉案作品的著作权人，有权提起本案诉讼。被告辩称涉案图片在"视觉中国"图库网站中公示标注的权利人为"Sino View"，法院认为结合天津某图像公司出具的确认函等证据，足以认定涉案作品著作权归属。被告称其转载日期早于原告著作权登记日期，法院认为，著作权自作品创作完成之日起产生。作品不论是否发表、是否登记，作者或其他著作权人依法取得的著作权不受影响。本案中，涉案作品创作完成及首次发表时间均早于被控侵权行为发生时间，故对于被告的该项抗辩，法院不予采信。

二、转载行为是否可认定为侵权

被告未经原告许可，在其主办的网站上使用涉案作品，侵犯了原告对涉案作品所享有的信息网络传播权，应承担相应的侵权责任。被告辩称其对涉案作品的使用属于转载行为，且不具有主观过错。法院认为，被告自认被控侵权文章源自其关联公司经营的"凤凰读书"，结合原告提交的网页截图，被告是否"转载"不影响其使用行为的认定。被告明知其网站中的图片使用行为存在著作权侵权风险，也知晓涉案作品授权许可途径，仍未采取及时、有效措施避免侵权或取得相应授权，存在一定主观过错，故法院对其该项抗辩不予采纳。

三、赔偿数额的确定

关于赔偿数额，法院综合考虑涉案作品创作难度、市场价值以及被告使用涉案作品的数量、方式及主观过错等因素，酌情确定损害赔偿数额。原告主张合理开支，并提交相应发票，法院将根据其合理性、必要性及关联性，酌情予以支持。

裁判结果

北京互联网法院依据《中华人民共和国著作权法》第四十八条第（一）项、第四十九条，《最高人民法院关于审理著作权民事纠纷案件适用法律若干问题的解释》第七条之规定，判决如下：一、本判决生效之日起七日内，被告北京某网络公司赔偿原告北京某图片公司经济损失 900 元；二、本判决生效之日起七日内，被告北京某网络公司赔偿原告北京某图片公司维权合理支出 100 元；三、驳回原告北京某图片公司的其他诉讼请求。

一审判决后，双方均未上诉，判决已经生效。

法官解读

本案是全国首例依托"版权链－天平链协同治理平台"取证、验证的著作权案件。

一、"版权链－天平链"简介

2019 年 3 月 30 日，国家互联网信息办公室发布第一批境内区块链信息服务备案编号的公告，北京互联网法院"天平链"成为首批通过备案的区块链之一。

（一）"版权链－天平链"是什么

"版权链－天平链"可以对接第三方存证平台，版权区块链在跨链接入北京互联网法院天平链系统后，任何版权区块链用户进行存证的同时，北京互联网法院天平链系统均会对其存证证据的哈希值进行跨链同步存储。"天平链"对第三方电子证据平台准入资质审核非常严格。北京互联网法院发布了《北京互联网法院天平链接入与管理规范》，对第三方接入平台从机构资质、专业技术能力、平台的安全性、电子数据的生成、收集、存储、传输过程的安全性、合规性等提出了明确、严格的要求。北京互联网法院、国家工业信息安全发展研究中心、北京信任度科技有限公司等在工业和信息化部区块链重点实验室下组建司法工作组，重点开展《天平链接入与管理规范细则》以及《天平链接入测评规范》的制定工作。以上评估合格方可接入天平链。[1]

北京互联网法院基于区块链技术的"天平链"电子证据平台针对电子证

---

[1] 参见董学敏：《北京互联网法院首个涉区块链"天平链"的判决出炉》，北京互联网法院公众号，https://mp.weixin.qq.com/s/0XFMLZugq64E36tx3ObIrA，访问日期：2023 年 5 月 6 日。

据存证难、易篡改、验证难等痛点，为打通行政版权登记信息与司法审判数据的壁垒，2020 年 9 月 6 日，北京互联网法院与北京版权保护中心联合发布了"版权链－天平链协同治理平台"，鼓励针对作品权属、受权证据进行版权登记备案，推进权属登记确权规则与司法认定规则实现"双标统一"。权利人在北京版权保护中心办理作品登记的同时将数字版权证书存储到"版权链"中，如果发现侵权向法院提起诉讼，仅需提供"版权登记号"，法院即可"一键调取"北京版权保护中心存档的涉案作品版权登记材料，并进行区块链跨链验证。

（二）"天平链"在知识产权审理中的优势

在互联网上的证据，尤其是侵权行为的证据，很难固定，因为随时可能被删除，而且电子证据也很容易被篡改，所以必须采用一种有公信力或不易被篡改的形式进行取证。传统的做法是进行公证，现在越来越多的人采取区块链存证的方式。具体到天平链，如果当事人在接入"天平链"的存证平台上进行存证，那么就相当于在"天平链"的各个节点上进行了背书。原告向第三方存证平台申请侵权证据电子数据存证，获得电子数据存证证书。同时产生摘要数据哈希值在"天平链"上存证，这个时候"天平链"的各个节点也都保存了这个摘要信息。

当诉讼发生时，原告在北京互联网法院电子诉讼平台进行网上立案。同时提交起诉状、用户身份验证信息、确权存证原文件、侵权线索原文件及包含区块链存证编号的文件，北京互联网法院电子诉讼平台调取"天平链"进行自动验证。验证结果显示涉案证据自存证到"天平链"上后，未被篡改过，得出区块链存证"验证成功"的结果。

目前对于侵权行为相关的证据，在"天平链"的接入平台上进行存证的，被告基本没有提出异议。可以说在一定程度上解决了诉讼诚信的问题。截至2019 年 4 月，北京互联网法院已有 50 余件涉"天平链"存证的案件，由于"天平链"强大的"威力"，相关案件的电子证据争议很小，大部分都已成功调解。❶

---

❶ 参见刘书涵：《是什么让强硬被告无话可说，互联网法院法官现场讲述》，北京互联网法院公众号，https：//mp.weixin.qq.com/s/lLfQDcIeWes7avbglzNpnQ，访问日期：2023 年 5 月 6 日。

（三）区块链在互联网审判模式下的作用

区块链技术具有去中心化的信任机制、不可篡改和可溯源的特点，可在司法领域开拓较大的应用空间，客观上对互联网信任体系的建立也有推动作用。例如在证据方面，从当事人的行为方式看，传统审判模式中，当事人不认可证据真实性的情况很常见，较高比例的案件会提出鉴定申请，在一定程度上转化为一种拖延诉讼的策略。

而在互联网审判模式下，当事人对于经司法区块链验证的证据有较高的认可度和信任度，很少申请鉴定或勘验程序，当事人的诉讼表现更加诚信，善意度更高。通过规则前置、全链条参与、社会机构共同背书，把公平、公正的规则通过技术的力量嵌入互联网诉讼中，是区块链在司法领域应用可期待的成果。❶

二、"天平链－区块链"在电子数据存证取证中的应用

（一）区块链技术取证模式

1. 司法区块链存证方式

司法区块链并不是一个法律概念，仍属于行业发展中形成的称谓。一般是指由法院主导建立的取证存证的区块链平台，大多属于联盟链，法院节点一般为管理共识节点，也有法院作为其中一个一般共识节点的情形。北京互联网法院"天平链"作为司法区块链，由北京互联网法院主导建立，已完成版权、著作权、互联网金融等 9 类 23 个应用节点数据对接，上链电子数据超过 3042 万条，跨链存证电子数据超过 3 亿条。"天平链"包括初始数据存证、侵权线索存证和"天平链"自动验证三个运行过程。

2. "区块链＋公证"的存证应用

既然区块链技术被冠以"创造信任的工具"，区块链上的每一条数据都可以通过区块链的结构追本溯源进行验证，在有能力不借助第三方的情况下，提供足以保证证据真实性的证明。而公证作为传统意义上最权威的存证方法之

---

❶ 参见孙伟，董学敏：《E 漫谈｜让你读懂北京互联网法院"天平链"》，北京互联网法院公众号，https：//mp. weixin. qq. com/s/9ZXlNOmJe1I7VPBeWmJ－JQ，访问日期：2023 年 5 月 6 日。

一，是与区块链强强联合，还是分庭抗礼？实际上，已经有区块链技术试图取代公证机构的存证，Stampery 公司就试图利用区块链技术所具有的时间戳属性来代替传统公证的效力。将区块链技术引入公证，在无须公证机关介入的情况下，降低用户证明与时间有关事项的时间成本与经济成本。此外，区块链的分布式记账从技术层面解决了公证书的伪造问题。

在互联网审判实务中发现，传统的公证方式为保全网页取证，往往需要权利人亲自到公证处使用公证处的电脑进行操作，甚至需要权利人与公证人员出差至某地进行现场摄像存证，耗时间、耗人力，与互联网审判的便捷高效不能保持一致。区块链技术取证方式出现以后，已经有相当多的权利人开始尝试使用这些新技术取证存证。许多公证处也意识到如不能积极引进新技术，其相关的业务会明显流失，目前在北京和上海等多个公证处于始建立区块链取证平台，开展相关的业务。以北京互联网法院"天平链"为例，目前就已经吸引了多个公证处加入，成为"天平链"的一级或二级节点单位。

通过国家公信力与技术信任力的结合达到公证与区块链"1+1>2"的效果是诸多公证处的期冀。究其本质，当下的区块链公证存证方法依然是电子存证及公证手段的增强手段，并不符合"去中心化环境下的信任产生"这一区块链核心理念。我国的公证机构天然具有国家赋予的中心属性，这就与区块链技术所蕴含的去中心化理念显得格格不入。

3. 第三方区块链技术存证应用

第三方取证存证平台（公证处以外的，由企业运营和管理的存证平台）很早就已经出现了，最早使用云存储技术并结合密码技术的存证平台可以为当事人提供网页搜索和保全方面的服务，时间戳技术出现后，逐渐在司法实践中得到认可，大量的网页取证案件开始使用该技术。

区块链技术引进和广泛应用后，许多公司开始投入建设基于区块链技术的取证存证平台，希望提供更科技化、更具竞争力的司法服务。第三方平台是专门从事电子证据收集、固定服务的独立第三方机构，其独立于双方当事人之外，不受当事人立场的影响，具有中立的地位。

在第三方平台中，有一类平台仅向当事人提供一种保全手段、保全操作方法，运营者并不实际参与取证过程，其仅向当事人提供一种取证手段和取证操作步骤。具体保全行为均由当事人实施，包括原告和被告在内的任何当事人都可以使用这种保全手段、操作方法，平台的中立性更为凸显。

在第三方平台中，另一类电子数据平台在提供取证手段的同时，也参与当事人的取证过程。当事人进入电子存证平台进行网页收集、固定时，需要在取证系统中输入网址，之后由存证平台对该网址对应的网页自动抓取并存储，后对存储过程进行哈希值计算后广播全链。在这种取证模式下，尽管电子存证平台实际参与了收集、固定过程，但其取证系统是对所有人同等开放的，任何人都可以使用，且其收集、固定行为也是按照取证系统事先设定好的程序由机器自动完成，不受其取证时的主观意志左右，故其中立地位不会受该取证模式的影响。区块链最典型的存证思路是从电子数据生命周期开始即介入，即便是碎片化的数据，在其生成时也实现上链固定，同时实时地传送到公证、鉴定、审计或仲裁等机构的服务器，这一方面能保证原始上链证据的真实性，另一方面也使后续的流转数据不被篡改，电子证据从"出生"到"被调取"都能由区块链技术为其真实性背书。[1]

（二）天平链：解决电子证据存证、认证、验证难题

涉网案件的突出特点是，纠纷证据大量在线上产生，证据多以电子证据存在。针对涉网案件电子证据存证、认证、验证难问题，北京互联网法院成立伊始即主导建立了基于区块链的"天平链"电子证据平台。

"天平链"上应用单位提供电子数据存证服务，存入的数据都可获得存证编号，诉讼中当事人提交该存证编号和原始电子数据，"天平链"后台可自动验证该电子数据的完整性和存证时间，并将验证结果直推法官。

同时，通过制定《天平链应用接入管理规范》及《天平链应用接入技术规范》，规范了"天平链"接入方的资质要求、电子数据的存证规则、接入平台的管理机制、电子数据的使用方式、链上单位的监督审查与退出机制，从源头上助力解决电子证据真实性问题，防范电子证据认定不当。[2]

---

[1] 参见伊然，董学敏：《互联网审判中区块链存证技术的应用进路》，载《人民司法》2020 年第 5 期。

[2] 参见北京互联网法院：《版权链 - 天平链协同治理平台发布，版权解纷按下"高效键"》，北京互联网法院公众号，https://mp.weixin.qq.com/s/RN8pNhnY2YOIe - GmGzHlj，访问日期：2023 年 5 月 6 日。

（三）电子数据只要上链就会被认可吗

电子数据上了区块链就能被认可吗，就一劳永逸了吗？答案是否定的。区块链只能确保数据上链存储以后不可篡改和不可删除，如果上链之前数据就是"假的"，此类数据实则是没有公信力的。那么，如何保障第三方接入平台上线数据的安全性、合规性？

第一步：2018 年 12 月 22 日"天平链"发布当天，同步发布了《北京互联网法院电子证据平台接入与管理规范》，对第三方接入平台从机构资质、专业技术能力、平台的安全性、电子数据的生成、收集、存储、传输过程的安全性、合规性等提出了明确、严格的要求。

第二步：2019 年 1 月，北京互联网法院、国家工业信息安全发展研究中心、北京信任度科技有限公司等在工业和信息化部区块链重点实验室下组建司法工作组，重点开展《天平链接入与管理规范细则》以及《天平链接入测评规范》的制定工作，对分涉案量大的应用平台进行了摸底。

以第三方平台 X 为例：司法工作组对 X 平台的系统安全性、用户实名认证、版权确权过程、侵权线索固定过程中涉及电子数据的生成、收集、存储、传输过程的安全性和合规性进行了详细的评估，仔细查阅了 X 平台提供的信息系统安全等级保护三级证书、区块链测评机构出具的"版权区块链"测评报告、司法鉴定所出具的《X 可信存证评估意见书》，并组织技术专家，现场考察评估了 X 平台专业技术能力、运营服务能力等。❶

---

❶ 参见孙伟，董学敏：《E 漫谈丨让你读懂北京互联网法院"天平链"》，北京互联网法院公众号，https://mp. weixin. qq. com/s/9ZXlNCmJe1I7VPBeWmJ - JQ，访问日期：2023 年 5 月 6 日。

权利人虚假投诉侵害网络服务提供者合法权益

——浙江某网络有限公司与北京某电子商务有限公司网络侵权责任案[❶]

卢正新[*]　李　珂[**]

典型意义

随着平台经济的崛起和互联网产业的升级，网络环境中权利人滥用"通知－删除"规则进行恶意投诉，损害的不只是网络用户的权益，还会造成网络服务提供者的流量损失和竞争利益损害，客观上对网络服务提供者正常的经营管理活动造成影响。同时，针对网络虚拟环境下身份验证难问题，本案审理中对相关主体银行账号进行支付相关款项的验证操作，通过一次低成本简易"交易"确认主体身份一致性，具有创新意义。本案判决聚焦于被告投诉行为是否侵害原告合法权益，明确恶意投诉行为侵犯网络服务者或网络服务提供者原有的合法权益，从而减少对网络服务者或网络服务提供者造成的经营困难，为进一步保障其经营权利奠定基础。

关键词　恶意投诉　合法权益　网络服务者

---

❶　一审裁判文书字号：北京互联网法院（2019）京 0491 民初 1601 号民事判决书（2020 年 3 月 31 日）。

一审合议庭组成人员：审判长卢正新、审判员郭晟、审判员龚娉。

*　卢正新，北京互联网法院执行局副局长。

**　李珂，北京互联网法院综合审判一庭法官助理。

案情介绍

原告浙江某网络有限公司诉称：被告北京某电子商务有限公司上传伪造的司法文书进行恶意投诉，导致原告对涉案商品进行了错误删除，严重破坏平台营商环境，扰乱了平台经营秩序，增加了管理成本，还降低了平台信誉和披露的数据价值，侵犯其对电子商务平台所享有的管理权益，请求判令北京某电子商务有限公司赔偿其经济损失1元及合理支出1万元。

被告北京某电子商务有限公司辩称：本公司的营业执照和公章曾在网上公示，极易被获取和伪造，其并非投诉行为实施主体。原告公司未对投诉事件进行核查就删除涉案店铺的商品链接，不仅给店铺造成极大的经济损失，也会给作为商标权人的本公司带来经济损失。故不同意原告全部诉讼请求。

法院经审理查明：原告公司系某网的经营者，该平台规则和协议中明确，用户需通过身份认证，并与绑定支付账户——对应，方可创建店铺或变更店铺经营主体。因用户提交虚假、不实及违法资料，或者错误投诉而造成平台损失的，平台有权追究赔偿责任。被告公司系涉案投诉账户的所有者，掌握该账号的用户名、密码等信息，其于2018年8月15日以商标权人身份向某网投诉某店铺销售假冒产品。原告公司根据被告公司提交的判决书等投诉材料，对涉案商品链接进行删除。涉案店铺发现被告公司提交的判决书系伪造，向原告公司提交申明并附有真实的司法文书照片，8月16日原告公司又据此撤销了相应处罚。

裁判内容

北京互联网法院经审理认为，本案主要的争议焦点包括：一是原告是否为本案的适格主体；二是被告是否为本案适格主体；三是原告主张的投诉行为是否构成侵权。

一、原告是否为本案的适格主体

从事电子商务活动的经营者，一般包括电子商务平台经营者、平台内经营者以及通过自建网站、其他网络服务销售商品或者提供服务的电子商务经营者。其中电子商务平台经营者是指在电子商务中为交易双方或多方提供网络经营场所、交易撮合、信息发布等服务，供交易双方或多方独立开展交易活动的法人或者非法人组织。原告公司系某网的所有者与经营者，取得了相应的经营资质，应认定为电子商务平台经营者。该公司在不违反法律、法规规定的情况下，基于经营策略制定了相应的服务协议和交易规则，并对平台内经营者及经营活动进行管理，其合法权益应予保护。故原告公司有权在其正常的经营活动受到损害时，提起民事诉讼，系本案的适格原告。

二、被告是否为本案适格主体

本案中，原告主张被告恶意投诉某网的相关商家，扰乱了平台经营秩序，增加了原告管理成本，还降低了某网的信誉和披露的数据价值，侵犯了原告公司的合法权益。本案中，投诉行为确有发生，但被告否认实施了涉案的投诉行为。根据本院调取的证据，原告委托案外人进行了验证，被告的银行完成了支付相关款项的验证操作，且被告未主张相关账户存在被他人非法控制等情形。北京互联网法院根据现有证据认定被告系涉案投诉账户的所有者，掌握该账号的用户名、密码等信息，能够独立进行相应的投诉，系涉案投诉的实施者。

三、原告主张的投诉行为是否构成侵权

北京互联网法院认为，原告作为电子商务平台的经营者，一方面，根据合同向平台内经营者、消费者提供交易撮合、信息发布等服务，另一方面，也要通过制定实施必要的管理措施维护平台内的经营秩序，以维护全体电子商务参与者的合法权益。本案中，被告以商标权人名义投诉某网的相关商家，并提交了包括商标权证书、司法文书等在内的一系列证据；原告接到上述投诉后，启动了相应的处罚程序并及时通知被投诉人，后经被处罚人提交复议申请，撤销了处罚。北京互联网法院认为，原告作为管理电子商务平台的经营者，在接到知识产权权利人的通知后，有义务及时采取删除、屏蔽、断开链接、终止交易和服务等必要措施，否则将承担相应的民事责任。根据查明的事实，被告的投诉行为所依据的司法文书系伪造，被告亦未提交证据证明被投诉人存在侵害其知识产权的行为，故其投诉行为应认定为虚假投诉行为。

被告利用原告基于电子商务平台应承担的保护知识产权的法定义务建立的保护机制、治理措施，通过提交伪造的司法文书等证据，主张相关商户实施了侵权行为，诱使平台采取删除相关店铺商品销售的链接等措施。除了造成被投诉的商家经营活动无法正常开展外，也影响了原告正常的经营管理活动，客观上造成了原告管理费用等经营成本的增加。原告依据被告虚假投诉作出的删除链接等处罚措施，可能导致相关商户向有关管理机构投诉或向人民法院起诉，存在原告商誉受到损害的风险。同时，被告的虚假投诉行为导致原告基于法律规定、经营策略建立并维护的网络购物生态环境、维权体系受到质疑、无法有效运转，平台面临提高相应的投诉门槛以保障平台商家经营的诉求；如采取提高投诉门槛的措施不合理，又会使合法权利人、消费者合法权益受到侵害时无法得到及时有效的维护，与平台应当加强保护知识产权的宗旨不符。上述潜在的风险也给原告带来经营的困难，进而导致竞争力下降。被告的恶意投诉行为侵害了原告的合法权益，应承担相应的民事责任。

裁判结果

北京互联网法院依据《中华人民共和国侵权责任法》第二条、第六条、第十五条之规定，判决如下：一、本判决生效之日起七日内，被告北京某电子商务有限公司赔偿原告浙江某网络有限公司经济损失1元；二、本判决生效之日起七日内，被告北京某电子商务有限公司赔偿原告浙江某网络有限公司诉讼合理支出10000元。如果被告北京某电子商务有限公司未按本判决指定的期间履行给付金钱义务，应当依照《中华人民共和国民事诉讼法》第二百五十三条之规定，加倍支付迟延履行期间的债务利息。一审判决已生效。

法官解读

《中华人民共和国民法典》（以下简称《民法典》）在网络侵权责任编第一千一百九十五条第三款规定，权利人因错误通知造成网络用户或者网络服务提供者损害的，应当承担侵权责任。法律另有规定的，依照其规定。该条款进一步保护了网络服务提供者的合法权益，而本案例同样涉及网络服务提供者权益保护、错误通知受偿主体等问题，与我国上述条款的立法精神及宗旨相一致，具有一定典型意义。

一、错误通知条款的立法精神和法理分析

《中华人民共和国侵权责任法》（已废止）第三十六条规定了"避风港"原则，即"通知－删除"规则：网络用户利用网络服务实施侵权行为的，被侵权人有权通知网络服务提供者采取删除、屏蔽、断开链接等必要措施。网络服务提供者接到通知后未及时采取必要措施的，对损害的扩大部分与该网络用户承担连带责任。互联网迅速发展和普及，网络侵权行为日趋复杂，其客体涵盖了知识产权、隐私权、名誉权等类型，权利范围和侵权行为的界定难度较大，侵权责任法的"通知－删除"规则存在滥用的可能，尤其在电子商务领域，权利人恶意虚假通知的现象越来越突出，尽管经营者可以利用反通知规则恢复经营，但网络环境下的停止经营会导致流量和商誉的重大损失。因此，我国电子商务法知识产权保护制度中特别设计了"错误通知"条款，因错误通知造成平台内经营者损害的，依法承担民事责任。恶意发出错误通知，造成平台内经营者损失的，加倍承担赔偿责任。该条款是对侵权责任法的"通知－删除"规则的完善，有利于约束权利人审慎行使通知权。❶

但随着平台经济的发展和互联网产业的升级，网络环境中权利人滥用"通知－删除"规则，损害的不只是网络用户的权益，还会造成网络服务提供者的流量损失和竞争利益损害。换句话说，网络服务提供者一方面需要承担"通知－删除"的义务和相应的法律责任，另一方面还需要为权利人的错误通知"埋单"，产生的损失没有救济途径，明显失之偏颇。以电子商务平台的经营者为例，一方面根据合同提供网络服务，另一方面还承担着管理性职能。本案中，表面看来，被告投诉行为并未给电子商务平台带来任何直接经济损失。但综合考虑被告虚假投诉使原告正常的经营管理活动受到影响，进而导致竞争力下降，法院最终认定被告的恶意投诉行为侵害了原告的合法权益。而这种合法权益，本质上应属于与电子商务平台管理职能相对应的权益。

---

❶ 参见衣庆云：《错误通知的法律责任——对电商法第 42 条第 3 款的解读》，"知产律坛"微信公众号 2018 年 10 月 10 日，http：//mp. weixin. qq. com/s/sWjKdrRlxpcFlwVxwWGcrQ。访问日期：2020 年 6 月 18 日。

我国《民法典》在网络侵权规则中借鉴了电子商务法的错误通知条款，并予以优化。在网络侵权规则中规定了错误通知责任，将受偿主体从网络用户延伸到因错误通知导致利益受损的网络服务提供者，进一步明确了网络服务提供者的权益范围。本案审理裁判时，《民法典》尚未成型和通过，法院充分考虑电子商务法的指导思想和宗旨是促进发展、规范秩序、保障权益，其基本原则包括公平诚信原则、社会共治原则等。在电子商务领域，鼓励诚信、共治应该是多层次的，不仅针对电子商务平台经营者、平台内经营者和消费者，也包括投诉行为实施者。向电子商务平台提起投诉时，不能损害他人合法权益、增加平台管理经营成本，也不能扰乱电子商务诚信秩序。本案虽然没有适用《民法典》错误通知条款，但与其立法精神亦保持一致，即将网络侵权责任规则统一于互联网治理框架内❶，有效维护和平衡各方利益，防止对某一方主体的权利歧视。

二、错误通知条款的适用规则与衔接处理

《民法典》侵权责任编以 3 个条款梳理了网络侵权责任规则，并对相关规定进行了优化，更具合理性和可操作性，与错误通知条款相配套的规则包括：权利人的"通知"应当包括侵权的初步证据及权利人的真实身份信息。网络服务提供者接到通知后，应当及时将通知转达相关网络用户，并根据初步证据和服务类型采取必要措施；未及时采取必要措施的，对损害的扩大部分与该用户承担连带责任。❷

（一）错误通知条款的适用规则

首先需要明确何为侵权的初步证据及权利人的真实身份信息，判断是否为有效通知。若非有效通知，则无错误通知适用的空间。

实践中，网络服务提供者判断投诉通知是否合理有效，至少存在两个参考因素：权属证据、侵权证据。本案中，被告提交了包括商标权证书、司法文书等在内的一系列证据，原告接到投诉后履行了相应的"通知－删除"义务，

---

❶　参见薛军：《中华人民共和国电子商务法解读》，中国法制出版社 2018 年版，第 208 页。

❷　《中华人民共和国民法典》第一千一百九十五条第一款、第二款。

但仍因未尽到审慎审核义务而收到相关司法建议，要求严格审核投诉方提交的裁判文书依据等相关材料。引发我们思考：

第一，一般来说，如果投诉方提起诉讼或者持有司法、仲裁文书，应认为其更接近于真实有效的投诉。在投诉方已提交相关司法文书的情况下，电子商务平台的审核义务应达到何种程度，是否必须对该司法文书的真实性得出确切结论后才可采取相应措施？

《中华人民共和国电子商务法》（以下简称《电子商务法》）第四十二条第二款规定，电子商务平台经营者接到通知后，应当及时采取必要措施，并将该通知转送平台内经营者。根据该条款，平台经营者不能以缺乏实质审查的资源或者侵权判断的能力为借口，拒绝依照通知及时采取措施。如果发出通知的知识产权人虚假通知、错误通知或者滥用知识产权，应当自行承担相应法律责任，平台经营者也不能以此为借口拒绝采取措施。由此看来，平台经营者对投诉人提供的初步证据只能是形式上的审查，而非实质性法律判断。在目前的制度和技术背景下，如果赋予电商平台过重的审核义务，不符合实际情况，也违背了"通知－删除"制度的初衷。

第二，随着网络技术的发展，我国司法文书公开全面落地生根。《中华人民共和国民事诉讼法》（2021年修正）也规定，公众可以查阅发生效力的判决书、裁定书。但目前对互联网上公开的司法文书，尚没有统一的大数据核查机制。其权威性、有效性以及是否可以成为投诉行为合理性的判断依据，尚无定论。但与此同时，伴随着大数据应用、人工智能等技术的进步以及国家行政、司法公开进一步的推进，原告作为电子商务平台的经营者，亦应当提高监督管理能力，完善审核、甄别制度，更好地维护电子商务交易平台的良好秩序和竞争生态，引导和培育诚实守信的商业伦理观念，不宜因存在恶意投诉现象而放弃自身的职责。

（二）错误通知条款的衔接处理

错误通知条款的衔接处理主要需要厘清《民法典》与《电子商务法》相关规定的法律适用关系。

第一，法律适用范围不同。《电子商务法》的错误通知条款既适用于电子商务平台发生的知识产权侵权行为，也适用于网络媒介平台发生的知识产权侵权行为。而《民法典》错误通知条款则适用于一般网络侵权行为。二者是特别法与普通法的关系。

第二，错误通知的主观要件不同。《电子商务法》中区分两种情形，一是"通知错误"，二是"恶意发出错误通知"，按照文义解释，应包括过失和故意两种情形。《民法典》中规定的"错误通知"也应包含故意和过失两种情形，但未明确区分责任承担方式。

第三，错误通知的受偿主体不同。《电子商务法》仅规定了平台内经营者的受偿主体身份，《民法典》则将网络服务提供者也涵盖在内，这里的网络服务提供者当然包括电子商务平台经营者。

上述理解有利于理顺二者之间的关系：对于电子商务知识产权侵权责任规则的特殊规定，就只能适用电子商务知识产权侵权行为，不能适用于《民法典》侵权责任编规定的一般网络侵权责任。● 例如《电子商务法》中对"恶意发出错误通知"采取的惩罚性赔偿规定，对应《民法典》条款中的"法律另有规定的，依照其规定"，不能当然地适用于所有网络侵权责任；而对于无法通过电子商务知识产权侵权责任规则进行救济的，则可以适用《民法典》中的一般规则予以保护，最典型的情形是当知识产权权利人的错误通知导致电子商务平台利益损害时，根据《电子商务法》无法成为受偿主体，此时《民法典》中的特殊规定就应该"走到台前"，充分保障其权益不受非法侵害。

《民法典》网络侵权责任规则中的错误通知条款，体现了立法对互联网营商环境建设的鲜明回应、对互联网经济各方参与主体的权益关注和保障，也体现了法律适应和参与网络治理的法治理念。但目前该条款条文相对简单，尚无具体操作层面的适用规则，司法应用也尚未成熟，接下来应通过立法、司法共同发力，明晰该条款法律适用界分，更好地保护权利人利益，促进网络空间治理法治化。

● 参见：《〈民法典〉正式诞生！7 编 1260 条，知识产权相关规定共 52 条》，"中国版权服务"微信公众号 2020 年 5 月 29 日，http：//mp. weixin. qq. com/s/TyBOMZKz5WRaG8SlOgCAdA，访问日期：2020 年 6 月 18 日。

体育赛事直播行为保全案件审查规则

——某国际网络有限公司与北京某科技有限公司 侵害作品广播权纠纷行为保全案❶

朱　阁* 李清逸**

典型意义

近年来，我国体育赛事经济呈现出高速发展的趋势，为了获得迅速有效的救济，体育赛事相关权利人申请诉前或诉中行为保全的案件不断增多。本案秉持积极审慎的司法态度，及时对世界杯赛事节目权利人提出的行为保全申请进行处理，依法果断作出行为保全裁定，严格保护了体育赛事节目权利人的合法权益。本案对涉及赛事节目的行为保全申请审查中应当考量的具体因素进行了深入分析，能够为涉及体育赛事的行为保全案件的审理提供指引。在世界杯决赛前夕，北京互联网法院收到本案行为保全申请，当日即作出裁定并于当日进行实地送达，被申请人收到裁定书自动履行了裁定书确定的义务，停止了其运营的手机 App 提供世界杯赛事节目的直播服务，取得了良好的效果。本案入选第十四届全国人民代表大会第一次会议上最高人民法院所作的工作报告。

关键词　行为保全　即时性节目侵权

---

❶　一审裁判文书字号：北京互联网法院（2022）京 0491 民初 30948 号民事裁定书（2022 年 8 月 30 日）。

　一审合议庭组成人员：审判长张连勇、审判员朱阁、审判员张倩。

* 朱阁，北京互联网法院综合审判一庭副庭长。

** 李清逸，中国社会科学院大学互联网法治研究中心研究助理。

案情介绍

原告某国际网络有限公司（以下简称某国际公司）诉称，其为卡塔尔世界杯在中国境内的版权人，独占享有通过信息网络以直播、延播和点播形式转播涉案节目的权利，并有权许可或者禁止他人行使或部分行使上述权利。自2022 年 11 月 21 日卡塔尔世界杯开幕以来，某国际公司持续发现北京某科技有限公司（以下简称北京某公司）经营的手机 App"硬球比分"专门在比赛专区提供卡塔尔世界杯足球赛事直播观看服务，用户点击视频直播即可观看世界杯赛事的直播。2022 年卡塔尔世界杯属于时效性非常强的热播节目，其时效性比普通的视听作品更加重要。而北京某公司实施侵权的时间正处于涉案赛事的热播期，且侵权行为仍在持续，如若不立即采取行为保全措施将会使某国际公司的合法权益受到难以弥补的损害。本案行为保全不会影响北京某公司正常的业务经营，也不会损害社会公共利益，且某国际公司已提供足额的担保。据此，某国际公司提出行为保全申请，请法院依法裁定。

裁判内容

北京互联网法院经审查认为，《中华人民共和国民事诉讼法》（以下简称《民事诉讼法》）第一百零三条规定："人民法院对于可能因当事人一方的行为或者其他原因，使判决难以执行或者造成当事人其他损害的案件，根据对方当事人的申请，可以裁定对其财产进行保全、责令其作出一定行为或者禁止其作出一定行为；当事人没有提出申请的，人民法院在必要时也可以裁定采取保全措施。人民法院采取保全措施，可以责令申请人提供担保，申请人不提供担保的，裁定驳回申请。"

《最高人民法院关于审查知识产权纠纷行为保全案件适用法律若干问题的规定》第七条规定："人民法院审查行为保全申请，应当综合考量下列因素：（一）申请人的请求是否具有事实基础和法律依据，包括请求保护的知识产权效力是否稳定；（二）不采取行为保全措施是否会使申请人的合法权益受到难以弥补的损害或者造成案件裁决难以执行等损害；（三）不采取行为保全措施对申请人造成的损害是否超过采取行为保全措施对被申请人造成的损害；（四）采取行为保全措施是否损害社会公共利益；（五）其他应当考量的因素。"

根据上述规定，结合本案案情，北京互联网法院认为应当从以下几方面对申请人某国际公司的请求是否符合法律法规的规定进行审查。

一、申请人的请求是否具有事实基础和法律依据

（一）原告所主张的权利是否有效和稳定

2022 年卡塔尔世界杯是具有巨大国际影响力的专项体育赛事，其原始权利人清晰明确，没有证据证明该赛事可能存在权属争议或其他纠纷。某国际公司经合法授权，享有通过互联网以直播、延播和点播等形式传播 2022 年卡塔尔世界杯赛事节目的权利，并有权进行维权，其请求保护的权利效力稳定。

（二）申请人在本案中是否有胜诉可能性

北京互联网法院认为，某国际公司提交的证据已经初步证明，北京某公司未经权利人许可，在 2022 年卡塔尔世界杯举办期间通过其运营的手机 App "硬球比分"向公众提供 2022 年卡塔尔世界杯赛事节目的直播服务。该行为具有较大的侵权可能性，故某国际公司在本案中具有胜诉可能性。

二、本案是否具有紧迫性，以及不立即采取措施是否可能使申请人的合法权益受到难以弥补的损害

首先，2022 年卡塔尔世界杯于 2022 年 11 月 21 日揭幕，12 月 18 日落幕，赛事周期较短。对于体育赛事而言，赛场上的风云变幻及比赛结果的不可预知性系吸引球迷的核心因素，因此，赛事直播对于平台流量来讲，并非延播、点播等模式可比拟。北京某公司通过向用户提供赛事直播的方式势必劫取部分本该属于某国际公司及相关被授权方的用户流量，将对某国际公司造成严重的损害。

其次，世界杯赛事进入淘汰赛阶段后，其商业价值将随着赛事的推进不断提高，因此，若未及时要求北京某公司停止被诉侵权行为，将导致某国际公司因世界杯赛事的完结而失去维权的意义。同时，现无法确定北京某公司的运营规模、用户数量、资金实力，若仅通过要求其支付侵权损害赔偿可能远远低于给某国际公司造成的实际损失。

最后，对于 2022 年卡塔尔世界杯的主办方而言，电视转播权、许可权授权费用系其主要的收入来源，而某国际公司为了获得国际足联授权势必支付了巨额的授权费用。因此，对于某国际公司而言，其为了扩大 2022 年卡塔尔世界杯的影响范围、摊平运营成本，可将该赛事分授权其他网络平台传播，并获取相应的经济利益。北京某公司在未支付相应对价的情况下，直播 2022 年卡塔尔世界杯赛事节目，将掠取本应属于某国际公司及相关被授权方的经济利益。

综上，北京某公司的被诉侵权行为发生在 2022 年卡塔尔世界杯举办期间，若不及时制止该行为，可能给某国际公司带来难以弥补的损害。

三、被申请人不停止相关行为对申请人造成的损害是否大于被申请人停止相关行为对被申请人造成的损害

根据申请的取证内容可以看出，"硬球比分"App 向公众提供的系来自不同联赛、不同级别的足球赛事，北京某公司作为专业的赛事直播平台，应当知晓向公众提供赛事直播服务需获得相关赛事主办方的授权。责令北京某公司停止被诉侵权行为，仅涉及在其 App 上停止 2022 年卡塔尔世界杯赛事节目，不影响其 App 的其他合法经营活动，故其损失是可以预见的。而且，如不责令北京某公司停止被诉侵权行为，根据涉案 App 中所提供的直播列表及赛程情况可以看出，其在世界杯赛事举办期间仍可能通过直播的方式向公众提供赛事节目，如不及时作出行为保全裁定，不仅会使得某国际公司的直播权益的价值急剧下降，而且会导致某国际公司在本次世界杯转播赛事中的市场份额丧失且不可逆转，从而失去其投入巨大成本所期望获得的获利可能。

因此，北京互联网法院认为，北京某公司不停止被诉侵权行为对某国际公司造成的损害大于北京某公司停止被诉侵权行为对其造成的损害。

四、责令被申请人停止被诉侵权行为是否损害社会公共利益

对于是否损害社会公共利益的考量，主要考虑是否对消费者利益和社会经

济秩序造成损害。本案中，禁止北京某公司实施被诉侵权行为，球迷仍可以通过其他有合法授权的平台观看赛事直播，不会损害社会公共利益。另外，没有证据表明责令北京某公司停止被诉侵权行为可能会对社会经济秩序造成损害。

综上所述，申请人某国际公司针对被申请人北京某公司的行为保全申请符合人民法院作出诉讼行为保全措施的条件，北京互联网法院予以支持。

裁判结果

北京互联网法院依照《中华人民共和国民事诉讼法》第一百零三条第一款、第一百零五条、第一百五十七条第一款第（四）项之规定，裁定如下：

被申请人北京某公司立即停止通过手机App"硬球比分"提供2022年卡塔尔世界杯足球赛事之直播服务。

本裁定书送达后立即执行。

保全申请费30元，由申请人某国际公司负担。

法官解读

一、行为保全

《民事诉讼法》第一百零三条规定："人民法院对于可能因当事人一方的行为或者其他原因，使判决难以执行或者造成当事人其他损害的案件，根据对方当事人的申请，可以裁定对其财产进行保全、责令其作出一定行为或者禁止其作出一定行为；当事人没有提出申请的，人民法院在必要时也可以裁定采取保全措施。人民法院采取保全措施，可以责令申请人提供担保，申请人不提供担保的，裁定驳回申请。"

在本案中，法院作出了诉讼行为保全的措施，要求被告不再实施提供直播的行为。

事实上，这种行为保全可能与先予执行相混淆。先予执行与行为保全可能的交叉点在于，因情况紧急需要先予执行的情况下，根据当事人的申请，满足当事人之间权利义务关系明确，不先予执行将严重影响申请人的生活或者生产经营并且被申请人有执行能力的条件，由人民法院裁定先予执行，其中也可以包括停止侵害的内容。一般来说，先予执行的要求比较严苛，《最高人民法院关于适用〈中华人民共和国民事诉讼法〉若干问题的意见》（已废止）第一百零六条中提到，先予执行的范围以当事人的生活、生产经营的急需为限，而情况紧急包括需要立即停止侵害、排除妨碍的情况，因此适用范围较为狭窄，且申请人对此有较严格的证明责任。

二、行为保全的要求

《民事诉讼法》第一百零三条规定，行为保全适用于可能因当事人一方的行为或者其他原因，使判决难以执行或者造成当事人其他损害的案件。在本案中，主要从申请人的请求是否具有事实基础和法律依据、本案是否具有紧迫性以及不立即采取措施是否可能使申请人的合法权益受到难以弥补的损害、被申请人不停止相关行为对申请人造成的损害是否大于被申请人停止相关行为对被申请人造成的损害、责令被申请人停止被诉侵权行为是否损害社会公共利益四个方面分别展开了论证，最终支持了担保的申请。在申请人提到的担保方面，《民事诉讼法》第一百零三条规定，人民法院采取保全措施，可以责令申请人提供担保，因此，是否要求提供担保是由法院依职权确定的。如果人民法院要求提供担保而申请人未提供，则应当承担被驳回申请的法律后果。在赛事节目著作权侵权纠纷行为保全案件中，可以综合考量下列因素，认定是否属于"难以弥补的损害"：（1）涉案体育赛事节目是否关注度较高、市场价值较大；（2）被诉行为是否发生在涉案赛事举办期间；（3）被诉行为是否为赛事节目直播行为；（4）申请人享有的权利、权利范围和权利期限等。

三、行为保全的意义

行为保全作为一种临时性的救济措施，在互联网相关著作权领域发挥着相当重要的作用。在这一语境下，大量的权利内容的价值具有即时性和时效性，就如在本案中，赛事本身持续时间较短，如果无法采用及时的救济手段，那么其救济价值将会随着赛事的结束而直线下滑。因此，行为保全提供了一个及时的、有效的救济手段，在诉讼程序进行之前使侵权行为停止，有效保护了相关权利人的合法权益。

操作流程不规范影响"时间戳"证据的效力

——北京某科技有限公司与上海某股份有限公司侵害作品信息网络传播权案❶

崔　璐*　孙　萌**

典型意义

　　在大数据时代,时间戳取证在涉网侵权中广泛应用。但其所采集的电子数据的真实性很可能在被抓取之前,因其所处设备或网络环境存在问题已经受到了"破坏",导致存证下来的证据天然不具有可信力。由于时间戳取证是无可信第三方监督的单方取证存证,符合证据可采性的前提是取证的过程及方法应最大限度地避免伪造、篡改证据的可能。法官在审查此类证据时涉及的对技术疑点的排查,可能存在知识、技术上的局限性。

　　操作流程效力对侵权行为认定有重要影响,应有技术调查官参与庭审并出具专业意见辅助认定证据效力。本案解答了取证中的两个难点问题:一是如何认定通过可信时间戳取证的证据效力;二是可信时间戳存证的操作步骤的缺失是否影响证据的真实性。本案入选《中国法院 2021 年度案例》。

　　关键词　时间戳　证据效力　信息网络传播权

---

　　❶　一审裁判文书字号:北京互联网法院(2019)京 0491 民初 1212 号民事判决书(2019 年 4 月 24 日)。

　　一审合议庭组成人员:审判长崔璐、审判员伊然、审判员贺诚。

　　*　崔璐,北京互联网法院综合审判三庭法官。

　　**　孙萌,中国社会科学院大学互联网法治研究中心研究助理。

案情介绍

原告北京某科技有限公司诉称：原告经合法授权，依法取得涉案摄影作品独家信息网络传播权。原告通过时间戳的方式固定证据，证明被告曾在其在线经营的网站上未经许可，通过信息网络，擅自使用、向公众传播原告享有著作权的摄影作品，且未支付报酬。被告的行为侵犯了原告对该摄影作品所享有的信息网络传播权。

被告上海某股份有限公司辩称：原告用以证明被告侵权的证据，是一段由其单方录制的屏幕录像，在证据类型上属于视听资料，应对其证据资格及证明效力实施严格审查。原告对涉案录屏文件进行"时间戳"形式的保全，本质上不属于取证技术，而是一种固证存证技术，所采集的电子数据的真实性很可能在被抓取之前，因其所处设备或网络环境存在问题已经受到了"破坏"，导致存证下来的证据包天然不具有可信力。在无可信第三方监督的单方取证、存证活动中，唯有明确取证活动无技术篡改之可能，方能认可其固化内容的真实性。取证计算机是否有隐藏的分区，有无可疑外设，有无远程控制、木马程序及当前计算机系统的网络环境，都属于可影响网页真实性的因素，充分做到对技术疑点的全面排查，是原告应尽义务。原告规避公证监督，仅在可控制的电脑及网络环境下完成涉案批量取证及录屏，应当承担与该取证方式相伴的证明力风险。原告选择可信时间戳，应遵照可信时间戳官网已经公布的《可信时间戳互联网电子数据取证及固化保全操作指引（V1.0）》（以下简称《操作指引》）严格完成全步骤清洁性、安全性、互联网连接真实性的自检。但原告提交的证据存在明显疑点，故法院应当遵循疑点证据"孤证不立"原则，驳回原告的所有诉讼请求。

裁判内容

北京互联网法院经审理认为，本案主要的争议焦点包括：一是如何认定通过可信时间戳取证的证据效力；二是可信时间戳存证的操作步骤的缺失是否影响证据的真实性。

一、如何认定通过可信时间戳取证的证据效力

《最高人民法院关于审理著作权民事纠纷案件适用法律若干问题的解释》规定，当事人提交的涉及著作权的底稿、原件、合法出版物、著作权登记证书、认证机构出具的证明、取得权利的合同等，可以作为认定作品著作权的证据。本案中，原告提交了涉案图片原片、原片属性详细信息截屏、授权书和《委托合作协议》补充说明，在被告无相反证据的情况下，北京互联网法院依法确认原告在授权期限内享有涉案图片的独家信息网络传播权，其有权提起本案诉讼。

原告主张被告在其在线经营的网站（www.eastday.com）上未经许可，通过信息网络，擅自使用、向公众传播原告享有著作权的涉案 20 张图片，并提交取证录像予以证明。被告对原告的主张和提交的证据均不认可。被告对取证录像中原告针对互联网连接真实性检查的操作流程效力有异议，因该操作流程效力对侵权行为认定有重要影响，故北京互联网法院指定技术调查官参与本案庭审并出具专业意见。

《最高人民法院关于互联网法院审理案件若干问题的规定》以司法解释的形式对哈希值校验、可信时间戳及区块链存证方式进行了法律确认。相较于传统的公证存证方式而言，可信时间戳等电子存证方式具有成本低廉、制作时间短等优势。电子数据证据不同于传统的证据形式，具有检验真假的可靠性、传递的技术性、极强的可复制性等特殊属性，并非只要采用了上述技术手段所采集的电子证据就是真实可靠的，存在在抓取之前已因所处设备或网络环境存在问题而遭受"破坏"的可能性，导致存证下来的证据不具有可信力。这类"破坏"包括非真实的网络环境、定向虚假链接访问、时间来源不明等问题。因此，当事人在用可信时间戳等技术手段采集证据时，应当严格遵守操作流程，确保电子数据的真实性。

二、可信时间戳存证的操作步骤的缺失影响证据的真实性

《操作指引》系联合信任时间戳服务中心（北京联合信任技术服务有限公司）出具，作为可信时间戳存证方式的操作规范，具有一定指导作用，且本案原告、被告双方均认可该《操作指引》，故北京互联网法院参照该《操作指

引》判定操作流程效力。

《操作指引》的"互联网连接真实性检查"中包括三个关键步骤：其一，在 IE 浏览器的 Internet 选项下的"连接"中点击"局域网"设置，以保证没有连接代理；其二，在命令窗口输入"ipconfig/all"命令，显示所有网络适配器（网卡、拨号连接等）的完整 TCP/IP 配置信息；其三，在命令窗口输入"tracert 目标网页域名"，以确认连接到目标页面网络服务器的路径，保证接入网站的真实性。以上三个关键步骤的缺失会导致如下问题：首先，没有点击"局域网"设置查看代理情况，存在设置虚拟代理网站的可能；其次，"ipconfig"没有加上"/all"，就不会显示 DNS 等关键信息，无法排除存在虚拟网站的可能；最后，没有执行"tracert 目标网页域名"，无法查看目标页面网络服务器的真实路径，进而无法确定接入网站的真实性。2017 年 9 月 12 日的取证录像前置性检查步骤中上述三个关键步骤均缺失；2017 年 10 月 9 日的取证录像前置性检查步骤缺失了第二个和第三个关键步骤。上述关键步骤的缺失，导致原告提供的可信时间戳证据存在重大缺陷，不足以取信。

综上，原告提交的证据无法证明被告实施了侵犯其著作权的行为，故原告基于存在侵权事实要求赔偿损失及合理支出的诉讼请求没有事实依据，本院不予支持。

裁判结果

北京互联网法院依照《中华人民共和国民事诉讼法》第六十四条第一款之规定，判决如下：驳回北京某科技有限公司的全部诉讼请求。案件受理费 2300 元，由北京某科技有限公司负担。一审判决已经生效。

法官解读

随着信息技术和数字经济的不断发展，人们使用计算机、手机等电子设备实施各种行为会在网络空间或电子设备中留下"痕迹"，它们会以电子数据的形式存在。可信时间戳取证在涉网侵权中的广泛应用，使得人们不得不对这一全新的取证形式加以重视。

一、可信时间戳取证的概念

时间戳是产生于虚拟网络空间的信息数据，分为两类，即"可信时间戳"和"自建时间戳"。其中，可信时间戳本质是来自权威可信的第三方的一串信息数据，在我国，权威可信的第三方授权通常指的是中国科学院国家授时中心。❶ 可信时间戳取证系当事人按照联合信任时间戳服务系统的程序，进行自行取证，并将取证过程和结果的电子数据上传到联合信任时间戳服务中心保存，确保自保存起数据不被更改。

可信时间戳取证模式的本质是将申请方的电子数据哈希值和权威时间源绑定，之后通过时间戳服务中心数字签名，产生不可伪造的时间文件。哈希值实际上是以密码学为基础，通过逻辑运算，为电子数据提供的唯一"身份证号"，确保电子数据的完整性。❷ 时间戳数据生成流程是：（1）用户对文件数据进行哈希值摘要处理；（2）用户提出时间戳的请求，哈希值被传递给时间戳服务器；（3）时间戳服务器对哈希值和一个日期/时间记录进行签名，生成时间戳；（4）时间戳数据和文件信息绑定后返还。❸

二、时间戳取证的价值

随着信息技术的不断发展，知识产权纠纷也呈现出"互联网＋"的时代特征，越来越多的侵权行为发生在网络空间。然而网络空间存在全球化、虚拟化、非中心化等特点，以网络空间为载体产生的网络侵权案件，具有侵权行为数量众多、侵权行为地分布分散、侵权主体分布不明、侵权行为可随时被删除等特点。在此情况下，如果还依据传统的公证取证及法院证据保全等方式取证，难以适应信息时代知识产权司法保护的需求。时间戳取证模式作为新技术在司法审判领域的应用，体现了该模式的社会功能和规范价值。

---

❶ 参见罗曼，雒欣：《知识产权审判视角下时间戳取证模式的检视与完善》，载《电子知识产权》2020 年第 9 期。

❷ 参见谢勇：《论电子数据的审查和判断》，载《法律适用》2014 年第 1 期。

❸ 参见张玉玲：《电子邮件鉴真方法研究——以美国鉴真规则为视角》，载《法制与经济》2018年第 1 期。

（一）社会功能

时间戳取证在司法审判中作为关键证据得到认可，经可信时间戳认证的电子数据文件无须公证和司法鉴定即可得到认定，这大大减少了举证成本，提高了司法审判效率，完善了对权利实现所需的取证途径。时间戳取证依托于时间戳服务中心，通过服务中心的软件或网页接口，可以随时随地对侵权行为进行取证，最大限度地避免了因行为人随时删除侵权行为而使取证落空的可能性，且全部取证过程时长通常为十几分钟，取证收费一般在每件作品 10 元或每张网页页面 10 元左右。

（二）规范价值

时间戳取证模式促进了我国知识产权纠纷取证模式的现代化迭代升级。❶时间戳取证模式的发展反映出现代互联网技术助推证据攫得及权利保障的模式创新。在运用这一取证技术的过程中，总结新模式中面临的问题，提炼出一般性的制度规律，将为我国未来的社会治理模式提供宝贵的实践价值。

三、可信时间戳取证作为新型证据的性质

（一）合法性

首先，可信时间戳取证能否作为一种新型证据以完成对待证事实的证明值得商榷。时间戳的签发机构为联合信任时间戳服务中心，由中国科学院国家授时中心负责授时和检测，联合信任技术服务有限公司负责技术支持和系统接入工作，提供第三方可信时间戳认证服务。目前有不少事业机关与此中心进行合作，如国家档案局档案科学技术研究所就向其颁发可信时间戳接入核准书。司法技术领域也承认时间戳的效力，在著作权登记中，也采用此种技术。但是，就目前而言，时间戳时间来源的权威性在立法上未有定论，现行电子证据鉴定标准并未对时间戳的地位进行明确。《最高人民法院关于互联网法院审理案件

---

❶ 参见薛金蓉，张洪斌：《可信时间戳的网络服务器取证技术研究》，载《电子科技大学报》2007 年第 3 期。

若干问题的规定》（以下简称《规定》）以司法解释的形式对哈希值校验、可信时间戳及区块链存证方式进行了法律确认。另外，最高人民法院在《规定》中还指出，对于时间戳取证证据，法官在审查的过程中可以申请具有专门知识的人就电子数据技术问题提出意见，技术调查官就属于具有专门知识的人，其就可信时间戳认证证据提出的专业意见可作为裁判时参考的依据之一。据此，笔者认为，由新媒体技术引发的版权诉讼也可以由新技术予以解决。面对网络传播中版权侵权诉讼提供证据难的问题，或许应当在立法时为"可信时间戳"提供合法依据。

其次，运用可信时间戳取证时同样应依据《最高人民法院关于适用〈中华人民共和国民事诉讼法〉的解释》第一百零六条的规定对其取证过程进行合法性审查，对于破坏对方技术措施、破坏操作系统等途径获取到的证据，则应当认定为非法证据，不予采纳。

（二）真实性

时间戳技术虽然有着客观的技术性原理，很大程度上难以被篡改，这是由于其原理本身的科学性所导致的。但时间戳作为电子证据的一种，与传统证据相较而言，存在更容易被篡改、受病毒感染和毁损等问题。从技术上看，还可能被认为故意操作、改变数据内容且难以被肉眼识别。这些问题都增加了对时间戳真实性的质疑。在实践中，不同的取证方式会直接影响电子数据的真实可靠性。因此，笔者认为，不能将科学权威与司法权威直接画等号，否则将会因为该证据的真实性问题直接影响案件结果的公正性。

根据《规定》第十一条列举的内容，审查可信时间戳取证的真实性应当重点关注其生成、收集、存储、传输过程。此外，在使用可信时间戳取证过程中，"互联网连接真实性检查"是存证的前置程序，它规定了三个关键步骤，旨在保证接入网站的真实性。如果在存证时缺失部分关键步骤，将可能导致设置虚拟代理网站，进而无法查看目标页面网络服务器的真实路径。在本案的审理中，原告在存证的前置程序中遗漏了部分步骤，可能导致上述结果发生。因此，在本案中法院认为原告提供的证据不足以采信主要是因为原告提供的可信时间戳证据存在重大缺陷，在程序存在缺陷的情况下存取到的证据，难免被怀疑其真实性。

综上，当事人在用可信时间戳等技术手段采集证据时，应当严格遵守操作流程，确保取证设备的清洁性、取证及对证据固定过程的连贯性，以保证电子数据的真实性。

（三）相关性

时间戳取证的技术原理为其作为证据的相关性奠定了基础。运用时间戳取证时，在申请之初便会自动产生一个唯一对应的数字指纹和 tsa 格式的电子证书，换言之，时间戳与其认证的每份电子数据均具有唯一对应性。其中包含电子数据 "指纹"、产生时间、时间戳服务中心信息等，其作用在于通过第三方权威服务机构提供的技术服务来保障和证明各类电子文档、录音录像、照片、软件代码等电子数据内容的完整性和产生的时间点。在验证时间戳是否能够完成对待证事实的证明时，可以将待验证文件与申请时间戳时形成的 tsa 格式的电子证书进行匹配，如果文件自申请时间戳时起，内容保持完整、未被更改，则可通过时间戳验证，反之则无法通过验证。❶

据此，笔者认为时间戳取证的技术性为其能够成为证据提供了形式上的真实性与相关性。当然，至于其与案件事实的相关程度以及对待证事实进行证明时的证明力大小，都需要在形式审查之后再根据个案情况进行实质审查。

四、结语

我国在社会治理现代化的转型过程中，必须将以信息化手段解决纠纷纳入纠纷化解机制总体布局。在知识产权诉讼中，可信时间戳取证无疑将会成为遏制网络版权侵权的重中之重，也将成为版权治理体系和治理能力现代化的重要组成部分。但同时，技术是一把双刃剑，尤其是当前阶段可信时间戳取证的发展尚不完善，因此在司法实践中对其运用也应当秉持审慎的态度，避免因过度依赖可信时间戳取证而导致冤假错案的发生。

---

❶ 参见陈可欣，李然：《知识产权诉讼中时间戳证据效力分析》，载《福建师范大学学报（哲学社会科学版）》2018 年第 5 期。

涉信息网络传播权行政管理部门的"正常履职期限"及"事实查明标准"的认定

—— 深圳某动漫股份有限公司不服北京市某区文化和旅游局作出的投诉答复及该区人民政府作出的复议决定案❶

郭　晟* 　刘承祖** 　李清逸***

典型意义

对于涉及信息网络传播权的行政投诉及其他行政案件，部门需要从程序合法和全面审查两方面着手，在法律规定的处理期限内，以接收的投诉等为标准对涉案情况进行全面的审查和事实调查。在行政复议阶段，复议机关应当对该行政行为的程序合法性和事实认定情况等进行审查。本案获评 2020 年北京法院著作权十大典型司法案例、第八届全国法院行政审判优秀裁判文书、北京市法院 2020 年度行政审判裁判文书二等奖。

关键词　行政投诉　行政复议　履职期限　查明标准

案情介绍

2018 年 11 月 6 日，原告深圳某动漫股份有限公司（以下简称某动漫公

---

❶　一审裁判文书字号：北京互联网法院（2019）京 0491 行初 24 号行政判决书（2020 年 4 月 21 日）。
　　一审合议庭组成人员：审判长郭晟、审判员朱阁、审判员肖伟。
　* 郭晟，北京互联网法院综合审判一庭法官。
　** 刘承祖，北京互联网法院综合审判一庭法官助理。
　*** 李清逸，中国社会科学院大学互联网法治研究中心研究助理。

司）向被告北京市某区文化和旅游局（以下简称某区文旅局）寄送投诉书材料称某科技公司侵害其公司的信息网络传播权。某区文旅局于 2018 年 11 月 6 日对某动漫公司的投诉立案受理。2019 年 6 月 19 日，某区文旅局工作人员电话联系某动漫公司，告知其投诉违法事实不成立，不予处罚，决定撤案。某动漫公司不服，于 2019 年 8 月 5 日向某区政府提起行政复议申请。同年 11 月 7 日，某区政府认定某区文旅局对某动漫公司的投诉所作撤案认定事实清楚，程序合法，决定驳回复议申请，并于同日向某动漫公司寄送复议决定。

原告某动漫公司诉称：原告系动画片《巧手鲁班》（以下简称涉案动画片）的著作权人。原告向被告某区文旅局投诉某科技公司在与原告就涉案动画片磋商终止之后仍然播放涉案动画片，并且对央视网上的涉案动画片，采取了盗链措施，侵害涉案动画片的信息网络传播权，但被告某区文旅局未在 60 日的法定期限内履职，且未就上述投诉事项进行全面查处。之后原告向被告所在区政府申请行政复议，经复议驳回复议申请。原告认为，两被告认定事实和适用法律错误，被告某区文旅局程序违法。

被告某区文旅局辩称：2018 年 11 月 6 日，经核实，原告提供的材料中对应的视频链接域名对应的是用户上传内容，且某科技公司已作下线处理，并对后台记录进行核实。2019 年 6 月 19 日，被告根据调查情况作出撤案决定，并于当日将调查结果电话告知原告。

被告某区政府辩称：依法作出被诉驳回复议申请决定，在法定期限内送达，程序合法。

第三人某科技公司述称：某科技公司对于用户的行为不存在主观故意，在例行版权检查中对用户上传的链接及时予以删除，适用"避风港"原则。在视频网站上设置搜索视频功能，点击搜索结果的链接后跳转到央视网的涉案动画片，不是盗链行为。

裁判内容

北京互联网法院经审理认为，《著作权行政处罚实施办法》第二条规定："国家版权局以及地方人民政府享有著作权行政执法权的有关部门，在法定职权范围内就本办法列举的违法行为实施行政处罚。法律、法规另有规定的，从其规定。"第五条第二款规定："侵犯信息网络传播权的违法行为由侵权人住所地、实施侵权行为的网络服务器等设备所在地或侵权网站备案登记地的著作权行政管理部门负责查处。"根据上述规定，某区文旅局作为著作权行政管理部门，依法具有对辖区内侵犯信息网络传播权的违法行为进行处理的法定职责。《中华人民共和国行政复议法》第十二条第一款规定，对县级以上地方各级人民政府工作部门的具体行政行为不服的，由申请人选择，可以向该部门的本级人民政府申请行政复议，也可以向上一级主管部门申请行政复议。本案中，某区政府作为某区文旅局的本级人民政府，具有受理对该局作出的行政行为不服提起的行政复议申请，履行行政复议职责并作出行政复议决定的法定职责。

本案的争议焦点主要包括：一是被告某区文旅局作出的被诉答复是否违反法定程序；二是被告某区文旅局作出的被诉答复认定事实是否清楚，三是被告某区政府作出的被诉驳回复议申请决定是否具有合法性。

一、被告某区文旅局作出的被诉答复是否违反法定程序

目前我国法律、法规关于著作权行政管理部门处理投诉人投诉事项的期限未作专门规定，故应适用《中华人民共和国行政诉讼法》（以下简称《行政诉讼法》）第四十七条、《中华人民共和国行政复议法实施条例》第十六条第一款规定的两个月履责期限。本案中，被告某区文旅局于 2018 年 11 月 6 日对原告某动漫公司的投诉予以立案，直至 2019 年 6 月 19 日方进行电话答复，处理期限已超过两个月，被告某区文旅局未提供证据证明延期事由，属违反法定程序。另外，根据《著作权行政处罚实施办法》第二十五条、第二十九条的规定，著作权行政管理部门负责人应当对案件调查报告及复核报告进行审查，并根据审查结果分别作出处理决定。本案中，被告某区文旅局系在作出涉案答复后方提交结案报告并进行结案审批，亦应认定为违反法定程序。

二、被告某区文旅局作出的被诉答复认定事实是否清楚

被告某区文旅局于 2018 年 11 月 6 日收到的《投诉书》显示，原告某动漫公司已明确表示其投诉事项为两项：一是认为第三人某科技公司在 2016 年 6 月 3 日至 2018 年 4 月播放涉案动画片的行为，构成对其公司享有的涉案动画片信息网络传播权的直接侵害，请求依据《中华人民共和国著作权法》第四

十八条第（一）项,《信息网络专播权保护条例》第十八条第（一）项、第十九条第（二）项之规定,对第三人某科技公司进行处罚；二是认为第三人某科技公司从 2018 年 5 月直至投诉时采用深度链接央视网的方式播放涉案动画片的行为,构成对其公司享有的涉案动画片信息网络传播权的直接侵害,请求依据《中华人民共和国著作权法》第四十八条第（六）项,《信息网络传播权保护条例》第四条、第十八条第（二）项、第十九条第（一）项之规定,对第三人某科技公司进行处罚。

首先,就第一项投诉事项,根据原告某动漫公司随《投诉书》一同寄送的公证书等材料,能够认定原告的该项投诉主张为要求被告某区文旅局对第三人以个人用户上传视频的形式播放涉案动画片的行为进行查处。在案证据显示,原告进行公证取证的 51 段视频内容均为以第三人网站个人用户上传视频的形式对外播放涉案动画片,共涉及 43 名个人用户。而被告某区文旅局仅根据第三人自行提供的涉及个人用户"胭脂百度云"发布的 1 段视频内容的后台查询记录及情况说明,在未查明剩余 50 段视频内容的后台记录及相关用户后台注册信息的情况下,即认定第三人违法事实不成立,未尽到调查核实义务,属于认定事实不清。

其次,就第二项投诉事项,原告某动漫公司要求某区文旅局针对第三人采用深度链接央视网的方式播放涉案动画片的行为进行查处,而被告某区文旅局对于该投诉事项未进行任何调查取证工作,属于遗漏投诉事项,亦应认定为认定事实不清。

三、被告某区政府作出的被诉驳回复议申请决定是否具有合法性

如前所述,被告某区文旅局所作被诉答复存在违反法定程序、认定事实不清等方面的问题,依照《行政诉讼法》第七十条第（一）项和第（三）项的规定,对被诉答复应予撤销,被告某区文旅局应当对原告某动漫公司的涉案投诉重新作出处理。

同时,根据《行政诉讼法》第七十九条的规定,复议机关与作出原行政行为的行政机关为共同被告的案件,人民法院应当对复议决定和原行政行为一并作出裁判。因被诉答复不具有合法性,依法应予撤销,被告某区政府作出的被诉驳回复议申请决定亦不具有合法性,应予一并撤销。

裁判结果

北京互联网法院依照《中华人民共和国行政诉讼法》第七十条第（一）项和第（三）项、第七十九条，《最高人民法院关于适用〈中华人民共和国行政诉讼法〉的解释》第一百三十六条第一款、第三款之规定，判决如下：

一、撤销被告某区文旅局于二〇一九年六月十九日针对原告某动漫公司的投诉所作答复；

二、撤销被告某区政府于二〇一九年十一月七日作出的海政复决字〔2019〕256号驳回行政复议申请决定书；

三、责令被告某区文旅局在法定期限内针对原告某动漫公司的投诉重新作出处理。

案件受理费50元，由被告某区文旅局及被告某区政府负担（自本判决生效之日起七日内缴纳）。

法官解读

建设知识产权强国背景下，涉网著作权行政管理重要性日益凸显，该案审理有助于厘清著作权行政管理机关在执法期限、执法规范方面的要求，规范执法行为。

一、涉信息网络传播权投诉举报调查程序时限的认定

任何一个行政程序都应当在一定的时间内完成，如果行政机关可以不受时间限制，那么将无工作效率和公平正义而言，即迟来正义亦非正义。我国诸多法律、法规及规章中都对行政程序中的时间限制作出了明确规定。时间限制是法定程序的重要因素之一。由于行政管理涉及面非常广，情况复杂多变，一些有关行政管理程序的期限在法律、法规及规章中没有明确作出规定。行政诉讼法明确规定了行政机关的履职期限要求，目的在于督促行政机关在法定期限内依法及时履职。当无特别规定时，涉信息网络传播权投诉举报调查程序应当适用两个月的履职期限要求。《著作权行政处罚实施办法》第十三条对决定是否

受理并通知给出了十五日的时间期限，但是没有对履职期限作进一步特别规定，因此应当如上适用两个月的履职期限要求。

二、涉信息网络传播权投诉举报查明事实要求

被告不向法庭提供证据或者提供的证据不能证明被诉行政行为认定的事实，该行政行为属于没有足够证据证明的情形。法院在审理案件时，要根据法律、法规、规章规定的该类行政行为的履职要件，判断行政行为的事实是否清楚，证据是否充分。在涉信息网络传播权投诉举报中，由于著作权侵权类案件有其独特性，对侵权事实的查明需要依照著作权侵权的特征进行。信息网络传播权纠纷案件由于涉及用户多样，可能导致侵权事实具有多样性，因此应当根据投诉举报事宜，进行全面查处，不应采取抽样调查方式。

此外，深度链接属于互联网领域的一项重要技术，其"绕过他人网站的主页而链接到次级网页或者媒体格式文件，当用户点击链接时不会发生转跳，而是直接在设链网站浏览或者下载。加框链接、视频聚合平台属于典型的深度链接"[1]。与直接跳转出本网页而到该链接主页的普通链接不同，在视频聚合平台项下，深度链接能够使分散的信息聚合在一个网站，但与此同时，诸多设链主体未经许可设置链接服务，损害了权利人的著作权，尤其是其中的信息网络传播权。信息网络传播权是著作权项下著作财产权的内容，受到著作权法及相关法律法规的保护。《信息网络传播权保护条例》第二条明确规定："权利人享有的信息网络传播权受著作权法和本条例保护。除法律、行政法规另有规定的外，任何组织或者个人将他人的作品、表演、录音录像制品通过信息网络向公众提供，应当取得权利人许可，并支付报酬。"而《最高人民法院关于审理侵害信息网络传播权民事纠纷案件适用法律若干问题的规定》第三条规定："网络用户、网络服务提供者未经许可，通过信息网络提供权利人享有信息网络传播权的作品、表演、录音录像制品，除法律、行政法规另有规定外，人民法院应当认定其构成侵害信息网络传播权行为。"原告要求被告针对第三人采用深度链接央视网的方式播放涉案动画片的行为进行查处，而被告对于该项投

---

[1] 参见欧阳本祺，罗玮：《深度链接应属侵犯著作权罪中的发行》，载《检察日报》2018年10月21日。

诉事项未进行任何调查取证工作，属于遗漏投诉事项。

此外，从本案中可以管中窥豹，了解目前深度链接的著作权法乃至刑法等的相关规制。目前的典型深度链接，如视频聚合平台，大多涉及两方主体——平台主体和内容发布者主体。对于深度链接行为而言，平台主体即网络服务提供者，主要提供了服务器等为作品提供存储服务，并构建了设链网站生态，使互联网用户与作品、内容发布者与作品（广义，包括著作权法意义上的作品、表演、录音录像制品等）在交互通路内交互。对于内容发布者而言，其在平台中发布相关作品，实际上利用了平台的这一交互通路，使得特定的作品能够在设链网站生态内被互联网用户获得。内容发布者可能是平台本身，亦或是其他的互联网用户。那么从法律规制来看，对于平台而言，第三人某科技公司的陈述中提到了目前信息网络传播权侵权领域非常重要的抗辩原则——"避风港"原则。从《中华人民共和国民法典》（以下简称《民法典》）第一千一百九十五条、第一千一百九十六条的规定来看，平台企业需要利用自身对作品交互通路的掌控能力，根据权利人的通知或者内容发布者的声明等情况采取必要措施或终止，并将上述通知或声明向对方转送。"避风港"原则也有例外，例如"红旗"原则，从《民法典》第一千一百九十七条的规定来看，平台需要承担一定的内容审查义务，对于明显侵权行为，平台知道或应当知道时，应当主动采取必要措施。虽然目前这些原则也可能面临"一刀切"等问题，但这些原则的本质是力求在对平台的义务和对权利人等主体的合法权益的保护之间寻求平衡。对于内容发布者而言，需要注意自身发布的内容不应侵害他人的合法权益，而在接到权利人的通知后，内容发布者可以向网络服务提供者提交不存在侵权行为的声明。

三、复议决定是否具有合法性

根据《行政诉讼法》第七十九条的规定，因被诉答复不具有合法性，依法应予撤销，被告某区政府作出的被诉驳回复议申请决定亦不具有合法性，应予一并撤销。一般情况下，两者有关的实体问题的合法性是相同的，即实体方面前者违法，后行为亦属违法。法院在审查原行政行为时，应当对复议决定进行附带性审查。法院在认定原行政行为合法时，如果复议程序亦合法，在判决驳回原告对原行政行为的诉讼请求时，应一并驳回原告对复议决定的诉讼请求；撤销原行政行为的，应同时撤销复议决定。